国家林业和草原局普通高等教育"十三五"规划教材

林火调查与评估

张思玉　张水锋　
王军国　何　诚　编著

中国林业出版社

图书在版编目（CIP）数据

林火调查与评估 / 张思玉等编著. —北京：中国林业出版社，2018.7（2025.4 重印）
国家林业和草原局普通高等教育"十三五"规划教材
ISBN 978-7-5038-9661-3

Ⅰ. ①林⋯　Ⅱ. ①张⋯　Ⅲ. ①森林火－调查－高等学校－教材 ②森林火－评估－高等学校－教材　Ⅳ. ①S762

中国版本图书馆 CIP 数据核字（2018）第 154375 号

中国林业出版社·教育出版分社

策划编辑：	肖基浒　杨长峰	责任编辑：	肖基浒
电　　话：	(010) 83143555	传　　真：	(010) 83143516
封面图片：	史　磊		

出版发行	中国林业出版社（100009　北京市西城区德内大街刘海胡同 7 号）
	E-mail: jiaocaipublic@163.com　电话:(010)83143500
	https://www.cfph.net
经　销	新华书店
印　刷	河北京平诚乾印刷有限公司
版　次	2018 年 7 月第 1 版
印　次	2025 年 4 月第 2 次印刷
开　本	787mm×1092mm　1/16
印　张	16
字　数	399 千字
定　价	50.00 元

未经许可，不得以任何方式复制或抄袭本书之部分或全部内容。

版权所有　侵权必究

前　言

习近平总书记指出，我们既要绿水青山，也要金山银山。宁要绿水青山，不要金山银山，而且绿水青山就是金山银山。

森林火灾是森林的大敌，要想守护好，经营好"绿水青山"，首要的任务是做好森林防火工作。《林火调查与评估》是以森林火灾预防、生态效应评价、森林火灾控制与利用为主要目的，其意义在于：能够为森林防火工作提供本底资料、为森林火灾防御提供可行的措施、为森林防火队伍建设提供素材和经验、为森林火灾案件的依法追究提供事实依据、为森林防火科研提供数据支撑、为维护生态安全和实现森林资源的可持续发展，为建设生态林业和民生林业服务。

《林火调查与评估》是为森林消防工作提供方法和工具的一门交叉性、实用性都很强的边缘学科，是南京森林警察学院消防工程专业的一门专业课。但截至目前，国内外尚未见到专门的教材。

之所以将这本教材的名称定为《林火调查与评估》，是因为：林火是森林生态系统的重要生态因子，它具有二重性，不仅对森林生态系统具有有害的生态效应，而且具有有益的生态效应。通常，人们只注意到林火的特殊类型——森林火灾对森林资源、对生态环境、对人类生命财产安全的威胁和破坏，较少注意林火作为一个重要生态因子的有益性。例如，对火成型森林群落演替的促进作用；在冷湿生态条件下，林火增加土壤温度，加速枯枝落叶的分解，提高土壤肥力，提早林区、草原植物萌发，增加草食性动物的食源等，都是林火有益生态效应的反映。因此，林火调查与评估不同于通常意义上的火灾调查与评估，它涵盖的内容更广泛，方法更复杂。

仅从林火有害的一面而言，森林火灾这一林火的特殊类型同城市火灾、煤矿火灾等灾害具有可比性，它们关心的都是"灾害"特性。在对森林火灾性质的认定中，火灾调查与评估的原理、技术、方法和手段均适用于森林火灾调查与评估。

然而，林火和森林火灾是两个既相互联系又相互区别的概念，林火包含森林火灾，森林火灾包含于林火之中。对森林火灾适用的调查和评估方法，只能解决林火调查与评估的部分内容，而不是全部。例如，我国对火灾事故处理所坚持的"三不放过"原则，即"事故原因没有查清不放过，事故责任者和职工群众没有受到教育不放过，没有落实防范措施不放过"。这"三不放过"原则对森林火灾事故的处理同样适用，但对林火调查与评估而言，如果也采用此原则，显然是混淆了林火和森林火灾这两个既相互关联又相互区别的概念，难免会引导人们重回"凡是森林中的火都是森林火灾，都是有害的"误区。

更为重要的是，林火具有三属性，即自然属性、灾害属性和工具属性，而森林火灾只有自然属性和灾害属性两个属性，不具有工具属性。特别是对林火的评估方面，如果套用火灾的评估方法和评价体系，对林火的工具属性不仅不适用，而且有失客观公正。从维护森林生态系统和谐，实现森林资源可持续发展的角度，对林火的工具属性的评估应该做出认真、深入、细致的总结。

本教材避繁就简，从实用性出发，有选择地吸收了编著者及森林防火同行近几年的新思想、新理念、新成果，编著了以下几章内容：第1章 林火调查与评估概述；第2章 林火调查与评估的方法与技术；第3章 森林火灾灾后调查与建档；第4章 森林火灾风险评估——灾前评估；第5章 森林火灾扑救评估技术和方法——灾中评估；第6章 林火影响评估技术与方法——灾后评估；第7章 小型无人机在林火调查与评估中的应用；第8章 高光谱遥感技术在林火调查与评估中的应用；第9章 虚拟现实技术在林火调查与评估中的应用。

我们期望，本教材不仅作为在校大学生的教科书，还能成为广大森林防火工作者的必备读物。本教材承蒙中国林业科学研究院博士生导师舒立福研究员、东北林业大学博士生导师胡海清教授审稿，在此一并表示衷心感谢！

由于《林火调查与评估》涉及自然科学和社会科学两大领域，编写的又是一本新教材，其中一些内容或观点纯属一家之言。同时，由于编著水平有限，无论是教材框架的构建，还是内容的取舍，甚至语言文字等方面难免有谬误之处，有待在今后的使用过程中进一步修改和完善。

编著者

2018年2月

目 录

前 言

第1章 林火调查与评估概述 (1)
1.1 林火和森林火灾的属性与相互关系 (1)
1.1.1 林火和森林火灾 (1)
1.1.2 林火和森林火灾的关系 (1)
1.1.3 林火和森林火灾的本质属性 (2)
1.1.4 林火转变成森林火灾的充分必要条件 (5)
1.2 林火调查与评估的内涵 (6)
1.2.1 林火调查与评估体系 (6)
1.2.2 林火调查与评估的目的 (6)
1.2.3 林火调查与评估的意义 (7)
1.3 林火调查与评估的组织领导和基本原则 (9)
1.3.1 林火调查与评估的组织 (9)
1.3.2 林火调查与评估的基本原则 (10)
1.3.3 林火调查与评估人员的基本素养 (13)
1.4 林火调查与评估的历程和展望 (14)

第2章 林火调查与评估的方法与技术 (16)
2.1 林火调查与评估方案设计 (16)
2.1.1 调查与评估方案设计的基本原则 (16)
2.1.2 林火调查与评估方案的主要内容 (17)
2.1.3 林火调查与评估的指标体系设计 (20)
2.1.4 林火调查与评估表格的设计 (22)
2.2 林火调查的方法概述 (27)
2.2.1 预备调查(踏查) (27)
2.2.2 标准地调查 (32)

2.2.3　问卷调查的问卷设计 …………………………………………………… (35)
　　2.2.4　普遍调查法 …………………………………………………………… (38)
　　2.2.5　抽样调查法 …………………………………………………………… (40)
　　2.2.6　实验调查法 …………………………………………………………… (44)
　　2.2.7　追溯调查法 …………………………………………………………… (47)
2.3　林火评估的分类 ………………………………………………………………… (49)
　　2.3.1　根据林火评估的内容分类 ……………………………………………… (49)
　　2.3.2　依据林火孕育与发展过程分类 ………………………………………… (50)
　　2.3.3　依据森林火灾影响的层次分类 ………………………………………… (50)
2.4　林火评估的方法概述 …………………………………………………………… (51)
　　2.4.1　历史趋势分析法 ………………………………………………………… (51)
　　2.4.2　指标体系评估法 ………………………………………………………… (55)
　　2.4.3　权重赋值比较法 ………………………………………………………… (58)
　　2.4.4　灾变模型评价法 ………………………………………………………… (63)
　　2.4.5　影响因子分析法 ………………………………………………………… (64)
　　2.4.6　森林资源资产相关的评估方法 ………………………………………… (65)

第 3 章　森林火灾灾后调查与建档 …………………………………………… (70)

3.1　起火点勘察方法与技术 ………………………………………………………… (70)
　　3.1.1　林火燃烧痕迹与残留物特征 …………………………………………… (70)
　　3.1.2　地表可燃物的燃烧程度与残留物特征 ………………………………… (74)
　　3.1.3　林火起火点的查找方法步骤 …………………………………………… (77)
3.2　起火原因认定方法与技术 ……………………………………………………… (80)
　　3.2.1　火源证据的查找方法 …………………………………………………… (80)
　　3.2.2　火源证据的鉴别 ………………………………………………………… (81)
　　3.2.3　火源证据的提取和留存 ………………………………………………… (81)
3.3　起火点勘察新技术 ……………………………………………………………… (83)
3.4　林火损失调查方法与技术 ……………………………………………………… (83)
　　3.4.1　林木损失调查 …………………………………………………………… (83)
　　3.4.2　林木损失调查内容 ……………………………………………………… (85)
　　3.4.3　林木损失计算 …………………………………………………………… (85)
　　3.4.4　林火面积调查与计算 …………………………………………………… (86)
3.5　森林火灾档案建立与规范 ……………………………………………………… (89)
　　3.5.1　建立森林火灾档案的意义 ……………………………………………… (89)
　　3.5.2　森林火灾档案的主要内容 ……………………………………………… (89)

3.5.3 建立森林火灾档案的要求 …………………………………………… (90)
3.5.4 加强森林火灾档案建设的措施 ………………………………………… (90)
3.5.5 全国森林火灾数据统计报表管理规定 ………………………………… (91)
3.5.6 森林火灾统计主要名词解释 …………………………………………… (92)
3.5.7 森林火灾统计报表公式说明 …………………………………………… (96)
3.6 最新森林火情报告规范 …………………………………………………………… (108)

第4章 森林火灾风险评估——灾前评估 …………………………………… (113)
4.1 风险与风险评估 …………………………………………………………………… (113)
　　4.1.1 风险的概念 ……………………………………………………………… (113)
　　4.1.2 风险评估 ………………………………………………………………… (114)
　　4.1.3 森林火险 ………………………………………………………………… (114)
4.2 森林火险天气评估 ………………………………………………………………… (115)
　　4.2.1 森林火险天气和森林火险天气等级 …………………………………… (115)
　　4.2.2 森林火险天气评估 ……………………………………………………… (115)
　　4.2.3 森林火险天气评估的依据或标准 ……………………………………… (115)
4.3 森林火险等级评估 ………………………………………………………………… (117)
　　4.3.1 森林火险等级的划分 …………………………………………………… (117)
　　4.3.2 森林火险等级的火险因子指标 ………………………………………… (118)
　　4.3.3 森林火险等级的评估方法 ……………………………………………… (119)
　　4.3.4 森林火险等级评估举例 ………………………………………………… (120)
4.4 森林火灾风险评估的技术支撑 …………………………………………………… (121)
　　4.4.1 森林火险因子采集站建设及采集技术规范 …………………………… (121)
　　4.4.2 森林火险监测站技术规范 ……………………………………………… (125)

第5章 森林火灾扑救评估技术和方法——灾中评估 …………………… (130)
5.1 森林火灾扑救战略、战术适用性评估 …………………………………………… (130)
　　5.1.1 森林火灾扑救战略评估的主要内容 …………………………………… (130)
　　5.1.2 森林火灾扑救战术评估的主要内容 …………………………………… (132)
5.2 森林火灾扑救技术、方法适用性评估 …………………………………………… (133)
　　5.2.1 技术与方法的辨析 ……………………………………………………… (133)
　　5.2.2 森林火灾扑救技术适用性评估的主要内容 …………………………… (134)
　　5.2.3 森林火灾扑救方法适用性评估的主要内容 …………………………… (134)
5.3 森林火灾应急预案评估 …………………………………………………………… (135)
　　5.3.1 《国家森林火灾应急预案》的基本框架与主要内容 ………………… (136)
　　5.3.2 森林火灾应急预案评估的主要内容 …………………………………… (136)

5.4 森林火灾扑救评估的指标体系 (139)
5.4.1 森林火灾扑救评估的一级指标 (139)
5.4.2 森林火灾扑救评估的二级指标 (139)
5.4.3 森林火灾扑救评估的三级指标 (140)
5.4.4 森林火灾扑救评估的指标体系构成 (141)

5.5 森林火灾扑救评估实例 (143)
5.5.1 森林火灾扑救评估指标体系的权重赋值 (143)
5.5.2 森林火灾扑救评估体系中三级指标的评分 (145)
5.5.3 森林火灾扑救评估体系中二级指标的评估值 (145)
5.5.4 森林火灾扑救评估体系中一级指标的评估值 (147)
5.5.5 森林火灾扑救的综合评估值 (148)
5.5.6 该森林火灾扑救的经验教训分析 (148)

第6章 林火影响评估技术与方法——灾后评估 (152)

6.1 林火对森林资源可持续发展的影响 (152)
6.1.1 林火对单株植物的直接危害 (152)
6.1.2 林火对单株植物的间接危害 (154)
6.1.3 林火对植物的有益影响及植物对火的适应 (155)
6.1.4 林火对植物类型的影响 (156)
6.1.5 林火对森林群落及森林生态系统的影响 (157)

6.2 林火对森林环境及局部环境的影响 (162)
6.2.1 森林环境及其特点 (162)
6.2.2 林火对光和温度的影响 (163)
6.2.3 林火对水分的影响 (163)
6.2.4 林火对空气的影响 (164)
6.2.5 林火对森林土壤的影响 (165)
6.2.6 林火对森林环境及局部环境影响的野外观测方法 (166)
6.2.7 林火对森林环境及局部环境影响的观测与评价基本因子(指标) (168)

6.3 森林资源损失评估 (170)
6.3.1 森林火灾直接损失评估方法 (170)
6.3.2 森林火灾间接损失评估方法 (172)

6.4 区域森林火灾危害程度评估 (172)
6.4.1 评价区域森林火灾危害程度的单一指标 (172)
6.4.2 评价区域森林火灾危害程度单一指标的应用实例 (174)

  6.4.3 森林火灾危害程度综合指标的拟定及实例 …………………………… (176)

第7章 小型无人机在林火调查与评估中的应用 ………………… (180)

7.1 国内外小型无人机发展与现状 ……………………………………………… (180)
  7.1.1 固定翼小型无人机 ……………………………………………………… (180)
  7.1.2 多旋翼小型无人机 ……………………………………………………… (182)
  7.1.3 小型无人机在森林防火中的应用概况 ………………………………… (183)
  7.1.4 小型无人机的发展趋势 ………………………………………………… (185)

7.2 小型无人机图像采集与传输技术 …………………………………………… (186)
  7.2.1 图像采集装置简介 ……………………………………………………… (186)
  7.2.2 图像采集与传输技术 …………………………………………………… (188)

7.3 小型无人机图像识别与处理技术 …………………………………………… (189)
  7.3.1 ENVI 图像处理 ………………………………………………………… (190)
  7.3.2 Enso MOSAIC UAV 无人机航空摄影测量软件简介 ………………… (196)
  7.3.3 ENVI 和 Enso MOSAIC UAV 在小型无人机林火监测图像处理中的
     技术借鉴 ………………………………………………………………… (197)

7.4 小型无人机倾斜摄影测量与三维建模技术 ………………………………… (198)
  7.4.1 倾斜摄影测量概况 ……………………………………………………… (198)
  7.4.2 小型无人机倾斜摄影测量系统构成 …………………………………… (199)
  7.4.3 小型无人机倾斜摄影测量的过程 ……………………………………… (200)
  7.4.4 小型无人机倾斜摄影测量的特点 ……………………………………… (201)
  7.4.5 小型无人机倾斜摄影测量与三维建模的关键技术 …………………… (201)
  7.4.6 小型无人机倾斜摄影测量与三维建模展望 …………………………… (204)

7.5 小型无人机在林火调查与评估中的应用展望 ……………………………… (205)
  7.5.1 灾前的预警与动态监测 ………………………………………………… (205)
  7.5.2 灾中的火行为动态监测 ………………………………………………… (206)
  7.5.3 灾后的损失评估 ………………………………………………………… (207)
  7.5.4 小型无人机在林火调查与评估中的应用需要解决的问题 …………… (207)

第8章 高光谱遥感技术在林火调查与评估中的应用 ……………… (210)

8.1 高光谱遥感技术的研究进展与应用 ………………………………………… (210)
  8.1.1 高光谱遥感技术概况 …………………………………………………… (210)
  8.1.2 高光谱遥感技术应用简介 ……………………………………………… (212)

8.2 高光谱遥感数据的特点、获取与成像模拟 ………………………………… (213)
  8.2.1 高光谱遥感数据的特点 ………………………………………………… (213)
  8.2.2 高光谱遥感数据的分类与提取 ………………………………………… (213)

8.2.3　高光谱图像成像模拟 ……………………………………………… (214)
8.3　高光谱遥感在森林特征信息提取中的应用 …………………………………… (215)
　　8.3.1　森林类型的识别 …………………………………………………… (216)
　　8.3.2　叶面积指数估测 …………………………………………………… (216)
　　8.3.3　郁闭度信息提取 …………………………………………………… (217)
　　8.3.4　森林生化组成与森林健康状态 ……………………………………… (217)
　　8.3.5　森林灾害高光谱监测 ………………………………………………… (218)
8.4　高光谱遥感技术在林火调查与评估中的应用实例 ……………………………… (218)
　　8.4.1　可燃物含水率的调查 ………………………………………………… (218)
　　8.4.2　森林可燃物空间形态评估 …………………………………………… (220)
　　8.4.3　森林树冠可燃物属性评估 …………………………………………… (220)
8.5　高光谱遥感技术的应用前景展望 ………………………………………………… (221)

第9章　虚拟现实技术在林火调查与评估中的应用 ………………………………… (223)
9.1　虚拟现实 ………………………………………………………………………… (223)
　　9.1.1　虚拟现实与虚拟现实技术 …………………………………………… (223)
　　9.1.2　虚拟现实系统基本构成 ……………………………………………… (224)
　　9.1.3　虚拟现实技术的特征 ………………………………………………… (226)
　　9.1.4　虚拟现实系统分类 …………………………………………………… (227)
　　9.1.5　增强现实系统 ………………………………………………………… (228)
9.2　基于虚拟现实的林火蔓延动态模拟 ……………………………………………… (231)
9.3　基于虚拟现实的灭火救援训练 …………………………………………………… (232)
9.4　基于虚拟现实和计算流体力学的火灾模拟 ……………………………………… (233)
　　9.4.1　流体力学与计算流体力学 …………………………………………… (233)
　　9.4.2　基于计算流体力学的火灾模拟仿真工具 …………………………… (234)
9.5　其他基于虚拟现实技术的林火调查与评估应用 ………………………………… (238)
　　9.5.1　基于虚拟现实的防火灭火决策支持 ………………………………… (238)
　　9.5.2　基于虚拟现实的林火实景再现 ……………………………………… (238)

参考文献 ……………………………………………………………………………… (241)

第1章 林火调查与评估概述

1.1 林火和森林火灾的属性与相互关系

1.1.1 林火和森林火灾

林火是指森林中的燃烧现象。通俗讲是指林地上蔓延的火。

森林火灾是指森林起火后,失去人为控制,在森林自由蔓延和扩展,给森林、森林生态系统和人类造成一定危害和损失的现象。

1.1.2 林火和森林火灾的关系

林火和森林火灾是两个既相互联系又相互区别的概念,林火包含森林火灾,森林火灾包含于林火之中。可以说所有的森林火灾都是林火,但不能说所有的林火都是森林火灾。其相互关系可以表示为:

$$林火 \supseteq 森林火灾$$

具体来讲,林火和森林火灾二者之间的区别和联系可以概括以下几个方面:

① 林火和森林火灾都是森林里的燃烧现象。

② 林火是森林生态系统中普遍存在的一个强有力的环境因子,是普遍性的体现;森林火灾则是在森林可燃物被引燃之后,在特定条件下给森林、森林生态系统和人类造成一定危害和损失的特殊现象,是特殊性的体现。

③ 区别林火和森林火灾主要从灾害的角度看,不能以面积大小和火强度高低而论。

④ 林火具有二重性,林火同时具有有害与有利的双重性质;森林火灾则不然,森林火灾都是有害的。

1.1.3　林火和森林火灾的本质属性

1.1.3.1　林火和森林火灾的自然属性

考察一个现象或一种事物是否具有自然属性，可以从 3 个方面去考察：

(1) 是不是自然存在

早在人类出现之前，林火和森林火灾就先于人类在自然界存在。正如斯蒂芬·J·派因在其所著《火之简史》的中文版序中所言："我把'地球火'的年代浓缩成三大时代，分别称为'原生火'(First Fire)、'二代火'(Second Fire) 和'三代火'(Third Fire)……'原生火'是对所有自然之火的一种简单标记。这种燃烧现象也许远在人类出现以前很久就存在了"。在谈到火的产生时，斯蒂芬·J·派因指出："火山不是一种真正意义上的火……地球上的原初之火—拓荒之火—需要陆地植物，这些植物很可能由最早的沼泽植物构成，而后是近海岸有机泥炭和芦苇的母体。第一缕火光，可能闪现于大约 4 亿年前的泥盆纪早期……从地质学上来说，火极为古老，且分布广泛"。

(2) 它对自然界有影响吗

林火和森林火灾对自然界的影响是显而易见的。J. P. Kimmins 在其所著的《森林生态学》中，将火与太阳辐射、温度、风、水、土壤等生态因子并列，单独作为一章论述，并给了一个非常醒目的章节标题："火：一个普遍存在的，强有力的环境因子"。同时明确指出，很少有陆地生态系统没有受过火灾的影响，火如同风和雨一样是全球森林生态系统的一个自然因子；多数生态系统发生火灾的频率很低，但火毕竟是一个重要的生态因子，即使每隔 200~300 年才发生一次，也会对生态系统特征产生决定性的影响。很多生态学家和 Kimmins 持相同的观点，特别是森林生态学界就此已达成共识。

林火和森林火灾对森林植被及其环境的影响是多种多样的，有时是显著的，有时是隐蔽的；有时是短暂的，有时则是长期的。例如，林火或森林火灾发生后直接作用于单株植物的时候，主要表现为对单株植物的烧毁、热害和干燥；即使林火不直接作用于植物体，在林火过后的很长一段时间里仍会显露出其对单株植物的间接危害，如林木倒折等机械损伤、诱发病虫害、生长量降低甚至死亡等。不管是自然火还是人为火，当其燃烧起来之后，就会不同程度地影响到森林中的植物、动物和微生物，也会或多或少地改变承载生物生存的土壤和林内小气候等环境条件，甚至危及林区居民的身心健康和生命安全。单就林火而言，这种影响有时是有害的，有时可能是有益的。

(3) 它受其他自然因子制约吗

任何自然存在的物质和现象，在对自然界产生影响和作用的同时，必然要受到其他自然因子的制约和影响，林火和森林火灾也不例外。林火的发生和蔓延取决于森林可燃物、火源、森林火环境 3 个因素，三者缺一不可。三者的密切关系可以用图 1-1 表示：

图 1-1 既可以称为森林燃烧的三要素，又可以称为森林燃烧三角，它表明了林火发生过程中森林可燃物、火源、火环境三者的密切关系。

图 1-1　森林燃烧的三要素

1.1.3.2　林火和森林火灾的灾害属性

所谓灾害，是指某一地区由内部演化或外部作用所造成的，对人类生存环境、人身安全与社会财富构成严重危害，以至超过该地区承灾能力，进而丧失其全部或部分功能的自然—社会现象。简言之，灾害就是自然界不可控事件造成的超越一定程度界线的损失。灾害的确认，是以国家或社会财富的损失和人员的伤亡为客观标志的，这种确认方式表明，凡是能够造成国家或社会财富损失和人员伤亡的各种自然、社会现象，都可以称为灾害，它们都是相对于人类社会而言的异常现象。

从灾害的定义不难看出，灾害是自然生态因子和社会经济因子变异的一种价值判断与评价，是针对人类与人类社会这一主体而言的。离开人类与人类社会这一主体，就无所谓"利"与"害"，也就不存在所谓的灾害。因此，从某种意义上讲，灾害属性也可以视为经济属性。

失去控制的林火就是森林火灾，就是一种灾害。森林火灾是当今世界发生面广、危害性大、时效性强、处置救助极难的自然灾害。所以，联合国已将大面积森林火灾列为世界上八大自然灾害之一。

森林火灾，特别是重大、特别重大森林火灾，是人们有目共睹的一种大灾难。猛烈的树冠火，可以使其前进道路上的野生动物、树木和植被遭受毁灭性的打击，在这种大灾难中，木材的损失、人类生命财产的损失都是非常严重的。凡是经历过无法控制的森林大火的人，很少有人愿意再去回忆那种经历，森林大火给人们造成的心灵创伤是难以磨灭的。正如1987年发生在我国北部大兴安岭林区的"5·6"特大森林火灾，虽然已经过去了30多年，但这场大火烧毁森林和城市的惨烈情景，至今仍然历历在目。2007年夏季发生在希腊，过火面积超过其国土面积一半的森林大火，将永远印在世界森林防火史上。

自然属性、灾害属性是林火和森林火灾共有的两个属性。值得注意的是：并非所有林火都具有灾害属性。有些林火不仅不会造成灾害，还具有有益的一面。这一点将在林火的工具属性中得到体现。

1.1.3.3　林火的工具属性

工具是指可以拿来掌握利用的物品，林火是否具有这一属性呢？以下几个方面充分说明了林火的工具属性。

（1）火的利用是人类文明进程中的第一座里程碑

火是人类最早使用的工具之一，正是这一工具的使用，使人类脱离了茹毛饮血的动物性，成为文明的人。而最初的火种恰恰来自森林，来自林火。时至今日，烧柴仍然是许多人赖以生存的方式和手段。此后提到的林火为农、林、牧业服务的种种手段，都在人类文明史上起到了不可抹杀的作用。

正如斯蒂芬·J·派因在其所著《火之简史》中所言："所有民族都能熟练地利用火，而且也只有人类才能够做到这一点。确切地说，我们是一个走进火的物种。火通过光和热而照亮了黑夜；火保护了（人类的）洞穴和隐蔽处；火可杀死沙门氏菌、导致旋毛虫病的寄生虫以及某些通过饮水传染的细菌，从而使很多食物变得安全；火与每一项可以想到的技术相互作用，这些技术包括从隧道采矿到赭色绘画；火是一尊神，火是神话，火是科学，火是力量……对火的控制也改变了原始人类；火改变了日常生活……对火的拥有还改变了社会关系，一个群体的形成就是以分享同一堆营火作为纽带"。

（2）林火是一个重要的生态因子

林火是一个重要的生态因子已经成为森林防火和森林生态学者的共识。林火生态学已成为一个独立的学科分支。尽管人们对火的利用历史悠久，但作为生态学的一个分支，林火生态的形成时间并不长。1959年，Cooper讨论并使用了"林火生态学"的概念，林火生态才进入初始阶段。1972年，在美国召开了"环境中的火"研讨会，并出版了 *Fire in Environment Symposium* 一书。1974年，Kozolowski等人出版了 *Fire and Ecosystem*。1975年，Gill综述了火烧对澳大利亚植被的影响，并给出了林火生态学理论框架。1980年，Wright等编著的 *Fire Ecology* 出版，标志着火生态学的形成。1983年，由美国、澳大利亚、英国、法国和加拿大五国生态学家合作出版的 *Fire in Forestry*，内容涉及火对森林生态影响的各个领域。20世纪80年代中期后，学科的交叉和渗透成为主要趋势，吸收了生态学理论，研究火在生态系统中对生物、人类和社会的影响，并发表了大量学术论文，从而推动了林火生态学理论和方法的日臻完善。

（3）林火是火成型森林群落演替的动力

林火是火成型森林群落演替的动力，其影响模式大体上可分为引起林分更替的林火影响模式和对林分起维持作用的林火影响模式两大类。

引起林分更替的林火影响模式：大多数中、高强度的火（包括灾难性的森林火灾），火灾后出现整个林分的更新及更替，多数情况下是由于原生群落遭到火灾的破坏而发生次生演替。例如，天山云杉林遭到中、高强度森林火灾后发生的次生演替，是由杨、桦次生林取代了天山云杉林，而要使新演替起来的杨、桦次生林恢复到火烧前的天山云杉林，其过程是漫长的。也有少数的林分遭到中、高强度的火烧后发生的是原生演替，这是由于火灾破坏程度太大，以致原来的植被及其植被下的土壤也不复存在，形成了类似原生裸地的条件。据研究表明，长白山的植被就是两千多年前的一次火山爆发后经原生演替而来的。还有美国的红云杉，强烈树冠火发生的区域，其演替也是开始于近乎原生的裸地上。

对林分起维持作用的林火影响模式：某些低强度、小面积的小火或局部高强度火的作用，有利于改善森林更新条件，有利于幼苗幼树的生长发育，使森林生态系统朝着稳定协调的方向演替。例如，新疆落叶松树林下低强度火烧后，并不影响落叶松的优势地位，同时还获得了天然更新的有利条件，增加了该森林生态系统的稳定性。罗菊春等调查了大兴安岭森林火灾对天然更新的影响后指出，重度火烧是促使白桦、山杨萌生的良好条件，只要有了杨桦母株，就会产生大量萌生条。即使是生长在荒漠中的胡杨林，火烧也可促进萌芽（萌蘖）更新。葛剑平等研究了火干扰对天然红松林结构和演替过程的影响。王绪高等对大兴安岭北坡落叶松林火后植被演替过程进行了研究。同类的研究还有许多，在此不再一一列举。

（4）林火可以为农、林、牧业服务

通过安全用火为农、林、牧业服务的实例比比皆是，这里仅罗列使用最频繁的几个方面：

① 刀耕火种这一原始的耕作方式，至今仍在许多国家和地区使用，我国也如此。

② 我国延续了一千多年的"炼山造林"已经成为一种宝贵财富，我国南方一直流传着

"火不上山,不能插杉"的古训。

③ 计划烧除减少森林可燃物负荷量,降低森林火险,"高效、快捷、低成本"使得计划烧除已经成为国内外积极防火的主要手段之一。

④ 作为营林措施的安全用火,例如,用火清除林内站杆、倒木和病腐木,改善林内卫生状况,火烧清理采伐迹地,火烧促进林分更新,火烧维护防火林带等方面的应用已非常频繁。

⑤ 在森林火灾扑救中,用火开设阻火隔离带间接灭火,点烧迎面火直接灭火,在紧急情况下点火自救等手段也时有应用。

⑥ 火烧改良牧场,烧积肥、烧秸秆提高土壤肥力。在林区荒地和草原上进行火烧,火烧后产生的黑色物质(灰分、木炭),能够增加土温,促使植物提早发芽生长,火烧牧场可提早植物生长期 10~20d。

⑦ 火烧改良高寒区域的土壤(肥力和温度),提高森林分布的上限。

⑧ 火烧防治林区、草原的病虫害、鼠害。

⑨ 火烧改善牧草和野生动物饲料品质,提高萌芽、萌蘖数量,增加牧草的适口性,进而改善野生动物的栖息条件等。

显而易见,森林火灾是不具有工具属性的。工具属性为那些没有造成灾害的林火所特有。认为所有存在于森林生态系统中的火都是森林火灾的观点是片面的、错误的。

1.1.4 林火转变成森林火灾的充分必要条件

森林可燃物、火源和火环境是林火发生的 3 个最基本条件,缺一不可。三者的关系可以用三角形表示,称为燃烧三角(图 1-2)。

具备了林火发生的 3 个基本条件,只是表明具备了林火发生的可能,并不表明一定会着火;某些条件下,即使着火,要由小火转变成大火、转变成灾害,需要有一个过程。在此转变过程中,对林火蔓延所到之处,除了上述 3 个基本条件之外,还取决于火的蔓延速度、蔓延方向、持续燃烧时间、火强度、火的能量释放速度等火行为特征。因此,林火发生的 3 个基本条件仅仅是必要条件,并不是充分必要条件。森林火灾发生的充分必要条件是:林火发生的 3 个基本条件加上有利于林火蔓延的火行为,可表示为图 1-3。

图 1-2　燃烧三角(必要条件)　　图 1-3　森林火灾发生的充分必要条件

林火行为是指从可燃物点燃开始,经过蔓延,直至熄灭的整个过程中,火所表现出来的各种特征。衡量林火行为的指标很多,其中,林火蔓延、林火强度和能量释放是最主要,也是使用最频繁的 3 个指标。

弄清楚林火和森林火灾的概念、相互关系、基本属性和林火转变成森林火灾的充分必要条件，是学习、理解和掌握林火调查与评估的基础，要认真复习本专业先修课程的相关知识，为本课程的后续内容打好基础。

1.2　林火调查与评估的内涵

1.2.1　林火调查与评估体系

调查与评估就是通过对客观事物的观察、度量进行信息采集和分析，即通过观察、度量、分析、评价来了解事实真相的一种认识活动或方法。

就其特征而言，为了解决某一问题首先从迷离混沌、模糊不清、千变万化的现象中分辨出相对确定、明晰、稳定的客观事实来，然后使用一定的方法或手段采集各种事实的资料并进行分析、评价。完善的调查与评估系统由七大部分组成，包括明确调查与评估的目的、设计研究方案、做好充分的准备、实施调查、调查数据的管理(整理)、调查数据的分析与评价、报告调查与评价的结果。其中，明确调查与评估的目的、设计研究方案、做好充分的准备、实施调查是"调查"的核心，而调查数据的管理和调查数据的分析、评价则属于"评估"的范畴。

林火调查与评估涵盖了自然科学和社会科学两大体系，调查所涉及的对象不仅仅是开放的森林生态系统，而且还广泛涉及与林火有密切关系的人及其活动。因此，不论是调查中的数据采集、整理、分析、评价，还是提取原始资料所包含信息的技术、手段和方法，都需要较全面、系统、丰富的自然科学知识和社会科学知识。

1.2.2　林火调查与评估的目的

林火调查与评估的目的主要有以下三个方面：一是灾害防御；二是生态效应评价；三是控制与利用。

（1）灾害防御

彻底查明森林火灾发生的原因，查清森林火灾所造成的林木损失、财产损失和人员伤亡等情况，依据法律对森林火灾事故责任者或犯罪分子作出处理，探讨和掌握森林火灾发生的规律，提高预防和扑救森林火灾的工作水平和能力，降低森林火灾的发生率，减少森林资源、生态环境和人类生命财产损失，是林火调查与评估最主要的一个目的。

（2）生态效应评价

尽管火的利用是人类文明的第一座里程碑，然而，截至目前，人们对林火仍然怀有很强的恐惧心理，对林火二重性的认识十分模糊。把林火与森林火灾混为一谈不仅广泛存在于公众当中，甚至在从事林火管理的人群中也为数不少，这是对林火二重性认识不清的最好例证。

林火是森林生态系统的一个重要生态因子，并且是非常活跃的生态因子。早在人类出现之前，火就参与了森林生态系统的演变和发展，它不断地影响森林生态系统，成为森林生态系统演变和发展的动力，成为森林生态系统中不可缺少的因素，在森林生态系统中发挥着积极作用。然而，随着人类的出现和人类干预森林生态系统的强度不断加大，火的有益的生态效能逐渐被人类所排挤，特别是人们对林火的恐惧心理，使得林火生态效应评价名存实亡。客观评价林火的生态效应，还林火在森林生态系统中应有的地位，是林火调查与评估的主要目的之一。

（3）控制与利用

林火发生在开放的森林生态系统中，在人类没有干预森林之前，林火确实起到了自然调节的作用。然而，就目前的森林生态系统而言，无处不留下人类干预的痕迹，不仅是人工林，许多天然林在人类的干预下也已经削弱或改变了其生态特性，林火更是如此。林火的发生已经由纯自然现象变成了人为现象，自然火的生态调节作用也就成了人为干扰。

林火作为生态因子也必须满足人类经营森林的需要，而不符合人们经营森林需要的人为火已经占到了林火总次数的95%以上，这就要求人们首先要控制林火（特别是人为火）的发生率，控制林火发生发展的过程，控制林火的规模，控制林火的强度，排除人为火对森林生态系统和谐施加的干扰。

林火是森林生态系统的重要生态因子，在森林生态系统中的存在是必需的，彻底消灭林火的观念是错误的。人们不仅要实现林火的控制，而且要实现林火的主动利用，把林火作为一个林火管理的工具，一个森林经营的工具，使林火真正成为维护森林生态系统和谐的生态因子，实现森林资源的可持续利用。这才是林火调查与评估的最终目的。

1.2.3 林火调查与评估的意义

林火的发生与发展不仅受森林可燃物、火源和火环境条件等自然因素的影响，而且受森林经营、林火管理水平等人为因素的影响。林火调查与评估就是要了解和掌握林火发生发展的特点、后果和影响，了解在一定时间、地点、原因、条件下的一些统计量的相互关系，对实现森林火灾防御，准确评价林火的生态效应，有效控制和利用林火等都有着十分重要的现实意义和积极作用。其积极作用和现实意义主要表现在如下几个方面：

（1）为林业建设、森林资源保护以及林火管理提供本底资料

通过林火调查与评估可掌握并弄清研究区域林火和森林火灾的现状、发生原因、发生规律和特点、造成的后果等，掌握林火对森林资源消长的影响，对森林生态系统的影响，为森林防火规划、森林资源保护规划、林业建设规划、森林资源的可持续经营等提供真实可靠的本底资料。

（2）为森林火灾防御提供切实可行的措施

森林火灾是森林的大敌，联合国已经将大面积森林火灾列为世界上八大自然灾害之一，作为自然灾害的森林火灾是不以人们的意志为转移的。虽然近代森林火灾绝大部分是由于人们用火不慎引起的，但这并不能改变森林火灾的自然属性。因为用火不慎所提供的火源条件，只有遇到适宜于森林火灾发生的可燃物条件和火环境条件，才能引起森林火灾，只能说森林火灾是受人为影响较大的一种自然灾害。因此，虽然完全杜绝森林火灾是不可能的，但是有效地防御森林火灾是必要的，也是可行的。

林火调查与评估就是要对森林火灾发生的原因、时间、地点、次数、燃烧面积和造成的损失等信息进行采集，通过一定的方法和手段对森林火灾的影响因素、危害机制、危害

特点、造成的后果和损失等进行全面、系统地分析,为降低森林火灾的损失和发生率服务,为制定有效的森林火灾防御措施提供针对性的依据。

（3）为森林火灾扑救和森林消防队伍建设提供素材和经验

当今世界上森林火灾扑救的原则是把保护人的生命安全放在首位,其次才是考虑扑灭森林火灾,保护森林资源和自然资源。2007年8月的希腊森林火灾,烧死84人,同年10月20日美国南加州的森林大火,14人葬身火海,100多万人被迫逃离家园,州长施瓦辛格宣布9个火灾地区中的7个地区进入紧急状态。2009年2月7日在澳大利亚维多利亚州的森林大火致210人丧生,严重烧伤逾500人,另有30多人失踪。2010年7月29日至8月8日发生在俄罗斯的森林大火,致使53人丧生,500多人受伤,林木直接损失达133亿~200亿美元。

我国也适时地提出了"以人为本"的森林火灾扑救原则,但由于诸多原因,这一原则的贯彻落实还不到位。我国是一个森林资源匮乏的国家,但森林火灾非常严重,进入21世纪后,森林火灾发生次数和过火面积均呈现逐年上升的趋势。更令人担忧的是,因扑火造成的人员伤亡事故居高不下,并呈逐年增加的趋势,详见表1-1。

近年来,群死群伤事件不断增加,几乎每年均有发生,典型案例详见表1-2。

表1-1 我国2001—2011年森林火灾造成的死亡人数统计

年 份	2001	2002	2003	2004	2005	2006	2007	2008	2009	2010	2011
人 数	20	48	72	131	92	41	61	97	39	65	45
与2001年比较（%）	100	240	360	655	460	205	305	485	195	325	225

资料来源：国家林业局森林防火指挥部办公室（2012年10月张思玉查阅并整理）。

表1-2 我国森林火灾造成的群死群伤事故典型案例

时 间	地 点	死亡人数（人）
1986年3月29日	云南玉溪市北城区刺桐关乡与皂角乡交界处	25
1987年4月19日	内蒙古库都尔林业局育林林场	52
1987年5月6日	黑龙江大兴安岭	213
1999年4月3日	山西汾阳万宝乡王虎庄村	23
2004年1月3日	广西兴业县卖酒乡	11
2004年2月14日	福建邵武市水北镇	8
2007年11月7日	湖南宁远县仁和镇	10
2008年3月2日	湖南江永县允山镇	5
2010年5月22日	云南宁蒗县	12
2010年12月15日	四川道孚县	23
2011年2月5日	浙江淳安县	6
2011年3月2日	云南剑川县	9
2013年10月12日	陕西安康市旬阳县白柳镇	8
2015年3月22日	辽宁大连市金州新区大黑山	5
2017年4月3日	山西晋中市太谷县范村镇	4

在群死群伤事故中，牺牲的绝大部分都是参加扑救森林火灾的群众，特别是辽宁省大连市金州新区大黑山的森林火灾造成 5 名登山者死亡。可见我们的森林火灾扑救及森林消防队伍建设还很滞后。

森林资源是可再生的，人的生命是不可再生的，是最宝贵的。因此，通过对林火，特别是森林火灾的详细调查与评估，能够向森林防火部门提供详细的第一手资料。从采集到的森林火灾扑救工作的各种情况和数据中，全面分析森林火灾扑救过程及战斗状况，分析出影响扑救的有利和不利的因素，总结出每次森林火灾扑救的经验和教训。为今后制订森林火灾扑救的作战计划，以及森林消防队伍建设提供可借鉴的经验。

（4）为依法追究森林火灾事故责任者提供事实依据

造成森林火灾事故的原因是多方面的，既有自然原因，也有人为原因，但其中以人为因素占绝对主导地位。造成森林火灾事故的人为因素形形色色，千差万别，既有用火不慎、不懂野火特性等造成的跑火，又有人为的故意放火。不论是什么原因造成的森林火灾事故，都应该查明原因，让森林火灾责任者承担相应的责任，赔偿相应的经济损失；使森林火灾案件的肇事者受到应得的惩处，承担相应的法律责任，及时而有力地打击纵火罪犯，维护社会治安，保护森林资源和人民群众的生命财产安全；同时可以使群众受到启发和教育，使"预防和扑救森林火灾，保护森林资源，是每个公民应尽的义务"这一法律条文得到真正地贯彻落实。

（5）为森林消防科研工作提供数据和资料

林火调查与评估不仅要调查森林火灾，而且对一般的林火发生机制、发生发展、扑救、产生的后果和影响，以及林火转变为森林火灾的条件和机理等各方面进行全面调查与评估与分析。通过这些调查与评估资料，为制定森林消防科技发展规划，确定森林消防科研课题提供有用的数据和资料，为提高森林消防科技水平提供保障。

（6）为维护森林生态系统和谐，实现森林资源的可持续发展提供服务

林火是一把"双刃剑"，通过对林火这个重要生态因子的调查与评估，可以积累正反两方面的资料，从中找出问题的症结，采取针对性措施。维护森林生态系统和谐，实现森林资源的可持续发展需要有关部门制定出精确的、时效性强的中长期对策。要求有关部门从林火的二重性出发，合理利用林火的有益生态效应，控制和防范森林火灾的灾害属性，减少森林火灾的发生率，降低森林火灾的损失率。通过林火调查与评估，真正做到"防森林火灾之害，兴林火之利"。

1.3　林火调查与评估的组织领导和基本原则

1.3.1　林火调查与评估的组织

《森林防火条例》(1988 年 1 月 16 日国务院发布　2008 年 11 月 19 日国务院第 36 次常务会议修订通过，2008 年 12 月 1 日发布，自 2009 年 1 月 1 日起施行)，第四章第四十一条和第四十二条明确规定了林火调查与评估的组织领导权和方式：

第四十一条　县级以上人民政府林业主管部门应当会同有关部门及时对森林火灾发生

原因、肇事者、受害森林面积和蓄积、人员伤亡、其他经济损失等情况进行调查和评估，向当地人民政府提出调查报告；当地人民政府应当根据调查报告，确定森林火灾责任单位和责任人，并依法处理。

森林火灾损失评估标准，由国务院林业主管部门会同有关部门制定。

第四十二条　县级以上地方人民政府林业主管部门应当按照有关要求对森林火灾情况进行统计，报上级人民政府林业主管部门和本级人民政府统计机构，并及时通报本级人民政府有关部门。

森林火灾统计报告表由国务院林业主管部门制定，报国家统计局备案。

同时，第四十三条规定："森林火灾信息由县级以上人民政府森林防火指挥机构或者林业主管部门向社会发布。重大、特别重大森林火灾信息由国务院林业主管部门发布"。

《森林防火条例》不仅明确规定了灾后调查与评估的相关内容，而且在第三十一条中规定："任何单位和个人发现森林火灾，应当立即报告。接到报告的当地人民政府或者森林防火指挥机构应当立即派人赶赴现场，调查核实，采取相应的扑救措施，并按照有关规定逐级报上级人民政府和森林防火指挥机构"。第二十二条规定："森林、林木、林地的经营单位配备的兼职或者专职护林员负责巡护森林，管理野外用火，及时报告火情，协助有关机关调查森林火灾案件"。

2012年12月25日国务院办公厅发布的《国家森林火灾应急预案》中对火灾评估专门作出了规定：

"5.1　火灾评估　县级以上人民政府林业主管部门应当会同有关部门及时对森林火灾发生原因、肇事者、受害森林面积和蓄积、人员伤亡、其他经济损失等情况进行调查和评估，向当地人民政府提交评估报告。森林火灾损失评估标准，由国家林业局组织制定。"

这一规定在《森林防火条例》和《国家森林火灾应急预案》中同时出现，凸显了国家对森林火灾调查与评估的高度重视。

"5.2　工作总结　各级森林防火指挥机构及时总结、分析火灾发生的原因和应吸取的经验教训，提出改进措施。特别重大森林火灾扑救工作结束后，国家森林防火指挥部向国务院报送火灾扑救工作总结。"

所以，按照《森林防火条例》和《国家森林火灾应急预案》的要求，林火发生后，一般应由县级以上地方人民政府林业主管部门组织，由森林防火办公室、森林公安、林业调查规划队、林业站等派人员组成联合调查组，开展林火调查与评估工作。

1.3.2　林火调查与评估的基本原则

《森林防火条例》第四条规定：国家森林防火指挥机构负责组织、协调和指导全国的森林防火工作。

国务院林业主管部门负责全国森林防火的监督和管理工作，承担国家森林防火指挥机构的日常工作。

国务院其他有关部门按照职责分工，负责有关的森林防火工作。

第五条规定：森林防火工作实行地方各级人民政府行政首长负责制。

县级以上地方人民政府根据实际需要设立的森林防火指挥机构，负责组织、协调和指导本行政区域的森林防火工作。

县级以上地方人民政府林业主管部门负责本行政区域森林防火的监督和管理工作，承担本级人民政府森林防火指挥机构的日常工作。

县级以上地方人民政府其他有关部门按照职责分工，负责有关的森林防火工作。

《国家森林火灾应急预案》工作原则中规定："森林火灾应对工作坚持统一领导、军地联动，分级负责、属地为主，以人为本、科学扑救的原则。实行地方各级人民政府行政首长负责制，森林火灾发生后，地方各级人民政府及其有关部门立即按照职责分工和相关预案开展处置工作。省级人民政府是应对本行政区域重大、特别重大森林火灾的主体，国家根据森林火灾应对工作需要，给予必要的协调和支持。"

林火调查与评估工作和整个森林消防工作一样，必须坚持地方各级人民政府行政首长负责制、群众路线、实事求是、依法办事、标准化与规范化的原则。这些原则也是林火调查与评估人员的行动准则。

（1）行政首长负责制

《森林防火条例》修订前使用的是"森林防火工作实行地方各级人民政府行政领导负责制"，修订后则改为了"森林防火工作实行地方各级人民政府行政首长负责制"。虽然只改动了两个字，但意义重大。因为按照人们通常的理解，一个单位或部门，"领导"可以有很多人，但是，"首长"却只有一人。具体来讲，就是特指乡长、县长、市长和省长。这一表述，把森林防火工作的职责和权力落实到了具体的人。

修订后的《森林防火条例》和《国家森林火灾应急预案》都明确了行政首长负责制，各地贯彻落实地方各级人民政府行政首长负责制的情况参差不齐。究其原因，关键是对行政首长负责制的理解和落实上出现了偏差，以至于在个别地方出现平时森林防火工作的请示、汇报都找不到"首长"的身影，一旦森林着火了则出现"五大班子"齐上阵的乱象。

《国家森林火灾应急预案》非常明确地规定了地方各级人民政府及其行政首长的权利和责任。由张思玉编著中国林业出版社出版的《国家森林火灾应急预案解读》，将预案中地方各级人民政府行政首长负责的内容，按照预案已授权、可授权和不宜授权进行了整理，对贯彻落实地方各级人民政府行政首长负责制具有重要的参考价值。

（2）群众路线

群众路线是我们党一切工作的根本路线，也是林火调查与评估工作的根本路线。

林火不同于城市火灾、油田火灾、煤矿火灾，与这些火灾相比较，林火不仅更加错综复杂，而且还有一个对调查与评估更为不利的因素，那就是林火发生在一个开放的生态系统中，调查过程中需要排解的疑难问题、未知因素和不定因素比城市、油田和煤矿等各类火灾更多。例如，在起火原因调查中，如果不能很快地把起火点缩小到一个较小的局部，要在整个过火迹地去查找，无异于大海捞针。

要尽快找到起火点，必须找到第一个发现火情的人，向"第一人"详细了解发现火情时的情况，当然包括可能是起火区域的大致判断，因为"第一人"往往既是最先发现者，又是最早的扑救者，最熟悉起火现场的内部情况和周围情况。所以，林火调查与评估人员必须切实贯彻群众路线，集中群众智慧，依靠群策群力去开展工作，既要靠群众提供线索，又要靠他们去甄别人证、物证。只有依靠群众，许多疑难问题才能迎刃而解，许多疑难棘手的森林火灾事故才能弄个真相大白。

走群众路线应避免"以偏概全"的倾向，每个群众各自了解的情况不可能十分全面，有些是片面的，有时甚至难免有失实之处，这就需要火灾调查人员仔细分析、甄别，绝不能为了片面地追求工作效率而只找少数人了解情况，更不能仅靠几个森林火灾调查人员孤立地进行信息采集和调查访问。要深入全面地走访知情的群众，做深入细致的工作，同时要不断完善林火调查与评估的技术、方法和手段。

（3）实事求是

实事求是是我们党的思想路线，也是指导林火调查与评估工作的思想路线。

林火调查与评估工作，特别是森林火灾案件侦查工作，同公安机关侦破政治、刑事案件一样，是一项极其严肃的工作。我们办理的每一个森林火灾事故案件，处理每一个责任者和肇事者，轻则罚款、拘留，重则关系到人的前途和生命，来不得半点虚假和马虎。

林火调查与评估人员必须发扬实事求是的精神，坚持实事求是的思想路线，做到"是"就"是"，"非"就"非"，泾渭分明，不夸大，也不缩小。绝不允许主观臆断，先入为主，捕风捉影，以偏概全，混淆黑白，使调查工作走入歧途。

林火调查与评估人员必须自觉洗刷唯心观念，克服主观主义和形而上学，无条件地坚持实事求是的思想路线，发扬踏实细致的工作作风和百折不挠的求实精神，全面收集证据，详尽占有材料，作出经得起历史检验的结论，做到从每一起林火调查与评估中都能汲取对今后工作有益的、有借鉴价值的成果。

（4）依法办事

社会主义法制，是治国安邦之宝，是打击敌人，惩罚罪犯，保护人民的锐利武器。林火调查与评估人员必须加强法制观念，严格执行国家的法律，把法律原则贯彻到整个林火调查与评估工作中去，这样，才能取得事半功倍的效果，体现法律的尊严。

每一个林火调查与评估人员都必须坚决做到有法必依，执法必严，违法必究。林火调查与评估人员在执行公务中，必然会碰到这样或那样的问题。如果不懂法或法制观念不强，就可能侵犯公民的权利和人身自由，伤害群众的利益，引起群众的不满，造成工作的失误，甚至办出假案、错案来。如果形成这种情况，那就不仅是失职，而是一种违法犯罪行为。因此，只有依法办事，才能得到广大群众的支持，彻底查清森林火灾事故，使森林火灾事故的责任者受到应得的惩处。

（5）标准化和规范化

我国加入世界贸易组织（WTO）后，标准化对于国民经济和社会发展的重要作用日益显现，《中共中央国务院关于加快林业发展的决定》中强调指出，要"积极推进林业标准化工作，建立健全林业质量标准和检验检测体系"。这对林业标准化工作提出了更高的要求。

林业标准化是林业科技成果转化的一种有效方式，是林业工程建设、验收和林产品加工、贸易的技术依据，是提高林业建设与林产品质量和效益，促进林业可持续发展的有力手段。林火调查与评估同样需要标准化和规范化做保证。例如，在林火损失调查中，如果对同一个调查对象，不同的调查者采用不同的调查方法和评估办法，就可能得出不同的结果和结论，难免会给林火管理工作带来困难，特别是在办理森林火灾案件中，如果没有一个统一的标准，就会直接影响到经济处罚的力度和量刑的合理性。

随着《林业标准化管理办法》（2003年7月21日国家林业局令第9号分布）的颁布实施，林业标准化工作已经步入一个科学化、规范化、法制化的轨道。可喜的是，2012年，全国森林消防标准化委员会成立，2017年，全国森林消防标准化委员会秘书处由黑龙江省森林保护研究所转入南京森林警察学院森林消防学院，将进一步促进森林防火行业步入标准化和规范化的轨道。

1.3.3 林火调查与评估人员的基本素养

林火发生后，不仅扑救会使火烧迹地变得杂乱无章，而且火烧迹地还可能受到风雨的影响，特别是雨水的冲刷，给林火的调查与统计工作带来重重困难。林火调查与评估人员要从混乱中理出头绪，从细微的残留痕迹中发现引火物，确定起火原因，就需要一种过硬的本领，这种本领也就是调查人员所必须具备的基本素养，它一般包括三大方面，即：事业心和责任感、文化素养和专业技能。

（1）热爱森林消防的事业心和责任感

它要求每个林火调查与评估人员有高度的思想觉悟，有热爱森林消防的事业心和责任感。林火调查与评估工作，是林火后果评价，以及森林火灾性质和责任认定、处理的前提和基础，来不得半点疏忽大意。

随着人们生活水平的不断提高，工作环境的不断改善，使得人们越来越追求"舒适"。而林火调查与条件则很难提供这种"舒适"，相反，在相当多的情况下，深入林区，深入火场进行调查是在比较艰苦的条件下开展的。

所以，林火调查与评估人员要努力把自己塑造成一个热爱消防事业、胜任调查与统计工作的能手，并且要勇于吃苦、有一股百折不挠的精神。

（2）较高的文化素养

林火调查与评估人员开展工作过程中，要着眼于林火现场勘查、访问、分析确定起火原因、确定林木损失，以及对林火的后果进行评价等一系列工作，每项工作都必须付出艰苦的努力，必须有坚实的文化基础作保障。这种文化素养包括掌握坚实的森林消防、林学、生态学、统计学、森林测计学、土壤学等专业知识，以及语文知识、语言表达能力、心理学知识、逻辑知识、笔录知识等，这些知识是林火调查与评估人员的基本功。林火调查与评估人员要使自己的业务娴熟，必须先从提高自身的文化素质入手。

（3）过硬的专业技能

林火调查与评估人员不仅要熟悉和掌握森林消防知识和技能，而且要广泛涉猎其他学科领域的知识和技能，如林学、植物学、动物学、土壤学、气象学、生态学、数学、物理、化学、统计学等学科的基本理论，工程学、系统工程、计算机、遥感、生物工程等技术、方法与手段。在从事林火调查与评估工作中，需要具备的技能还表现在现场勘查和访问中的技术处理上，如现场拍照、绘画制图、痕迹鉴别等一些技术处理方面和访问方式、笔录技巧等，只有具备了过硬的专业技能，林火调查与评估人员才能出色地完成任务。

1.4 林火调查与评估的历程和展望

世界各国都非常重视林火调查与评估工作，北美一些国家对每次林火的调查与评估都非常细致，一般都有60多个调查与评估项目，并将这些调查与评估资料输入计算机进行储存，建立电子档案。

我国对林火调查与评估也十分重视，早在1963年国务院就批准了原林业部制定发布的《森林火灾统计报告表》，为我国森林消防建设做出了不可磨灭的贡献。

以1987年大兴安岭特大森林火灾为转折点，林火调查与评估得到了迅速的发展。1987年9月29日，原国家森林防火总指挥部办公室发出了《关于森林火灾报告和统计有关事项的通知》。

1988年1月16日，国务院颁布了《森林防火条例》，对林火调查与评估从组织领导，分工合作，到调查与评估的内容等给出了具体的规定和要求。与此同时，原林业部反复修订了《森林火灾统计报告表》，于当年12月20日以原林业部林防字(1988)508号文件发至各省(自治区、直辖市)，该文件从1989年1月1日起执行，已成为我国森林消防建设中规范化的统计报表之一。

1991年11月19日，原国家森林防火总指挥部办公室又发出了《关于加强森林火情报告工作的紧急通知》，《通知》要求各地必须严格执行《森林防火条例》和当地人民政府森林防火指挥部的各项规定，对于《森林防火条例》第二十二条所列八种森林火灾，各级森林防火办公室要在火灾扑灭后三日之内，按照《森林火灾统计报告表》的要求，作出书面报告。

1999年春，国家林业局防火办在长沙召开了"98年度森林火灾统计报告汇审会"。1999年8月，国家林业局防火办又举办了"全国森林防火统计软件和网络传输技术培训班"。

进入21世纪之后，南京森林警察学院郑怀兵主持制定的《森林火灾隐患评价标准》(2012年)、张思玉主持制定的《森林火灾成因和森林资源损失调查方法》(2009年)、《生物防火林带经营管护技术规程》(2016年)，黑龙江省森林保护研究所高昌海主持制定的《森林火灾损失计算(评估)方法》(2009年)，东北林业大学邸雪颖主持制定的《森林火灾损失评估技术规范》(2013年)，吉林省林业科学研究院章林主持制定的《森林火灾信息处置规范》(2016年)等一大批森林防火标准化项目相继发布实施，使我国林火调查与评估工作步入了规范化、标准化和计算机网络化轨道。

2006年9月1日，国家森林防火指挥部办公室明确了《重要森林火情报告式样》。从火灾情况、扑救情况、扑火前指工作情况、火案查处和支援等其他情况几个方面的报告，给出了具体的规定和报告范式。

2008年11月19日国务院第36次常务会议修订通过，2008年12月1日发布，自2009年1月1日起施行《森林防火条例》，以及2012年12月25日国务院办公厅发布的《国家森林火灾应急预案》，是林火调查与评估的一个新的里程碑。这两个法律法规成为今后指导林火调查与评估工作的指南。

2016年12月15日，国家森林防火指挥部办公室印发了森林火灾统计系列报表及相关管理规定的通知。通知指出，为加强森林火灾数据统计，确保统计数据的准确性和及时性，充分发挥其在森林防火工作中的作用，国家森林防火指挥部对全国森林火灾统计系列报表(1988年版)进行了全面修改，调整了相关统计指标，并制定《全国森林火灾统计报表管理规定》《森林火灾统计主要名词解释》及《森林火灾统计报表公式说明》等相关规定。这项工作经过了多次征求意见和多次修改，完善了我国森林火灾统计的指标体系，使林火调查与评估工作步入了正轨，走上了规范化的道路。

2017年10月18日~10月24日，党的十九大确立了习近平新时代中国特色社会主义思想。习近平总书记反复强调：生态兴则文明兴，生态衰则文明衰；绿水青山就是金山银山；良好的生态环境是最公平的公共产品，是最普惠的民生福祉；林业建设是事关经济社会可持续发展的根本性问题，林业要为建设生态文明和美丽中国创造更好的生态条件，等等。这项战略思想是习近平新时代中国特色社会主义思想的重要组成部分，为林火调查与评估的快速发展提供了新的契机。

2018年1月4日，国家林业局张建龙局长在浙江省安吉县召开的全国林业厅局长会议的讲话中，把"抓好森林防火工作"作为2018年的重点工作之一。2018年，是贯彻党的十九大精神的开局之年，是改革开放40周年，也是决胜全面建成小康社会、实施"十三五"规划承上启下的关键一年。国家林业局的工作部署为林火调查与评估工作注入了新的活力。

思考题

1. 林火和森林火灾的关系？
2. 林火和森林火灾的共有属性？林火的特有属性？
3. 林火转变成森林火灾的充分必要条件？
4. 完善的调查与统计系统由几大部分组成？
5. 林火调查与评估的目的可以概括为几个方面？如何才能达到这些目的？
6. 为什么说林火调查与评估并不仅仅是对森林火灾的损失进行调查？举例说明。
7. 结合以前所学专业知识，你认为林火野外调查所提供的本底资料应该包含哪些主要内容？
8. 林火调查与评估要坚持行政首长负责制，但应该避免什么倾向出现？
9. 林火调查与评估工作为什么要走群众路线？
10. 林火调查与评估工作的思想路线是什么？为什么要把它确定为林火调查与评估工作的思想路线？
11. 谈谈林火调查与评估中坚持"依法办事"原则的重要性。
12. 林火调查与评估人员的基本素养？
13. 林火调查与评估工作为什么要坚持"标准化与规范化"原则？

第 2 章

林火调查与评估的方法与技术

2.1 林火调查与评估方案设计

林火调查与评估方案是一种指导林火调查与评估活动的规范性计划和纲领性文件,是完善调查与评估方法、技术系统,对调查研究过程进行有效管理的科学措施。

拟订调查与评估方案必须总结以往工作的成果及经验,结合调查组成员所积累的知识并系统地应用这些知识。

2.1.1 调查与评估方案设计的基本原则

(1) 科学性与准确性原则

林火调查与评估方案的设计,必须以与调查对象有关的社会科学、自然科学以及数学理论为依据,使指标的内涵、计算的规定符合科学要求,使指标的定量或定性描述建立在科学准确的基础上。

要保证调查与评估资料的准确性,必须在设计方案时从以下两个方面作出规定提出措施:

① 要减少资料采集中现场调查的误差;

② 要防止不恰当的整理方法、分析方法的误用。

(2) 时效性原则

林火调查与评估方案的设计,要考虑现象发展过程中的变动、变化,这种变化就对调查与评估的时效性提出了较高的要求。

有些事件在某阶段是有效的,一旦过了这个有效期再去调查,所得到的资料不仅没有可比性,可能也不具有使用价值。例如,林火过后,调查地表死可燃物(向下层)燃烧的深度，如果在一场或数场大雨过后才去调查，得到的数据利用价值就很低。又如，林火过后调查过火区域土壤各层次被烧的程度等数据，如果过了一个或几个生长期再去调查，所得到的数据也没有太大的利用价值。所以，方案设计时必须考虑如何才能以较短的时间采集或生成（加工、分析）所需的原始数据或资料。

（3）调查与评估指标的可比性、统一性原则

设计的指标不仅要考虑到本次调查的需要，不仅仅考虑本专业或国内研究的需要，还要照顾不同专业以及国际间对比的需要。为此，设计中要明确提出不同时间、不同空间的指标的换算原则和方法，努力使指标的口径、方法、单位等具有动态可比性，特别是单位的可比性要更加注意，尽可能使用国际标准单位。例如，林火的过火面积调查时，要避免使用"亩"，要用"公顷(hm^2)"；在可燃物负荷量调查中，重量单位不能使用"斤""两"等单位，要使用"克（g）""千克（kg）"。

这种可比性通常是建立在指标的统一性基础上的。只有使用全行业、全国甚至国际通用的标准化的指标、单位、方法和手段，所得到的调查与评估资料才能在横向比较、纵向比较中具有较高的使用价值。

（4）操作性、可行性、经济性原则

可操作性和可行性原则是指设计出的方案必须具备实施的主、客观条件。主观条件，即开展此项统计研究的资源（人、财、物）保证；客观条件，即按设计方案开展调查与评估工作，确实能够获取必需的统计资料，达到设定的研究目的。不顾主客观条件的设计，往往达不到理想的效果。

经济性原则就是既节约又必要。以尽可能少的人力、物力、财力和时间，获取尽可能多的高质量的调查与评估资料，或者称为节约原则。

2.1.2　林火调查与评估方案的主要内容

林火调查与评估方案与其他调查研究方案一样，包括以下几个方面的主要内容：

2.1.2.1　明确调查与评估的目标

所谓调查与评估的目标即指希望得到的结果。任何调查与评估设计首先都要明确其目标，因为同样是林火调查与评估工作，其主要目标也是有差别的：

① 对于只提供一般统计信息型的调查与评估方案而言，在设计时，首先要将信息需求者（上级领导机关或管理部门等）提出的任务和要求，归纳为清晰的、具体的，并且切合实际的调查与评估目标；

② 对于提供给林火生产和管理部门用于决策的建议咨询型调查与评估方案而言，则需要首先理解信息需求者提出的问题，然后拟定调查与评估的目标；

③ 对于研究型的调查与评估方案而言，首先要结合研究课题所提出的问题来确定调查与评估的目标。

调查目标来自何处？通常来源于以下几个方面：

① 源于特定的需求：例如，清明节森林火灾发生率历年来居高不下，某地森林防火部门就有可能邀请有关调查人员对此进行调查。调查的目的就是要找出祭祀火源的发布、使用及管理等与清明节森林火灾发生率之间的关系——这一调查目标的确定就是根据森林

防火部门的需求来确定的。

②一项调查的目标也可以通过查阅文献(即所有已出版和尚未出版的有关该课题的公开报告)和其他资料确定：系统地查阅文献可以帮助你了解目前人们对某领域研究的进展，从现有的数据中去判断哪些问题没有人去研究，进而确定自己的调查研究目标。

③一项调查的目标也可以来自专家或上级主管部门：专家是对调查领域有深入了解，掌握有丰富的与调查有关知识的人；上级主管部门通常对整个领域有较全面的了解。他们所确定的目标比较准确。

确定的调查目标是否明确，关键在于所确定的目标是否可测量。当我们描述一项调查目的的时候，如果有两个或两个以上的人能够很容易地对调查目的的术语表示认同，我们就可以说该项调查的目标是可以测量的。

显然，可以用定量指标表达的目标是可测量的。例如，某项调查的目标是为了弄清一场森林火灾中的"林木损失"，我们可以分别用烧毁木、烧死木和烧伤木的"株数""蓄积量"等指标表示，而"株数""蓄积量"是可以测量的。

有时，某些定性指标也是可以测量的。例如，调查风向对林火蔓延的影响，我们便可以通过调查某地某季节的主风向是"东、南、西、北"，还是"东北、东南、西南、西北"。此时，风向就变得可测量了。

2.1.2.2 确定指标体系、分类目录

从一定意义上讲，作为一个独立的工作阶段，调查与评估方案设计的最主要任务就是指标体系的设计。无论是大范围调查设计或小范围调查设计，不论是新调查方案设计或者是调查方案的改进设计，指标体系的设计总是最主要的问题。为此，后面还将专门讨论。

与指标体系的设计相类似，分类、分组的设计也是调查与评估设计的重要内容。例如，农业与工业未作明确划分，就不能准确规定农业产值与工业产值指标的口径。同样，林火的林木损失和财产经济损失不作明确划分，也就不能客观公正地评价林火的影响和效应。

分类、分组的设计是一项非常复杂的工作，需要设计人员具有多方面的理论知识、丰富的专业知识和实践经验。为统一理解、统一口径，设计中有必要制定出统一的分类目录，并对可能遇到问题的处理原则和方法做出规定。

2.1.2.3 制订调查方案

制订调查方案应掌握3个基本条件。

(1) 设计者应明确调查与评估的特性及一般过程

调查与评估方案设计就是根据调查与评估目的的需要和调查与评估对象的特点，对整个工作的各个方面及全部过程，预先作出的通盘考虑和适当安排。

所谓各个方面，是指调查与评估对象的各个组成方面，例如，林火发生的时间、地点、原因和条件，林火蔓延、林火强度、火烧面积、受害面积、林木损失、生态损失、生态效应、经济损失、财产损失、扑火投入、扑火的经验教训等。

所谓全部过程，是指调查与评估工作的各个环节或阶段。从调查与评估指标体系的建立，林火及林木影像资料的采集、整理和分析，到林火调查与评估资料的上报、发布或保管等各个环节和阶段。

调查与评估方案的设计对整个调查与评估工作，起着两方面的重要作用：

其一，它是调查与评估工作由定性认识向定量认识的过渡：调查与评估工作的开始阶段，主要是做一些准备工作，包括踏查在内，对调查研究对象的认识是定性的，对总体的情况只是一个概括的认识和了解。进入到方案设计环节，则是在总结踏查等准备工作的成果，通过制定具体的指标，确定具体的方法和手段，对总体进行全面考虑，为取得资料并开展定量调查研究作出计划安排。

其二，它对调查与评估工作起通盘安排的作用：在方案设计过程中，根据研究的需要与可能，对各种不同的局部设计或总体设计进行评价、比较，最终拟出一套科学、合理的方案。以这一方案指导并制约调查与评估工作全过程，就能协调同时进行的各项工作或活动，衔接不同阶段的工作或活动，减少或避免重复和遗漏，使整个统计工作井然有序地顺利进行。

（2）对调查对象有初步了解

设计调查与评估方案之前的准备阶段的各项工作，最主要的目的就是为了使设计方案的人员对调查对象有一个初步的了解。只有对调查对象有一个基本了解，设计出来的方案才能做到有的放矢，才是切实可行的方案。

（3）了解基本调查与评估方式、方法

设计调查与评估实施过程中搜集资料的途径，具体的调查与评估方式，使用的野外调查方法，确定调查与评估的详细内容和设计各式各样的调查表，这是调查与评估方案设计的核心内容，关系到整个调查与评估工作的成败。

2.1.2.4 制订整理方案

调查所得到的原始资料(或称初级资料)是凌乱的、不系统的，原始资料不能直接反映调查对象所包含的规律，此时需要对原始资料进行汇总性整理，即要制订一个原始资料的整理方案或称汇总方案。

设计汇总方案，要作出两方面的规定：一是对利用样本(原始资料)估计总体的处理方法做出规定；二是对估计(推断)总体的指标进行选择。

汇总方案通常有3种处理：

① 总体按照某种标准进行分组、分层或分类；
② 对总体各单元、标志、指标进行排序；
③ 求总体各单元有关数量标志值的平均、合计等。

汇总方案中有时需要对总体的指标做如下处理：

① 对调查中某几个指标的标志值进行相加或综合，形成某一种或几种反映总体特征的新指标。例如，在对标准地调查中的"胸径"和"树高"进行汇总整理时，除了把"胸径"和"树高"这两个栏目汇总到一起外，通常在这两栏后新增一个"材积"栏目，材积便是胸径和树高这两个指标加总后形成的一个新指标。

② 根据今后分析的需要，选择部分单元的标志值进行加总，形成一套新的空白的汇总表，并对新汇总表的分类、分组等作出说明。例如，某林业局将要对某火烧迹地的烧死木进行清理，为了得到这方面的数据，在对该火烧迹地调查资料进行整理时，就需要在原

始数据中将烧死木的株数、胸径、树高、年龄、材积,以及它们在各个林班、小班的分布等指标值重新分类、分组、汇总到一套新的表格中。

对原始资料的整理是一种再加工活动,并不是简单地抄写或摘录。原始资料的整理方案设计要解决两个问题:

第一,提出甄别、评价原始资料的标准或准则,以决定取舍。例如,在标准地每木检尺记录中,可能会有断头的树木、倒木等情况出现,在原始资料整理时,就应该把它们从烧死木的数量中剔除,当然这些林木的材积也不能算作烧死木的蓄积量。

第二,根据分析的需要,提出重新加工、改造原始资料的方法。例如,在林火效应调查中,林下植被恢复情况的调查中,原始记录可能是按小样方记录的,但为了分析林火过后林下植被的种类、多度、均匀度、覆盖率等特征,就要重新按照这些新拟订的指标对各个小样方的原始记录重新进行整理、分类、计算。

2.1.2.5 制订分析方案

设计调查与评估的分析方案,主要是根据研究目的和已搜集、整理好的资料,选定深入分析的内容,使用适宜的计算方法、公式、数学的或统计学的分析方法,找出隐藏在零乱的原始数据背后的规律,找出拟解决问题之间的相互联系。特别是咨询型和研究型调查与评估方案尤其需要精心设计分析方案。

2.1.2.6 安排各阶段工作进度、资源配置

为了使工作更有计划性,在方案的设计中应绘制一个"工作进度图",明确规定上述各阶段工作的起止时间。制订各阶段人力、物力资源的配置方案,保证调查与评估力量有足够的配备和灵活地调度。

2.1.3 林火调查与评估的指标体系设计

从前面的叙述可以看出,调查与评估设计的内容非常广泛,涉及林火调查与评估工作的全部领域。其中最主要的是关于指标及指标体系的设计,尤其是以下几个方面应给予高度的重视。

2.1.3.1 确定指标体系的中心、范围及相互关系

在调查与评估方案中设计指标及指标体系,首先要明确该指标体系的中心,即选择什么指标作为核心指标。然后要考虑该指标体系包括哪些指标,包括多少指标?同时还要考虑核心指标与其他指标之间、其他各指标相互之间的关系和相互联系。

核心指标是指标体系中以其为主的中心指标。核心指标的选择,取决于研究对象的特点、研究目的要求、统计总体的范围等多重因素。例如,在不同的条件下,不同的组织或部门为了达到各自的调查目的,同样是对森林火灾的调查与评估,其核心指标不同:可能是围绕林木损失来确立的;也可能是围绕财产损失来确立的;还可能是围绕生态损失来确立的。

核心指标确立后,就应当围绕核心指标,从现象之间的客观联系、因果关系、内部构成等方面,设置一系列指标,形成一个完整的指标体系。体系范围的宽窄、指标数量的多少,以核心指标的计算和分析需要为准。

2.1.3.2 确定指标的名称、内涵及外延

设计任何一个指标都要明确：这个指标叫什么？反映什么问题？界限如何划定？

设计指标的名称，必须综合两方面的考虑：

① 综合考虑该概念能够反映的某种现象实质；
② 综合考虑指标的可度量、可数值化的要求。

例如，在林火调查与评估中，经常会遇到这样两个概念：过火面积和受害面积。在《森林防火条例》中划分森林火灾种类时使用的便是受害面积。但是，实践证明，这个指标名称的界定是失败的，因为"受害"作为一个指标的名称，其内涵和外延都难以量化。相反，"过火"面积就比"受害"面积明确，其内涵和外延都好确定。

提出指标名称后，还要规定指标的内涵或外延。例如，"工资总额"指标，其内涵及外延的规定为："在一定时期内直接支付给本单位全部职工的劳动报酬总额。包括：计时工资、计件工资、奖金、津贴和补贴、加班加点工资和其他工资。"

指标的外延习惯上称为指标口径。指标口径与总体范围是两个不完全一致的概念。例如，常住人口、流动人口，既可以是指标口径，也可以指总体范围，此时的口径与范围基本一致，一般不会引起误解。而职工工资总额，仅表现为指标口径，并不表现为总体范围（因为这里的总体范围指，包括哪些单位、哪些人，不包括哪些单位、哪些人）。

2.1.3.3 概念与指标的转换方法

当把一个概念引申为指标时，必须进行转换，通常采用的转换方法有以下几种：

(1) 等价替代法

即在与被度量现象性质等价的其他具有度量功能的特征中，寻找最能反映其本质的度量特征来作为这一现象总体的指标。例如，自然火源和人为火源都是概念，但我们可以用雷击的频率来替代自然火源；可以用林区吸烟人数、生活用火、生产用火等指标来度量人为火源的特征。

(2) 因果替代法

即从决定被度量现象的原因及其形成结果的若干特征中，选择最能反映其本质的度量特征来作为这一现象总体的指标。例如，一个林业局林火发生的频繁程度可以用林火的发生率这个指标予以反映；要反映一个林业局森林受林火影响的严重程度，则可以用森林燃烧率（过火面积占所管辖森林面积的百分比）来表示。

(3) 品级替代法

即按被度量现象的品质差异编为顺序递增或递减的品级（等级），使原来不具备度量功能的特征转变为可以度量的指标。例如，一场林火过后，要调查与评估林木受害程度，"受害程度"并不具备度量的功能，但我们可以分别用"烧毁木""烧死木""烧伤木"和"未伤木"等指标来表示林木的受害程度。

(4) 特质替代法

即根据被度量现象的性质和运动规律，设计专门的度量手段（概念）作为指标。例如，根据儿童智力现象的性质（儿童掌握知识的能力）和运动规律（智力随年龄的增长而提高），可以设计具有度量功能的"智商"作为观察儿童智力的指标。

2.1.3.4 确定指标的单位、时间及计算方法

对于实物量指标要规定是用自然实物单位(只、双、辆、头、台),还是用度量衡单位(t、kg、m、L)或标准实物单位(标准煤、标准油)。同时,还要规定用什么办法折合标准实物量。对于价值量指标要规定是用本币还是外币单位。

计算单位选择不当,可能会产生副作用。例如,生猪收购量按头计算时,发生过收购头数年年增加,而收购总量下降的情况。林业上,在检查造林成果时,就曾出现过类似的问题:用造林成活率统计时,成活率很高,但在一些地方却出现年年造林,年年不见林的现象。所以,现在则多用造林保存率来检查造林的成果。

指标的时间规定有两种:①规定以一般时间(日、月、季、年)为界限;②规定以某一标准时为界限。例如,在全国人口普查中,常常会规定一个开始的标准时及结束的标准时,如"2014 年 7 月 1 日 0 时起""2015 年 6 月 30 日 24 时止"等。在林火调查与评估中,这两种时间都有使用。在统计林火发生的次数中,日、月、季、年使用较多,在分析林火的时间分布规律中则使用标准时。

大部分调查与评估指标在明确规定了总体范围和指标口径之后,并不需要再规定具体的计算方法,这些指标的计算表现为加总。但也有一些指标需要规定专门的计算方法,例如,林木单株材积的计算,虽然同样是"材积"这个指标,并且也规定了其单位为"立方米(m^3)",但是存在着用一元材积法计算(仅使用胸径),还是用二元材积法计算(考虑胸径和树高),还是用三元材积法计算(考虑胸径、树高和形数)。所以,在同一次调查工作中,要明确使用的计算方法,以免造成混乱。

2.1.4 林火调查与评估表格的设计

调查表是调查与评估工作用来搜集原始资料的基本工具,也便于调查后对资料进行汇总整理。各个调查项目按照一定的顺序排列在表格上,就构成了调查表,所以,调查表就是合理地排列调查项目的表格。

2.1.4.1 表格内调查项目选择时,应注意的几个问题

(1) 只列出符合调查目的和要求的项目

调查项目通常是用调查表来表示的,在确定调查项目时应注意少而精的原则。对那些可有可无、备而不用的标志,不应包括在调查项目内,以免内容庞杂,造成混乱,造成不必要的浪费,影响调查工作的进度和质量。

(2) 只列出能够得到结果的项目

有些指标虽然需要,但是没有条件取得其资料,就不该把它们作为表格的项目列入。那些需要通过利用原始资料计算、整理之后才能得到结果的项目,也不应该列入调查表格中去。

(3) 把握住列入调查项目之间的相互联系

任何指标都不是孤立存在的,它们之间或多或少都会有一定的联系,列表时应该把它们之间的相互联系找出来,对它们在表格中的排列顺序、格式等做出合理的规定,以方便这些项目的使用,以便对有关项目相互核对和检查,也便于今后资料的汇总以及汇总后的

分析。

同时，应考虑此次调查项目同以往同类调查项目之间的衔接，以便进行动态对比，研究现象的发展变化情况。

（4）列入的调查项目要明确具体，答案确切

在同一个调查表格中，一个项目只能有一种解释或提示，不能有两个以上的理解，以免造成答案不一致，结果无法汇总。

（5）要明确规定调查项目的答案形式

表格中调查项目的答案形式可以是数字式、文字式、是否式，也可以是填充式、选择式，不论哪种形式都必须明确给出。数字式要给出精确到小数点后几位，还应标明计量单位；文字式的要作出详细的说明；是否式要给出所使用的标识；填充式要给出填充的区域和符号；选择式要给出备选的答案。特别是选择式和是否式的选择标识要加上文字说明，以免产生歧义。例如，选择的标识有"√""×""○""●""＝""■"等，要注明使用这些标识选择的是"是"，还是"否"。

2.1.4.2 调查表格的构成

调查表一般由表头、表身、表脚三部分内容构成，见表2-1。

表 2-1　样地调查乔木树种记载

样地号_____　样地面积(m²)_____　海拔_____　坡向_____　坡度_____　土壤类型_____

序号	种名	树高(m)	枝下高(m)	胸径(cm)	冠幅(m)		郁闭度	备注
					东西	南北		

调查者_____　　记录者_____　　　　　　　　____年___月___日

表头：用来说明调查表的名称，填写调查单位（填报单位）的名称、性质、隶属关系，调查表编号，调查单元编号等。这些项目只在核实和复查时用，通常不用于统计分析。

表体（身）：这是调查表的主体。包括调查与评估所有的项目（指标或标志）、栏号、计算单位等。设计时，要注意调查项目在表体中的"行""列"中的安排，通常在表体的上方第一行和左侧第一列安排调查项目指标或标志，将联系较为紧密的项目列示在同一区域，充分考虑项目的先后顺序等。表体中通常包括备注栏，用文字、符号、草图等说明某些项目或者整个调查单位的性质、状态等。

表脚：包括调查者（测定者）、记录者的签名、调查日期等，用以明确责任，一旦发现问题便于查询。表脚同样不用于统计计算，所以，表头和表脚的许多内容是可以互换的。例如，调查日期、测定者、记录者等项目，既可以作为表头的内容，也可以作为表脚的内容。

也有人习惯将表头和表脚合并，只保留表头和表体两部分，见表2-2。

表 2-2　温度观测实验报告

____年____月____日　地点_____
专业_____　班级_____　学号_____　姓名_____　成绩_____

观测内容		读数误差	订正后	描绘最低最高温度表原理简图
小百叶箱 （干湿球架）	干球(℃)			最低温度表：
	湿球(℃)			
	最高(℃)			
	最低(℃)			
大百叶箱	温度计(℃)			
机动通风干湿表	干球(℃)			
	湿球(℃)			
地面温度	0 厘米(℃)			最高温度表：
	最高(℃)			
	最低(℃)			
地中温度	5 厘米(℃)			
	10 厘米(℃)			
	15 厘米(℃)			
	20 厘米(℃)			
备　注	试述最高最低温度观测时间、调整方法、调整时间：			

2.1.4.3　供野外调查使用的表格（记录表）

供野外调查使用的表格通常也称为记录表。记录表格的格式相对灵活些，在林火调查与评估中，既可以按照调查单元(如标准地、样方等)设计记录表，也可以按照调查项目分别设计记录表。按照调查项目设计的记录表内容较单一，而按照调查单位设计的记录表内容较多，要合理安排各个项目。实践中这两种记录表经常一起使用，见表 2-3。

结合编著者多年的野外调查实践，对设计供野外使用的表格提出以下几点要求：

(1) 记录表的表头和表脚要尽可能详细

尽管其内容并不参与今后的统计计算，但在调查表的整理工作中却非常重要，不论在中间结果的计算，还是最后汇总表格的形成，记录表头中详细记录的信息可以帮助快速、有序地完成整理工作，可以避免混乱和数据的丢失。例如，表头中标准地编号的记载，一般只要记载其编号数就行了，但是，实践的经验告诉我们，最好这样记录："总标准地数_____块，第_____号标准地"。这样记录，在数据整理和汇总时，按照标准地的编号顺序和总数目，就不会丢失数据。如果不记录标准地的编号，就可能把标准地的数据弄乱和丢失数据。同样，如果只有标准地编号，没有总标准地数目，同样会丢失数据，甚至会把整块标准地或几块标准地的数据都丢失。这样的话，损失可就大了。

(2) 记录表的项目尽可能少，建议使用单项记录表

分项记录要比混(合)项记录好。原始记录只要求如实地记录和表达调查得到的客观实事，不允许有任何主观愿望和倾向。要如实地反映客观事实，就必须在原始记录上给可能出现的新情况留下备注和注释的地方，以便数据整理时再决定如何处置。在此方面，单项记录表的灵活性，特别是对调查实践过程中出现的新问题的注释作用不可低估。例如，在

表 2-3　森林土壤调查记载

调查日期：_____　　天气：_____

剖面编号：_____　地点：_____　海拔：_____（m）

地形：_____　坡向：_____　坡度：_____　　　剖面位置示意图：

岩石（裸露）种类：_____　母质类型：_____

地面侵蚀情况：_____　地下水深度：_____（m）

优势植物种类：_____

优势植物覆盖度：_____　植被覆盖度：_____

森林组成及起源：_____　林分年龄：_____　郁闭度：_____

林木平均高：_____（m）　林木平均胸径：_____（cm）

层次符号	层次厚度（cm）	土壤剖面形态特征	土壤样本采集深度（cm）
		颜色，质地，结构，湿度，紧实度，根量，石砾含量，新生体，侵入体，碳酸盐反应，pH值，层次过渡情况……	

土壤野外定名：_____

土壤综合特征及肥力简评：_____

备注

　　　　　　　　　　　　　　　　　　　　　　　　　调查人：_____　记录人：_____

标准地调查中，很多人喜欢把整块标准地的几个调查项目记录在同一张表上，不管你如何精心设计，都不可能把调查实践过程中出现的所有问题都考虑到，像每木检尺看似很简单的问题，实践中若出现胸径部位是一个节、疤痕、哑铃柄、子母树、多头树、连体树等情况时，只有单项记录表能准确如实地把每一棵胸径部位出现的是什么问题、如何处理等注释清楚。多个项目在一起的记录表就办不到，因为即使你考虑了上述可能出现的问题，你也不可能知道它们是否出现、出现在什么地方、出现在哪一棵树上。

（3）记录表的备注栏要详细

野外记录表的备注栏不同于汇总表的备注栏，应该紧跟实际问题进行说明和记录，而不是进行统一的注释。原始记录表中的备注，在数据整理时可以作为一个整理项目，对分散的备注内容进行归拢、分类，重新进行说明。所以，原始记录表中的备注要具体、详细，要落实到具体的调查对象上。

（4）实地调查之前在记录上先设计（写）一个简单的概述

概述的目的是简单地描述调查地的大致情况，概述的内容主要是为了给数据整理、甄别、分析提供帮助，特别是某些与调查内容相关的情况，能够使熟悉本行业的行家、专家一看到概述就有亲临其境之感,有利于吸取行家、专家的意见和建议。

概述只是定性的描述,比较粗放,可以是文字的描述,也可以是初步的测定数据。描述的内容可以是正式调查中可能有的数据(整理时,概述的数据可以用它代替),但大部分是正式调查不涉及的内容,但这些内容在今后会在写调查报告、撰写论文时被用到。例如,在林木损失调查的标准地记录时,标准地及其附近林下植被的过火状况、花脸率、保留植被的种类组成、植物名称、平均高度、覆盖度、被烧区域植被上留下的痕迹的特点、标准地的海拔、土壤类型名称、厚度、层次、火烧情况、树冠被烧程度、活枝(叶)所占的比例等。

(5) 养成画草图的习惯

草图具有简洁,一目了然等特点。例如,标准地的草图可以包含标准地形状、大小、边界的方位,各个测点的位置与编号,各测点间的距离、方位角、坡度,各条边界附近(内外)需要说明的情况,标准地内设置小样方的情况,调查的路线等。标准地的草图从细致的角度讲,还要标出每棵树在标准地中的位置(固定标准地应该这样做)。

(6) 记录纸最好使用事先编好号的活页纸,不要用已经装订成册的记录本

每个调查记录所需要的纸张数目是不一样的,同样一个调查项目,有的一张记录纸就够了,有的可能需要几张记录纸,用事先编好号的活页纸或万用表格纸比较灵活,可以根据实际情况增减记录纸的数量。

此外,绝大部分野外调查不是一天能完成的,通常要多天才能完成,所以,要求每一天调查的数据第二天都不要再带出去,以免丢失、破损、被污损等。

(7) 野外记录要使用硬度较高的铅笔,不要使用圆珠笔和钢笔

野外工作期间经常会遇到下雨、雾天等,常常会把记录纸张弄湿,甚至野外调查的行进途中涉水、滑倒、汗渍等也会把记录纸弄湿。同样,由于野外记录是要长期保存的档案资料(整理的资料倒不一定非得长期保存),保存过程中纸张的返潮也会影响记录字迹的清晰程度,所以,野外记录要使用硬度较高的铅笔,不要使用圆珠笔和钢笔。

2.1.4.4 汇总表

野外调查记录表中许多相同的项目需要重复进行登记,汇总表则需要把这些相同的项目列在一起,把重复的内容去掉。更主要的是把若干调查单元同一个调查项目、不同调查项目、不同标志的标志值等汇总在一起。

汇总表可以有两种形式:一种是为了对某些调查项目或指标进行中间计算整理的项目(类目)汇总表,也可以称为中间结果计算表;另一种是各种调查项目的调查数据、整理计算数据汇总在一起的一览表。

中间结果计算表可以按照调查项目的性质分别汇总,也可以按照调查单元进行汇总。例如,林火损失调查中,将不同样地林木受害程度相同的数据汇总在一起,可以构成林木受害程度汇总表;把某标准地各项调查项目汇总、整理,可以构成某标准地的汇总表。这种汇总表通常包含有相当大比重的原始数据。

一览表不仅包含的项目较齐全,而且包含的范围也较大。可以把整个调查工作的主要指标汇总到一起,构成一张一览表;也可以把调查的内容分类、分层、分等级,分别构成各类型、各层次、各等级调查项目的一览表。一览表中原始数据所占的比例非常小,绝大

部分是整理、计算的结果。

汇总表的表头和表脚可以简化，原始记录表中所要求的许多内容在汇总表中可以省略（表2-4）。

表2-4 某林分凋落物的季节变化   kg/km²

组分	春季	夏季	秋季	冬季	合计
小枝	600.94	166.15	163.25	238.23	1 168.57
针叶	1 055.26	271.65	387.13	631.71	2 345.75
落果	339.60	83.04	142.50	193.07	758.21
碎屑	70.31	57.87	47.86	30.71	206.75
合计	2 066.11	578.71	740.74	1 093.72	4 479.28

注：表内春季为3、4、5月；夏季为6、7、8月；秋季为9、10、11月；冬季为12、1、2月。

汇总表设计完毕后要编写引言和注释。引言中，简要说明该项调查的意义、作用等。注释中，给出填表说明和指标解释。

填表说明用来提示填表时应注意的事项；指标解释则是为了说明调查表中每一个指标的涵义、范围、计算方法等。例如，汇总表中的林木蓄积量就可能涉及林木的起测径级、计算时是否整化、是否分组等问题。如果对测定数据进行了整化，整化时采用什么样的整化计算方法；如果要进行分组，分组的组距多大等问题都有必要在注释中作出解释。

2.2 林火调查的方法概述

2.2.1 预备调查（踏查）

一般意义上的调查分为三个阶段，即准备阶段、调查阶段、总结阶段。准备阶段一般包括分析问题、踏查、设计方案三个环节。

预备调查在林业上又称为踏查。所谓踏查，是指正式调查前进行的试探性或预备性的调查。因此，踏查既可以作为调查的一个阶段或环节，也可以单独称为一种调查方法。

2.2.1.1 踏查的目的

为了更好地完成林火调查工作，首先要确定调查对象、调查项目、调查的组织和调查的手段、人员、经费等问题，需要掌握一些反映与本次调查有关的基本情况。这些材料的来源得靠调研人员深入火烧迹地、深入群众，通过观察、观测或交谈等试探性或预备性的调查取得。因为林火发生之后，出现的现象或问题是复杂的，有些现象可能是对某种规律的反映，也可能反映的是一种假象；有些问题可能能够在林火发生的过程中或者发生之后显现出来，也有可能隐藏在一些假象背后难以显现出来。如果我们连林火发生的时间、地点、原因、火烧面积等最基本的情况都不了解，便无目的、无计划地组织人马去火烧迹地进行调查，可以说不是盲目瞎干，就是走过场，根本无法达到林火调查的目的。

调查方案设计中所要考虑的因素如调查对象、调查期限、调查内容、调查方式、样本数目、工作量、经费、工作人员等问题的确定主要靠踏查，即通过对现场进行初步调查来完成。换言之，火烧迹地踏查的目的，就是通过踏查对火烧迹地有一个概括的认识，取得制订正式调查方案所需的各有关资料，为制订出切实可行并且有效的调查方案提供素材，为快速、节约、高质量地完成林火调查任务提供保障。踏查就是要在尽可能短的时间内了解、把握全局，为今后正式的调查工作摸索经验和指引方向(起引导作用)。

2.2.1.2　踏查的要求

踏查工作既不同于单纯的走马观花式的视察，也不同于正式调查，进行这项工作时，必须注意下述几点要求：

（1）要虚心听取多方面的意见

踏查是林火调查的开端，要注意吸收火烧迹地所在地的干部、业务人员、群众参加，广泛听取他们对这起林火的看法，向他们了解(请教)以下几个方面的情况：

① 林火发生前的林分概况、天气状况、进入林区人员的状态和活动、火源使用和管理等；

② 林火发现的时间、地点、人员以及发现的过程等；

③ 有关部门接到火情报告后的部署、开始扑火的时间、人数、控制效果以及林火扑救过程等；

④ 林火扑灭后至踏查开始这段时间内，对火烧迹地可能产生影响的因素等。

⑤ 虚心向他们请教如何更有效地开展调查工作，力求通过踏查得到一个完善的林火调查方案。

（2）要突出踏查工作"范围小、人数少、时间短、费用省、收效大"的特点

踏查是为正式调查做准备的，涉及的人员少，范围也窄，要求在尽可能短的时间内完成。例如，对火烧林分的巡查，对一般的火烧迹地而言只要有半天的时间就够了。同整个调查工作相比较，踏查的费用所占比例很小，踏查的目的性非常强，就是为了制订一个切实可行而有效的调查计划，切忌漫无目的和贪大求全。

（3）注意了解与调查方案设计有关的一般性的情况，避免在细节上纠缠

踏查只需要了解林火的全貌或者概况，特别是对火烧迹地的巡查更是如此，不要过多地涉及具体问题或细节。

在踏查的过程中可能会看到许多现象，发现许多新情况、新问题。但这些现象、情况和问题不需要马上解决，而是要通过正式的调查去解决。所以，从这个意义上讲，一个正式调查方案制订的好坏，主要取决于踏查工作对火烧迹地全局的把握。只有很好地把握全局，才能准确地引导林火调查工作的顺利开展。

（4）要注意边踏查、边小结、边分析

踏查不是真正的走马观花，切忌走过场。要了解全貌，就必须随时检查自己的工作，看哪些区域踏查过了，哪些地方还没有走到，还需要继续巡查；看哪些问题了解过了，哪些问题还需要进一步了解；看有没有遗漏的地方，避免粗枝大叶，也避免不必要的重复和无效劳动。要边踏查、边思考、边比较、边分析、边总结。

（5）踏查结束后，提出一个初步设想方案

踏查结束后，提出一个初步设想方案，这是对踏查成果的总结和反映。一般而言，踏查结束后，一个初步的调查方案就已经形成。确切地说是调查方案的基本框架已经构建起

来，此后就是对这个框架进行充实、修正和完善。

2.2.1.3 踏查中常用的方法

(1) 实地巡视法

实地巡视法是从人们的日常生活中总结、概括出来的一种调查方法，对火烧迹地的踏查非常适用。当林火发生后，为了要熟悉火烧迹地的环境，了解火烧迹地概况，推测林火蔓延的趋势以及察看林火损失的严重程度，以便制订出合理的火烧迹地调查方案，通常采用这种方法。

具体做法是组织部分林火调查组的成员，由熟悉当地气候、地理环境、道路、社会状况、林分和林火情况的干部或群众带领，拿着地形图、林相图、航空摄影照片等必备的资料和手持罗盘、海拔仪、围(径)尺、卷尺、皮尺、测高仪、手持 GPS 等必备的便携仪器设备前往火烧迹地，边看、边谈、边记，随时采集现场及相关信息，必要时进行简单的测量和测定，把它的概貌和大体结构弄清楚，最好将整个火烧迹地绘成一幅概貌概况图(草图)，或者用手持 GPS 记录存储相关数据和图形。

这是一种花费少、简单、易行、省事的方法。其特点是能从宏观的角度通盘地了解有关情况，但不可能了解得很深刻。一般说来，这种现场巡视的方法是在时间有限，调查对象众多，而又不需要仔细调查了解的情况下使用的。因此，它有很大的局限性，所得到的材料也很不完备、不深入。真正来说，它只能作为调查研究的一种辅助方法。即实地巡视法只能在踏查中算作一种方法，在正式的调查研究中，它不能作为一种方法独立使用，仅能作为一个辅助手段。

现场巡视法虽然简单易行，并且是一种辅助方法，但它也有自己的程序和规则。下面我们从实际运用的角度谈谈它在踏查中的几点具体要求：

① 目的明确　实地巡视之前，要明确拟达到的目的和拟实现的目标，明确提出拟了解的问题和将要完成的各项任务。把巡视期间需要实地观察和了解的问题一条条地罗列出来，带着问题到现场去观察了解，有的放矢，有助于我们顺利地取得必要的资料。

② 预先规划　要尽可能事先安排好巡视路线，为扩大巡视范围，尽可能了解全貌，可以事先将火烧迹地分区，要把调查人员和调查时间限制在最小最省的程度上，速战速决，不要拖泥带水。要有充分的准备，事先做好规划，既要避免遗漏，又要避免重复，千万不能在一个地方耽搁得太久，延误了踏查和整个调查工作的进程。

③ 扬长避短　现场巡视中之所以要求吸收熟悉当地情况的有关同志(向导)参加，就是要扬长避短，充分发挥这些熟悉当地情况人员的优势和作用，要虚心向他们请教，最好能边看、边问、边记，一个区域一个区域地巡视、观察，遇到自己不熟悉的现象就虚心请教。这样的巡视和观察，像剥洋葱一样一层层剥下去，很快便可以将向导所了解和拥有的信息与调查人员的专业知识结合起来，圆满地完成踏查任务。

④ 善于发现新问题　实地巡视过程中，除注意了解环境、林分、林火及损失等静态资料外，还要注意了解火烧对林木生长、对林下植被、对土壤、对森林恢复、对水土流失、对野生动物的影响等动态资料，以便在以后设计调查方案时有针对性地制定调查的内容、范围、方法或策略，把主动权掌握在自己手中。

⑤ 做好巡视资料的整理　实地巡视结束后，将有关观察、观测材料进行分类、整理，最好将相关资料整理成图表。要及时整理、汇总和分析巡视所得到的资料。巡视仅仅是整个林火调查的开始环节，要做好各个环节的衔接，不要拖拉，要及时组织参加巡视的人员以及今后参加调查工作的其他人员开会，对巡视所取得的资料分专题进行讨论，互相沟通，共同研究，制订出今后实施的正式的林火调查方案。

(2) 典型调查

① 典型调查的概念　在踏查过程中，除了用现场巡视法来了解通盘的情况之外，为了给正式调查方案设计提供具体的素材，给以后实施调查摸索经验和指引方向，并在调查完毕后将踏查的有关资料与正式调查的结果进行对照分析，以提高调查的精度和有效度，通常还会采用典型调查的方法对"点"上的有关情况进行调查。

所谓典型调查法，就是根据调查的目的和要求，有意识地选取若干具有代表性的单元，进行较深入细致调查研究的方法。

典型调查的规模可大可小，内容可繁可简，一棵树、一片林子、一面山坡、一座山等都可以作为一个典型来进行调查。林火调查中涉及的社会调查也如此，一个人、一群人、一件事乃至一个地区，都可以作为一个典型来进行调查。例如，如果对某地区吸烟人群随手丢弃烟头的习惯进行调查，这一简单事件便可以按照调查目的的不同设计出许多典型调查的方案来：

方案类群一：假如调查的目的是了解整个研究区所有吸烟人群随手丢弃烟头的习惯引发火灾的可能性大小，那么：

　a. 可以在调查区域所有吸烟者当中选取具有一般代表性的人或者区域进行典型调查；

　b. 也可以先将调查区域按照吸烟人员所占比例大小分成高、中、少几个区域，在每个区域分别选择有代表性的人做典型调查；

　c. 还可以将调查区域所有吸烟人群按照年龄分组，在每个年龄组内分别选取有代表性的吸烟者做典型调查等。

方案类群二：假如调查的目的是在某个服装市场了解吸烟者随手丢弃烟头的习惯引发火灾的可能性大小，那么，我们调查的典型可能就要放在女性吸烟者上面：

　a. 可以在所有进入该服装市场的女性吸烟者当中选取具有一般代表性的人进行典型调查；

　b. 也可以将这些吸烟的女性按照服装经营者和顾客分开，在服装经营者当中多选一些吸烟女性进行调查，在顾客当中少选一些吸烟女性进行调查。当然，如果该服装市场的防火意识比较强，防火宣传比较到位，也可以把调查的重点放在顾客方面，即在顾客当中多选一些吸烟女性进行典型调查，特别是那些经常光顾该服装市场的吸烟女性等。

方案类群三：假如调查的目的是在某个林区了解吸烟者随手丢弃烟头的习惯引发森林火灾的可能性大小，那么：

　a. 我们调查的典型可能就要放在进入该林区的吸烟者上面；

　b. 如果该林区是森林旅游区，那么，典型调查对象就是旅游者；

　c. 如果该林区是一个采伐区，那么，典型调查对象就是伐木工人；

d. 如果该林区是一个经济林区，那么，典型调查对象就是经济林经营管理者；
  e. 如果该林区有大量的野生药用植物，那么，典型调查对象就是进山挖药材者；
  f. 如果该林区有丰富的矿产资源，那么，典型调查的对象就是采矿者等。

之所以把上述方案称为"方案类群"，是因为其中的每一个细目都可以作为一个典型调查的方案去设计。类似的方案还有很多，在此不一一枚举了。总之，典型调查应根据调查的目的、对象和内容等决定。

② 典型调查的特点　典型调查是专门组织的一次性的非全面调查，它与其他调查相比较，具有许多重要特点：
  a. 调查范围小，调查单元少；
  b. 选择典型单元是有意识的，调查资料具有较高的代表性；
  c. 典型调查机动灵活；
  d. 调查内容细，了解问题深入；
  e. 调查时间短，反映情况快，花费人力少，收到效果好。

③ 典型调查的功能和作用　搞好典型调查，充分发挥其在林火调查与评估中的作用，还必须充分认识它的功能特点和作用。踏查中使用典型调查，主要有下述三个方面功能和作用：

第一，在一定条件下，运用典型调查资料可以推论和推算出总体结论

面对纷繁复杂的全部调查对象的情况，有时不必要也不可能采用全面调查的方法搜集资料，而是通过典型调查的方法来解决。

一般说来，典型调查由于典型很少，并且不是遵循随机抽样原则抽取的，不能用此来推算总体的准确值。但只要具备下述条件，还是可能进行推论和推算的：

一是总体中的各个体(或单元)之间的差异很小，而每一个体(或单元)对总体来说都具有一定的代表性；

二是总体中的各个体(或单元)之间虽然差异较大，但总体中的各种类型中都有一些典型材料，且知道各个类型在总体中所占的比重，也可以根据分类定比抽样的原则来估算总体。

现代调查中这种只使用典型调查推论总体的方法用得不多，典型调查只是作为一种预备调查的方法，常用于踏查等调查的准备阶段，但决不能因此贬低它的作用。因为这种调查为今后的正式调查起铺平道路和指引方向以及与正式调查结果相互对照的作用。

第二，可以研究新事物，总结新情况、新问题、新经验，用以推动面上的工作

一般说来，通过全面调查或其他普查形式可以发现新事物，但由于不可能对此做进一步研究，不知其"新"的价值，有时甚至把它当作"偶然因素"舍弃掉了。唯有典型调查，是由调查人员有意识地选择的有代表性的单元，并深入到这些单元中进行调查研究的，它既可以使人们迅速地抓住新事物的苗头，又可以深入细致地对此进行彻底的考察。

第三，在典型调查的基础上，对问题的研究更加深入细致，有利于探索其规律

典型调查是踏查常用的方法之一，对典型调查期间发现的新问题以及没有完全弄清楚的问题，在正式调查方案设计时可以作为专题提出，可以对这些问题在正式调查期间进行

更加深入细致的调查研究。同时正式调查方案设计时，通常要用典型调查的经验和结果来改进和完善调查方案。

所以，在这里我们着重强调典型调查的这一功能，并把它作为实施调查前的踏查过程和方案设计完毕后的校改调查方案的主要途径之一，以用这种调查所得的资料来作为设计方案的主要依据及检验其方案设计是否符合实际的主要手段。

④ 典型调查的几点要求　典型调查的方法虽然没有多少特别深奥的技巧，但要科学地运用它，让它充分地发挥自己的作用，也绝非一件很容易的事情。要注意如下几点要求：

第一，要注意选择有代表性的调查对象

典型调查要取得预期的结果，首先要选好具有代表性的调查对象，即典型。选出具有一定代表性的典型，既不是单纯选好的，也不是单纯选差的，好的、中间的、差的均要考虑。任何按照调查人员主观意志选择典型的做法都是错误的。典型一旦确定下来后，可采用此后介绍的正式调查的具体方法进行资料采集工作。

第二，注意弄清典型的总体范围

典型代表的是调查总体的基本情况，要把典型置于一定的环境和一定的具体对象之中。在踏查的过程中，不要刚刚开始踏查就急于确定典型，要对调查区域有一个较概括、较全面的了解之后，通过简单的比较分析，选择出有代表性的单元，将这些有代表性的单元确定为典型。只有这样，才能更好地确定典型调查的具体内容，才能顺利地开展工作。

第三，要明确典型调查的目的

对准目标，集中注意力，不要涉及过多的枝节，把最主要的问题搞清楚就行了。如果把典型调查的范围和内容搞得过于复杂，工作做得过于细致，花费的人力物力过多，就失去了典型调查方法在踏查阶段的独特作用，浪费了人力物力，影响正式调查时按计划、有步骤地进行，甚至会打乱整个调查的科学结构和工作部署。因此，如何把握典型调查的深度和广度，是至关重要的一环，需要我们在长期实践中认真摸索、总结经验。

第四，要正确选择典型调查方式

根据调查对象的不同情况，选择不同方式的典型调查。

在总体各单元条件比较一致，差异很小的情况下，主要选定少数几个有代表性的单元就可以了，称为"解剖麻雀"式的典型调查，也称为"个别选定"。

当总体单元比较多，各单元间差异较大时，可以采用"分类型选典型"。这种调查就是先把被调查对象（总体），按照所研究问题的有关标志划分为若干类型（组），然后，从各类型（组）中分别选取若干具有代表性的单元进行调查，根据各类型在总体中所占的比重来推断总体。

在调查实践中，典型调查常常与实地巡查结合使用。实地巡查可以比作"走马观花"，主要对调查区域有个概括了解，而典型调查则可以比作"下马赏花"，着眼于深入，这种"下马赏花"只有在"走马观花"对全貌了解的基础上，才能选准典型对象开展深入、细致的调查研究。

2.2.2　标准地调查

标准地调查实质上就是典型调查，是林业行业使用最广泛的一种调查方法。它不仅在踏查中使用,而且在林火调查以及林业行业许多领域的正式调查中更加广泛、更加频繁使用。

(1)标准地的类型

林业工作的专业调查中,为节省人力和时间,常用局部调查法,即以部分面积的实测结果推断整个林分。但以局部估计总体常会带有一定的误差,误差的大小取决于局部调查面积的大小和所选局部代表总体的程度。如果调查的面积所占比例较大,代表性较强,则估计推断的误差较小。

确定局部调查地段的方法有两种:一种是随机抽样抽取的;一种是按典型选取的。为区别起见,林业中常把随机抽样中被抽中的地段称为"样地",按典型选取被选中的地段称为"标准地"。通常在"样地"或"标准地"上进行的调查(项目测定),分别称为"样地调查"或"标准地调查"。

标准地是一块能反映待测林分各指标平均状况的地段,它应该是整个林分的缩影,通过它可以获得林分的各种数据。严格来说,标准地与整个林分只有面积上的差别,而没有本质上的不同。标准地的调查结果按面积比例扩大后即可得到整个林分的调查结果。

同样,用于火烧迹地调查的标准地,也应该是整个火烧迹地的缩影,从过火的火强度而言,既不能单纯选火强度大的地段,也不能单纯选火强度小的地段,而是要选能够代表整个火烧迹地平均火强度的地段。表现在林木受害的程度和外观表现上也是如此。要通过巡查选出具有代表性的标准地,以提高调查的精度。

标准地法应用于林分调查的精度取决于标准地的代表性,在选择标准地时应对整个林分作比较全面的了解。通常的做法是,踏查过程中目测估计各主要调查因子,从而形成林分平均标志的轮廓,根据这个轮廓选择适当的地段作为标准地。在选择标准地时减少主观干扰,否则容易出现偏差,要根据调查对象的实际选择代表性强的地块,特别是在林火损失调查中,要排除干扰,切忌故意选择"损失严重"或"损失轻"的地段。

标准地按设置目的和保留时间可分为以下两类:

① 临时标准地 用于林分调查和测树制表,只进行一次调查,取得调查资料后不需要保留的标准地称为临时标准地。

在林火调查中,临时标准地所占的比重很大,例如,林火损失调查时,仅仅为了调查林木的受害程度;仅仅为了调查地表可燃物的消耗量;仅仅为了调查火烧对土壤物理结构的影响;仅仅为了调查林内、林下和土壤中动物和昆虫被烧死烧伤的数量等,均可以采用设置临时标准地的办法去进行调查。

② 固定标准地 用于较长时间内进行科学研究、试验,进行系统的长期重复观测以获得连续性的资料,如研究林分生长过程、经营措施效果及编制收获表等。测定、设置要求严格,需要定时、定位观测取得连续性的数据。

在林火调查中,同样有许多需要长期观测才能见到效果的项目,需要用固定标准地观测。最突出地表现在林火生态效应的观测与评价上,要对林火的生态效果给出一个客观公正的评价,短期的观测是办不到的。例如,要评价林火对林木个体、对林分生长量的影响;评价林火对生态环境的影响;评价林火对森林演替的影响;评价林分对土壤肥力的影响;评价林火对该森林生态系统食物链和能量流动以及信息传递的影响等,临时标准地是无法胜任的,唯有固定标准地才能胜任。

(2) 选择标准地的基本要求

① 标准地必须对所预定的要求具有充分的代表性;

② 标准地必须在同一林分内设置,不能跨越林分;

③ 标准地不能跨越小河、道路或伐开的调查线,且应离开林缘 10~20m;

④ 标准地内树种、密度应分布均匀。

这些基本要求是对林业各专业调查通用的标准,具体到林火调查时,这些基本要求需要进行适当的补充和修改:

① 选择过火均匀,火烧强度适中,能代表整个火烧迹地基本状态的地块;

② 在不同可燃物类型的火烧迹地分别设置一定数量的标准地;

③ 除非是为了研究扑火效果,标准地不宜设置在经过扑救的区域;

④ 对林分及其他要求可以参照上述选择标准地的基本要求。

(3) 标准地的形状

在林业各专业调查中,最常采用的标准地是矩形(正方形或长方形),由于火烧迹地林下通视条件良好,也可以采用圆形标准地。

标准地形状选用的原则是,尽可能使面积为整数,便于测量、调查和计算。幼林通常不宜选用圆形标准地,因为幼林的密度通常较大,圆形标准地边界线上的树木数不好确定(实际上是边界不好测量),调查产生的误差较大。

(4) 标准地的面积

为了能够反映林分的结构规律和保证必要的精度,标准地内必须有足够数量的林木株数,因此应根据要求的林木株数来确定面积大小。

在实际工作中,可预先做一块小样方,查数株数,根据这个样方来推算标准地的面积。根据多年的林业工作实践,标准地的常选面积为 $0.04 \sim 0.1 hm^2$,可据地形、林分特点和林下通视情况设置标准地,以下几种较常用,可供参考:

正方形如 20m×20m、25m×25m、30m×30m、40m×40m 等,长方形如 30m×20m、30m×40m、40m×20m 等。

(5) 标准地边界测量

为了确保标准地的位置和面积需要进行标准地的边界测定,标准地边界测量应注意以下几个问题:

① 通常用罗盘仪测角,皮尺或测绳量水平距;

② 林地坡度大于5°时,要将实际量测的斜距(坡面距离)改算为水平距离;

③ 为使标准地在调查作业时保持有明显的边界,应将测线上的灌木和杂草清除;

④ 测量四边周界时,边界外缘的树木在面向标准地一面的树干上要标出明显记号(用粉笔或小刀刮去树皮),以保持周界清晰;

⑤ 规定测线周界导线测量的闭合差不得超过 1/200~1/500;矩形标准地要求各条边界方位角的误差≤1°;

⑥ 根据需要,标准地的四角应埋设简易的或固定的标桩,便于辨认和寻找;在标准地调查表上绘出标准地位置草图。

2.2.3 问卷调查的问卷设计

在林火调查中有相当一部分的内容需要使用设计问卷调查的方式取得必要资料和信息。问卷调查实际上就是一种问答式的调查表。问卷调查的质量取决于调查者的认真准备和组织,也取决于被调查者的积极合作。

(1) 问卷调查的工作流程

① 确定调查的负责人和负责机构 负责人和负责机构一般有两种情况:一种是本单位自行建立;另一种是受负责机构委托承担调查。

② 确定调查对象和调查单位 其目的是为了确保调查工作的有效性、高回收率和问卷的回答质量。

③ 问卷设计 问卷设计包括两大部分:问卷形式和问卷内容(详见下述具体内容)。

④ 问卷调查的实施 问卷调查的实施需要做好以下工作:
- 选择调查方式:是邮寄(含网络在线)还是访谈,或者是两种方式结合;
- 选定被调查者:这项要求可写在问卷填写说明中;
- 提高问卷回收率:应与被调查者建立友好联系,并给予指导。

(2) 问卷调查表的形式

问卷形式多种多样,从题型上看,有选择题、填空题;从答题顺序看,有逐项式回答和流程式回答。逐项式问卷要求被调查者回答问卷中的每个问题。流程式问卷是回答某一个问题的答案直接决定是继续回答紧接着的问题,还是跳过若干问题去回答相应问题。

问卷因回答方式不同又可分为两种:一种是固定式(也叫封闭式)问卷;另一种是自由式(也叫开放式)问卷。下面用实例对此进行说明。

如果设计如下工人调查表:

① 你在哪一个工业部门工作?

② 你所在企业属于私人,股份公司,还是国企?企业主或公司经理姓什么?

③ 请说明有多少职工?

这就是开放式问卷,开放式问卷不提供答案选项表,允许受访者在每一个问题之下自由回答。它的优点是能够让受访者把真实的情况具体地反映出来,因而得来的资料更准确。缺点是由于受访者回答问题时自由发挥,答案不统一,不标准化,难以统计和整理。

如果把它改成如下形式:

① 你在哪一个工业部门工作?

  A. 纺织业( )   B. 食品业( )   C. 印刷业( )

  D. 制造业( )   E. 其 他( )

② 你工作的企业属于谁?

  A. 私人公司( )   B. 股份公司( )

  C. 国有企业( )   D. 中外合资( )

③ 请说明有多少职工?

  A. 50 人以下 ( )   B. 50~100 人 ( )

  C. 100~1000 人( )   D. 1000 人以上( )

这就是封闭式问卷。封闭式问卷带有答案选项，即将供受访者选择的最能代表他们答案表固定下来，受访者只能在规定好的几个答案中选择一个，在后面的括号划上"√""×""○""●""＝""■"等符号作为选择。这样收集来的资料标准化，便于整理和统计。特别是用于大范围的、大样本的调查非常合适。但缺点是收集的资料不深入，往往不能把受访者的真实情况完全反映出来。

（3）问卷内容

问卷的内容因调查题目不同可各不相同，但是归纳起来不外乎五个方面的内容：

① 事实方面的内容　侧重于受访者的个人信息，如年龄、性别、职业、收入、家庭人口等；

② 关联内容　侧重于受访者的环境信息，如林火发生时受访者在什么地方？在干什么？和什么人在一起？等等。

③ 态度和感情方面的内容　侧重受访者的思想、感受等信息的采集。如问：你对野外用火怎么看？你发现森林着火首先采取什么样的行动？你看到有人在森林里抽烟会制止吗？等等。

④ 行为趋向方面的内容　侧重于受访者行为信息。如问：假如你野外劳动又渴又累，你紧接着打算怎么办？发现发生了森林火灾，你会马上去扑火吗？

⑤ 理由方面的内容　侧重受访者的经历、状态等信息的采集。如问：你为什么这样、那样做？你为什么要在森林里用火？等等。

（4）设计问卷时要注意的问题

① 问卷的形式　问卷的形式要服从调查目的，并适合于调查对象的特点。

② 提问方式的设计　依据能够搜集到的资料多少、细致程度而定，如单项选择、二项选择、多项选择、比较、排位次等。

③ 问卷逻辑顺序的排列　先要把需要收集哪些资料搞清楚，然后把它们分类并按逻辑顺序排列起来，决定问卷分成几个部分，然后在每个部分里面再提出若干问题。

问卷提出的问题要先易后难，由浅入深。一般是先问事实方面的，再问感情和态度方面的，依次问行为趋向方面的，理由方面的。因为后两个方面的问题都需要考虑以后才能回答。

④ 提问题的语言　要清楚、准确、通俗易懂。使每个回答者一看或一听就知道怎么回答。如问：你家庭平均每月总收入多少钱？这个问题十分清楚，很容易回答。如果改问：你家经济状况怎样？这样的提问就很笼统，别人不知怎么回答。提问使受访者凭自己感觉和经验能够准确理解问题的本意并作出回答，这样取得的材料才有意义。

⑤ 提示说明　任何问卷设计中，清楚而充分的提示说明都是非常重要的，特别是在邮寄调查、网络在线调查和其他受访者自填式问卷中，由于没有调查者在场去帮助受访者，提示说明就显得尤为重要。提示说明通常可以分为3种类型：概括性的提示说明；过渡性的提示说明；以及答题提示说明。

大多数问卷都将概括性提示说明作为问卷的一部分。应当强调调查人员对受访者的观点、想法和经验感兴趣，也应当注明要求受访者完成问卷后去做什么，同时应当保证他们会有充裕的时间完成。在线调查中，如果有受访者名单，可以将电子通知函或者电子邮件发给他们。当不知道受访者名单时，可以在问卷的序言部分给出一个全面的提示说明，包括研究调查的目的、调查对象、内容，以及任何答卷等。

一旦问卷内容从一个主题向另一个主题转变，就要给出过渡性的提示说明，让受访者知道问题的主题正在发生变化，让受访者有机会"换口气"，并帮助他们转换思维，能够更准确地回答问题，完成问卷。

在一些情况下，调查人员需要为受访者提供相对比较详细的提示说明，告诉受访者如何填写问卷。这就是第三种提示说明，其目的就是告诉受访者如何答题。

问卷的提示说明可以归纳如下：

- 在问卷发出前，首先决定是否在问卷中给出提示说明；
- 告诉受访者问卷是关于什么的，请他们做什么，为什么请他们做；
- 告诉受访者问卷做完以后该干什么；
- 确定把过渡性提示说明放在问卷的什么地方。例如，是在转移主题处，还是在问题后的上下文连接处等；
- 决定是否对一些问题设计详细的提示说明。

⑥ 问卷的格式　要整齐划一，层次分明，一目了然。每一个问题占一行，把问题顺序号码写在前面。若是开放式问卷，在每个问题后面留出填答案的地方。若是封闭式问卷，在每一个供选择的答案的后面设一个"（　　）"，被访者选中哪个答案就在它后面的括号中划上"√"等符号。备选答案词义之间不交叉。

此外，问卷的格式还要考虑到有利于受访者阅读。有些人为了压缩问卷的长度，把字号缩小，问题间没有行间距，页边距设置得很小或根本没有，受访者需要使用放大镜才能看清细小的印刷字；也有人喜欢用加阴影、使用斜体字等不利于受访者阅读的格式。这些都是不可取的。

合理的问卷格式归纳如下（应注意的问题）：

- 在问题间使用适当的行间距；
- 使用纵排格式、箭头、方框等，让问题表达清晰，顺序优化；
- 保证印刷文字和纸张的对比度；
- 使用便于阅读的字体（如宋体）和字号（如4号字），避免使用斜体字等不利于阅读的字体；
- 为起到强调作用使用黑体字、下划线等；
- 不要将提示说明、问题及其答案选项拆分在不同的页面上。

⑦ 问卷内容的效度和信度　所谓内容的效度与信度，是指问卷中所使用的指标的一致性正确性与可靠性。

a. 指标的效度：是指提出的问题或使用的测量指标，能否把所要了解的情况反映或测量出来。能测量出来就是有效的指标，测量越准确，效度越高。比如要了解一所大学的教育质量，用食堂办得好坏、校园是否整洁等指标来测量，就不能充分说明它的教育质量如何，因为这两个指标对于测量目的关系不大，即效度比较低。若改用科研成果的多少、学生成绩好坏和就业率高低，则能直接反映出教育质量的高低，因此这是几个效度很高的指标。效度出问题往往发生在调查研究人员对要了解的对象不熟悉，对它的主要特征把握不准，因此所提的问题并非关键。为了提高指标的效应，必须加强探索性研究，克服制定问卷时的盲目性。

b. 指标的信度：是指测得资料数据的可靠性与稳定性。信度高必须是能够把所要了解的事物的水平稳定可靠地测量出来。信度出问题是由于问卷中所使用的语言概念不清楚或者超出被访人的经验范围，为他们所不能理解造成的。有时候提问太笼统，也会使指标信度发生问题。例如，问"你们两个人的关系好不好？"如此笼统地提问，伸缩性太大，不能稳定可靠地把实际情况测量出来。解决信度问题，要求指标要具体，使用的语言概念要清楚明白，要考虑到被访者的知识水平和理解能力。

效度和信度是互相联系而又有区别的。有效的指标必须是可信的，不可信的指标必定是无效的，效度是以信度为基础的。一个优良的测量指标必须同时具有效度和信度，只有这样才能保证收集来的资料是可靠的和有用的。

制定问卷设计指标时，难免有一些效度和信度较低，甚至无效和不可信的指标出现，这就要对初次设计出来的指标进行筛选。筛选办法有两种：一是主观筛选，就是凭借调查研究人员的经验，把那些与研究对象关系不大或无关的指标以及被访者不可能准确回答的指标去掉；二是客观筛选，即经过小范围的试验调查收集资料，进行统计分析，把那些经统计验证效度较低的指标去掉，保留效度高的指标。

2.2.4 普遍调查法

普遍调查法是对调查对象的总体所包括的每一个个体进行毫无遗漏的逐个调查，以达到准确无误地了解总体情况的一种基本方法。又称全面调查法，简称普查法。

普查法就调查总体内部的个体而言，是绝对的，即不能少一个，也不能多一个。

就调查的总体范围而言，它是相对的，即有不同的总体。例如，森林资源普查有全国普查、全省普查、全县普查、某林业局普查、某林场普查等。

2.2.4.1 普遍调查的主要形式

普查的主要形式有3种，即一次性普查、经常性普查和快速性普查。

(1) 一次性普查

是对调查单位或对象在一定时点（时间和空间）上的性质和状态的调查。

一次性普查往往采取两种形式，一是不设立专门统一的组织机构，不配备专门的普查人员进行调查；二是自上而下设立专门的普查机构，配备专门的队伍进行调查。我国人口普查均采取第二种形式。

(2) 经常性普查

经常性普查是对被调查对象在某一时期内的状况进行调查，它是随着调查对象的不断变化而连续不断地进行登记、观察、测定。

经常性普查和一次性普查是相互联系的，前者可以根据需要按照年、月、日等进行经常性的统计或调查；而后者可以只进行一次，也可根据需要一次一次地不断进行。因此，二者的区分是相对的。

(3) 快速性普查

快速性普查是普遍调查的一种特殊形式，其特点是全面准确、速度快。

搞好快速普查一般有三项要求：一是要科学地搞好设计，并且尽量只搞单项设计；二是调查者直接向被调查单位布置任务，不经中间环节直接收集资料；三是在手段及资料处理上尽量采用现代科技设备。但由于快速普查的项目有限，人力、财力花费较大，一般只在特殊情况下才使用。例如，我国《森林防火条例》中规定的"需要随时报告的八种森林火灾"，便适用快速性普查。

2.2.4.2 普遍调查的原则

虽然普遍调查的形式多样，但是各种形式的调查实施、遵循如下共同原则：

（1）普查总体与其调查单元总数要相等

由于普查要求对调查总体内每一调查单元作调查，既不能遗漏，又不能重复，因而普查总体与其内部调查单元总和必须相等。如果发现总体数小于单元之和，就要查找遗漏了哪些调查单元；如果发现总体数大于单元之和，就要查找哪些调查单元做了重复调查。

（2）普查的指标要精简明确

由于普查的调查者与被调查者都为数众多，如果普查的指标越复杂多样，就越会给汇总工作带来难度。哪怕多一项指标，都会增加相当大的工作量。因此，普查的指标要精简、明确，只能用一些反映基本情况的指标。

（3）普查的时间要统一

统一普查的时间有两方面要求：一是调查实施要在统一时间开始，在统一时间内完成；二是对调查项目都要统一规定的时间标准。

对于第一方面要求来说，由于普查人员队伍庞大，调查点分散，如果普查实施不规定统一开始和结束的时间，就容易造成前后相距甚远，从而使整个普查工作不能顺利地如期完成任务，即使拖延了一段时间后完成了调查任务，所取得的数据也缺乏可比性。因此，普查实施要有统一起讫时间的规定。例如，在林火影响调查中，如果调查的时间超过一个生长季，对林下植被调查所取得的数据就没有可比性。

对于第二方面要求来说，由于作为被普查者每时每刻都在变动，为了避免时点不同而发生普查项目重复和错漏，保证收集的资料全面准确，任何普查项目都应统一规定调查的标准时点。例如，我国1990年人口普查的标准时点是7月1日零时。

（4）普查要尽可能按周期进行

由于普查花费的人力、财力都很大，按一定周期进行普查，就有利于将各次的普查资料作对比分析，从而对预测普查总体的发展趋势、掌握其运动发展规律性均有意义。例如，关于人口普查，联合国在20世纪50年代起就多次建议尽量在逢"0"年进行，现在世界大多数国家的人口普查也是每隔10年进行一次。

2.2.4.3 普遍调查的步骤

普遍调查全过程需分步骤实施，也要有相应方法才能实现普查的实施目标。

普遍调查全过程需分如下步骤实施：

① 普查课题的选择和确定；
② 建立统一的领导工作机构；
③ 研制普查总体方案，拟制普查登记表和说明书；
④ 要设有专门培训机构和对专门培训人员进行严格地培训；

⑤ 进行普查试点(或实验性调查),通过试点(实验)检查修订普查方案、登记表等,还要根据试点经验进一步制订出普查工作流程图和工作细则;
⑥ 普查实施,采集资料;
⑦ 资料汇总与初步整理;
⑧ 进一步做数据处理与统计分析;
⑨ 调查资料总结。

2.2.4.4 普遍调查的方法

普查的方法可分为组织方法与资料采集方法。

(1) 普查的组织方法

普查组织方法有两种:一是自上而下设立专门普查机构和组织专门普查队伍做直接普查,例如,我国几次人口普查都是按这种组织方法进行的;二是不设立专门的普查机构和组织,只制定统一的普查登记表,由原来已有的组织机构分发给各调查单位填写,再层层上报汇总出普查资料。例如,森林防火、灭火物资储备的普查,科学管理部门对科技人员科研情况的普查等,就是按此类组织方法进行的。

(2) 普查资料的采集方法

普查资料采集的方法有多种。例如,派调查员到调查单位、地点直接观察记录、调查测定;派调查人员拿着普查登记表找被调查者询问登记,或者指导被调查者填写调查表;统一印制普查登记表层层分发填报,或邮寄到一定地区、一定范围内让被调查者填写并寄回,等等。

2.2.5 抽样调查法

抽样调查是抽选研究对象中的部分(通常是少数)进行调查测定,然后根据科学的方法来推断总体(全体)的调查方法。它的最大优点是节省时间、人力和物力,并能获得相当准确和可靠的资料。抽样调查在调查研究中用途很大,使用很广泛。

2.2.5.1 抽样调查的几个重要概念

(1) 总体

在数理统计中,把所研究的同类对象的全体称为总体(或母体)。例如,在森林调查中,可以把一个林业局或县作为总体,也可以把一个林场或林班作为总体。

当调查对象改变时,总体也随之改变。例如,对某森林火灾调查时,整个火烧迹地便是一个总体;若火烧迹地有天然林、人工林和实验林,仅仅调查实验林的损失,那么,调查总体就发生了改变,不是整个火烧迹地了,而是实验林。

(2) 单元

总体中的一个单位称为一个单元。随着调查研究的对象和内容不同,单元也不一样。例如,单元有总体单元和样本单元之分。但是,在同一个调查研究任务中,总体单元和样本单元往往是一致的。例如,林火调查中,为了了解不同区域的火烧状况,可以把火烧迹地(总体)划分成若干个 $0.1hm^2$ 的方形地块,所划分的每一个方形地块就称为一个总体单元。

(3) 样本

总体中的一部分,从总体中抽取出若干个总体单元组成样本。

样本中所包含的每个总体单元,称为样本单元。由此可以看出,样本单元来自总体单元,由被抽中的那些总体单元组成。我们可以说所有的样本单元都是总体单元,但不能说所有的总体单元都是样本单元。

(4) 容量

总体所含总体单元数,样本所含样本单元数,分别称为总体容量和样本容量。

显然,样本容量≤总体容量。

总体的容量可以是有限的,也可以是无限的,分别称为有限总体和无限总体。当有限总体的容量相当大时,也可以把它看成无限总体来对待。例如,某火烧迹地的幼苗幼树株数或草灌木植株数目作为调查研究对象时,该总体可以看成无限总体;而把成熟林的树木作为调查研究对象时,则可以看成有限总体。

实践中,通常根据样本容量的大小把样本区分大样本和小样本。林业中,把包含50个或多于50个样本单元的样本称为大样本;把包含30个或少于30个样本单元的样本称为小样本;介于30~50个之间的,按大样本处理。

例如,林火调查中,把火烧迹地(总体)划分成100个$0.1hm^2$的方形地块,则该总体容量等于100,即该总体有100个总体单元。若干从100个$0.1hm^2$的方形地块中,抽取20个$0.1hm^2$的方形地块进行每木调查,抽取的就是一个小样本,样本容量为20,只有这20个总体单元才能被称为是样本单元。

(5) 可靠性

可靠性指用抽样估计总体的把握性大小。由于抽样估计没有百分之百的把握,要求估计的把握性大,就要取得较高的可靠性。

(6) 抽样误差

抽样误差是在抽样调查时从各样本计算出来的样本值与总体真值之间的平均差值。因为它反映了样本对总体的代表性,所以抽样误差也称为代表性误差。由于是用样本估测总体,所以又称为估测值的误差。

抽样误差越小,它对总体的代表性越大;反之,它对总体的代表性越小。

(7) 非抽样误差

不是来自用样本估计总体时产生的误差。例如,在森林抽样调查中,来自测定、使用数表和计算等方面的误差,像直径测量误差、径阶整化误差、面积测量误差和材积表误差等。非抽样误差不仅在抽样调查中存在,即使在全林实测(普查)中也同样存在,只是当测量的数量较大时,某些误差可能会正负抵消,影响较小而已。

非抽样误差对森林或林火抽样调查成果有时会产生严重的歪曲和破坏作用,应引起高度重视,采取有效措施,使之降到最低限度。

(8) 精度

所测数值与真值的符合程度,称为精度。

在抽样调查中,精度对应于抽样误差,精度和抽样误差均用百分数表示。

从100%中减去计算出来的抽样(相对)误差后的余数就是精度。

2.2.5.2 抽样调查的类型

按其是否遵循随机原则,可分为两大类:随机抽样调查与非随机抽样调查。

随机抽样调查运用较多，可分为简单随机抽样、等距抽样、分层抽样、整群抽样和多阶段抽样等；非随机抽样调查可分为定额抽样、判断抽样和随遇抽样等。

随机抽样调查在抽取样本时，首先必须遵循随机的原则，这样，才能使抽选出来的样本的分布状况接近总体的分布状况，使样本的特征对总体的特征具有比较充分的代表性；其次，抽样调查会产生或大或小的抽样误差，只有遵循随机的原则，才能对抽样误差加以控制，并较为准确地推算出误差的大小，才能较有把握地用样本的特征值(统计值)估计出总体的特征值。

非随机抽样是研究者根据自己对总体的认识或根据主客观条件而主观选择样本。然后根据对样本的研究来推断总体的情况的一种抽样方法。

非随机抽样调查的科学性和对总体的代表性较差，抽样误差控制和估算也困难，非随机抽样调查的结果，必须慎重对待，结论不能轻易推广扩大，一般只用于作探索性或预备性研究。林业上常用的标准地调查实际上就是非随机抽样的典型代表。

2.2.5.3 抽样调查的特点

概括地说，抽样调查的特点主要有：

① 根据所抽样本资料对总体数量特征作出估计、推算是抽样调查的最基本特点。

② 按随机原则从调查对象总体中抽取样本单元是抽样调查的方法特点(绝大多数抽样方法都遵循的原则)。

③ 可以事先较为准确地计算出抽样误差是抽样调查的推断特点。

④ 可以节省人力、物力、财力，提高调研的时效性是抽样调查的效用特点。

抽样调查在以下几个方面优于普查：

① 范围小　抽样调查的范围比普查的范围小，减少了调查的工作量，所以能够考察那些普查无法进行或难以进行的现象或问题。

② 能作较深入细致的研究　普查由于涉及的范围广，工作量大，时间长，影响因素多，常常不易或不能进行深入研究，而抽样调查由于涉及的范围小，工作量较小，时间较短，影响因素也较少，所以能作较深入细致的研究。

③ 安全可靠　普查需要的工作人员较多，其水平往往参差不齐，加上牵涉面大、时间长、影响因素多，所以调查过程中难免出现差错。而抽样调查由于需要的工作人员较少，加上牵涉面较窄、时间较短、影响因素较少，所以在调查中不容易出差错。因此，抽样调查也常用来检验普查的正确性和可靠性。

2.2.5.4 抽样误差

从同一总体中可以抽取很多随机样本，用其估计总体的估测值不尽相同，每一个样本对总体估测值与总体真值之间都有一个差值，这些差值又构成了一个变量。确切地说，抽样误差实际上是表示一个范围，而不是一个完全确定的数值。

抽样误差永远伴随着抽样调查。人们虽然无法消除它，但可以努力缩小它。影响抽样误差大小的主要因素有：

(1) 抽样数目(样本容量大小)

在其他条件相同的情况下，抽样误差与抽样数目的平方根成反比。抽样数目越多，抽样误差越小；当抽样数目等于总体数目时，抽样误差为零，此时的调查已成为普遍调查了。

（2）总体各单元之间的差异程度

抽样误差与总体各单元之间的差异程度（即总体的标准差）成正比。其他条件相同，总体各单元之间的差异程度越大，即总体的标准差越大，抽样误差越大。

（3）抽样方式

不同抽样方式所产生的抽样误差是不同的。在样本容量（大小）相同的情况下，不重复抽样的抽样误差比重复抽样的小；分类抽样或等距抽样的抽样误差比整群抽样或简单随机抽样的小。

抽样误差的大小可以用一定的方法计算出来，但是如果调查时没有遵循随机的原则进行抽样，则无法计算或控制其抽样误差的大小。

2.2.5.5 样本数的确定

确定样本的数目是抽样工作中很关键的一环，任何抽样方法的首要目的都是获得一个数量规模恰当的、可以最大限度反映总体特征的、接近总体情况的样本。

在抽样调查中，抽取的样本数越大，就越能够代表所要研究的总体。但是，抽取的样本数越大，所用的经费越大。因此，调研人员在确定样本数的时候，必须正确权衡精确性和费用开支两方面的利弊。

一般来说，确定样本大小时应考虑下面几个因素：

（1）总体中样本单元之间的差异程度

调查总体中各单元或者个体之间的差异大，样本数应适当增大；差异小，样本数可适当减少。

（2）要求的精度

研究或者调查所要求的精度愈高，可允许的误差范围越小；精度越高，所需样本的数目就越多。

（3）实施的抽样类型

一般来说，分层抽样和等距抽样比随机抽样需要的样本单元少，单个抽样比整体抽样需要的样本单元少。

（4）调查研究的目的、任务以及统计分析方法的要求

调查项目少，目标单一，内容较简单，需要样本数较小；反之，样本数则大。

统计分析中，方法不同，要求的样本数目也不同，例如，相关分析所涉及的变量多，要求的样本数就大，涉及的变量少，要求的样本数就少。

（5）课题研究的时间、人力、财力及研究本身的要求

因种种客观条件的限制，研究者常常无法抽取最理想的样本，只能在有限的范围内抽取最佳样本。

对研究总体的了解程度也是确定样本数时一个不可忽略的因素。如果对研究总体的情况毫无了解，要想选择一个有代表性的样本是很困难的，即使所定的样本数相当大，也可能代表性不很强。

最后，不管用什么办法确定样本数，都要适当增加一些样本单元，一般可增加原定样本数的10%~20%，以防因各种原因不能达到原定的调查样本数。

在确定样本数的时候，一个错误的想法是，认为只要样本在总体中占一定比例就行了。实际上，总体的大小与样本的大小并没有很大的关系。如果取样方法不对，样本数再大也无济于事；相反，取样方法得当，有时候，很少的样本就可达到很高的准确度（精度）。所以，抽样技术不容忽视。

2.2.5.6 抽样技术

抽样技术是指为了达到抽样调查的目的和要求去抽取样本的方法、手段和程序。

抽取样本的技术由确定抽样的总体、确定取样范围、确定样本数、抽取样本和评估样本代表性五个基本部分组成：

(1) 确定抽样的总体

就是考虑调查的要求，明确调查对象的范围（条件、时间、地点、单元特征等因素），从而确定抽取样本对象和依据样本作出推断的范围。

(2) 确定取样范围

即收集界定的总体范围内全部单元的一览表（如果调查对象是人，就是全部人员名单），然后将所有单元编号排列。

(3) 确定样本数

根据总体中单元的差异程度、预定分析的精度、研究者的主客观条件和统计分析的要求等方面的条件和因素，确定一个既能节省费用、人力和时间，又能得到最佳调研结果的样本数。

(4) 抽取样本

选用适当的抽样方法从总体中抽取样本。

(5) 评估样本的代表性

抽取样本后，用比较法和计算法对样本的代表性进行评价，尽早发现问题及时纠正，以保证调查达到预定的效果。

2.2.6 实验调查法

2.2.6.1 实验调查法的种类

实验调查法，按照调查的结构性质、目的、环境和组织方式不同有不同的类型。主要有以下几种。

(1) 平行实验与连续实验

按调查的结构性质，可分为平行实验与连续实验两种。

平行实验是指既有实验组又有对照组的一种实验，也称对照实验。实验组是指调查人员施加了自变量影响的组，不施加自变量影响的组称对照组。在平行实验中，两个组状况的观察、比较是在同一时间内进行的。

连续实验是对同一对象在不同时间内进行的前后观察，以验证假设的一种实验方法。连续实验中，是对同一对象在自变量作用前与作用后的两种结果的比较。

(2) 实地实验与实验室实验

按照调查的环境，可分为实地实验与实验室实验两种。

实地实验是指在被调查对象的现场进行的实验。这种实验又可分为控制实验和自然实验两种，其中控制性实地实验是对实验对象增加自变量，或改变原有的变量以验证其假设，它能基本保证被研究对象的研究特性；自然性实地实验则是调查研究人员不使用自变量去影响实验组，而只是观察、测量所需要的指标值，然后同对照组进行比较，从而验证假设。

实验室实验是指在某种人工环境中进行的实验，即研究对象从普通的自然环境中转移到一个能够在观察或测量有关指标时达到高度精确的环境中去。显然，它虽能使观察或测量十分精确，但环境的人为性使观察或测量的结果缺乏现实性。如何克服实验室实验的这一局限性，是值得进一步探讨的。

（3）研究性实验与应用性实验

按调查目的，可分为研究性实验与应用性实验两种。

研究性实验是以揭示调查对象的本质及其规律为主要目的的实验。

应用性实验则是以解决实际工作中的问题为主要目的的实验。

应该说，二者的区分只具有相对意义，许多研究性实验的结论对解决实际问题具有指导意义，而应用性实验的结果也可作出相应的理论概括。

（4）单一实验组实验与多实验组实验

按调查的组织方式，可分为单一实验组实验与多实验组实验。详见下文"实验调查法的实验设计"部分。

2.2.6.2 实验调查法的实验设计

由于实验的组织方式不同，实验组设计方案也有多种，这里介绍几种基本的、常用的实验设计。

（1）单一实验组设计

单一实验组设计是只选择一批实验对象作为实验组，并通过实验活动前后实验对象的变化来作出实验结论。其具体的实验步骤是：

① 选择实验对象；

② 在实验前对实验对象进行检测（观察、测定），称为"前检测"；

③ 改变实验对象所处环境，称为"实验激发"；

④ 实验后对实验对象进行检测，称为"后检测"；

⑤ 作出实验结论。

单一实验组设计是最基本也是最简单的一种实验设计，但由于只选样一个实验组，同时在实验过程中无法把实验对象同其他环境隔绝，因而无法排除种种非实验因素的影响，缺乏对照组也使得结论的可靠性难以评判。

有时，也把单一实验组的"前检测"和"后检测"称为自我对照。即对同一组实验对象在实验前和实验后分别观察、测定，然后进行自我比较。

例如，为了更好地发挥计划烧除的作用，使计划烧除中林木的伤害降到最小（烧死、烧伤率作为指标），则可以这样做单一实验组实验：

① 选择易发生森林火灾的某林分：→选择实验对象；

② 在该林分中选择标准地，将标准地中的每株树木进行编号，并观察其生长情况（特别观察是否死亡），并做其他有关项目的测定：→"前检测"；

③ 在该林分下点烧,实施一定火强度的计划烧除:→"实验激发";

④ 在此后的生长季回到每株树木都编了号的标准地,调查与评估"烧死木""烧伤木"的株数:→"后检测";

⑤ 计算"烧死率""烧伤率",计算"烧死率"时一定要将实施计划烧除前就已经自然死亡的株数剔除,这也正是"前检测"的目的之一。通过"烧死率"和"烧伤率"分析、判断该林分(或某树种)的抗火性:→作出实验结论。

(2) 实验组、对照组设计

这种实验是选择一批实验对象作为实验组的同时,选择另一批与实验对象相同或相似的对象作为对照组,并努力使实验组与对照组同时处于相类似的实验环境之中;然后只对实验组给予实验激发;最后将实验组、对照组两组的前后检测的变比进行对比,从而作出结论。实验的具体步骤如下:

实验组	对照组
① 选择对象	选择对象
② 选择实验环境	选择实验环境
③ 前检测	前检测
④ 实验激发	不予实验激发
⑤ 后检测	后检测
⑥ 作出结论	

显然,实验组、对照组设计的最大优点就是它能够大体离析出实验效应与非实验效应的范围或程度。从而使对实验效应的评判更为准确。当然,前提条件是实验组与对照组的具体对象要完全匹配、实验环境要尽可能相似。

例如,为了分析林火对某树种天然更新的影响,我们可以设计这样一个实验:用火烧前后某树种种子的发芽率来分析、判断其天然更新状况。具体的做法是:

• 选择实验对象:选择同一批种子(目的是保持实验条件的一致),将这批种子分成两等份,一组为实验组,另一组为对照组。

• 选择实验环境:可以作出两种选择,一种是野外实验,另一种是实验室实验。

• 前检测:对野外实验而言,调查测定实验地和对照区的"本底"资料;对实验室实验而言,为两份种子做"发芽"实验准备相同的条件。

• 实验激发:野外实验的实验激发可以先将两份种子分别撒播到实验区(实验组)和对照区(对照组),然后在实验区实施火烧,对照区则不火烧;实验室的实验激发可以将两份种子中的一份放在电热炉上模拟火烧(实验组)后,会同另一份种子(对照组)分别置于培养皿(或人工气候箱)中做发芽实验。

• 后检测:分别调查、统计实验组和对照组的发芽率。应特别注意的是,野外实验在做计算发芽率时,一定要剔除林下本来就自然存在的种子数量的影响。

• 作出结论:通过实验组和对照组的实验结果,结合实验条件的差异,使用适宜的数学(统计学)方法进行分析。

(3) 多实验组设计

多实验组设计是选择若干批(两批以上)实验对象,组成若干个(两个以上)实验组在各自的实验环境下进行实验激发,通过实验前后实验对象的变化作出各组的实验结论,然后再将各实验组的实验结论进行对比研究,从而作出总的实验结论。例如,可以选择不同的火烧迹地和不同的树种,进行火烧迹地的造林、更新实验。

多实验组设计的实验者、实验对象、实验环境、实验激发等可以是相同(相似)的,也可以是不同或不尽相同的,从而可以作出多种多样的设计。

2.2.7 追溯调查法

实验研究是先确定原因,然后就此原因求出所产生的结果。追溯调查法则是在事实发生过后,探讨与这一个事实有关的"先在因素"的一种研究法。林火调查与评估中,追溯调查法的使用非常普遍。

2.2.7.1 追溯调查法的主要特点

① 事实发生过后,才探讨自变量与因变量间的关系。

② 研究的变量通常属于研究者无法主动操纵的个体属性变量。

例如,研究青少年犯罪与家庭破裂的关系时,选取一组犯罪的和一组无犯罪的青少年作为研究对象,然后调查两组的家庭背景,以确定是否较多的犯罪青少年来自父母关系破裂的家庭。若是如此,则可下结论:青少年犯罪与家庭破裂之间可能存在着某种关联。此例中,犯罪与否实际上是属于因变量,而家庭破裂是自变量。因为研究者无法操纵这个自变量,只好等自变量发生(家庭破裂)后,采用回溯的方式去探讨自变量和因变量的关系。类似的例子在林火调查中比比皆是,比如各种气象因子与林火发生、林火行为之间的关系;森林可燃物种类、数量、分布格局与林火发生、林火行为之间的关系等,这些事后的调查都是属于追溯研究。

但必须注意,在追溯调查中,如果仅仅凭一两个变量之间的关系,就下结论,很容易犯下所谓"事后归因谬误"。因为,由于没有控制自变量,除了我们所研究的变量外,还有许多其他因素可能和所研究的变量有密切的相关,它们也可能与因变量具有更密切的相关关系。如上例中,如果仅凭发现青少年犯罪与家庭破裂之间有相关关系存在,就下结论说这两个变量间具有因果关系,一个是因,另一个是果,这种解释显然过于武断。因为家庭破裂仅仅是青少年犯罪的诸多诱因之一,有些诱因可能比家庭破裂所起的作用更大。

从上述分析可见,追溯调查的主要缺点:一是调查者无法直接控制或操纵自变量;二是受试者无法被随机分派到实验处理的各组。

这两项缺点,是不能将这种调查研究结果解释为因果关系的根本原因。

③ 调查结果会出现不适当解释。

因此,在解释追溯调查所获得的结果时,要格外谨慎。

2.2.7.2 追溯调查法的步骤

(1) 确定结果和研究的问题

既然这种方法是从已发生过的事实出发,以结果去追溯其之所以发生的原因,那么调查者的第一步工作就必须是确定结果和研究的问题。

例如,我国林火发生具有"北方发生的次数少,森林燃烧面积大,南方则是发生的次数多,森林燃烧面积小"的特点。这些都是以往形成了的事实,我们把它们作为由于一些因素所造成的结果，为了寻找产生这些结果的因素（原因），我们首先得把这些结果搞得很准确，如果某一结果不够准确，那么在此后的研究中找出的原因也很难是准确的。例如，我们以往讨论林火分布时，将夏季发生林火作为我国西北地区特有的现象，这从历史的角度看是没有错的，但是，如果把"我国夏季只有西北地区才发生林火"作为一个结果用于最近两年，显然不够准确，因为最近两年在我国大部分省份都发生过林火。不难想象，仅仅在西北去寻找导致夏季林火的原因，是不适合其他地区的。

（2）假设导致此结果的可能因素以及各种因素之间的关系

明确了事实发生后的结果，接着就要寻找导致这一结果的可能因素。这些因素最初是假设的，还没有经过验证。假设导致结果的因素应尽可能全面，并抓住主要矛盾，设计出主导因素。对已成事实的各种因素之间的关系也要进行假设。

（3）假设的求证

根据假设进行研究设计，并收集、测定有关资料进行比较、分析。假设可能会得到证实，也可能会被否定。得到证实的假设可能是导致结果的原因，可以在此基础上进一步求证，直至把真正的原因全部找出来。遭到否定的假设则要重新寻找原因进行下一轮追溯研究。

2.2.7.3 追溯调查设计

追溯调查设计可分为关系性设计和组别设计。

（1）关系性设计

关系性调查在大多数情况下，资料的收集大多是从非实验情境中取得，所以，调查者既没有操纵自变量，也没有随机分派受试者。

这种调查的做法通常是收集一组受试者的两种变量或两种以上变量的资料，然后运用统计学方法确定这些变量之间的相关关系。例如，调查者从调查资料中选取气温和地表可燃物含水量作为研究自变量，然后用统计学的方法了解它们和林火历史资料（如发生次数，因变量）之间是什么样的相关关系；再如，调查者从一个林业局的林火统计资料中，选择不同的火源作为研究变量（自变量），然后用统计方法计算各种火源和林火发生次数（因变量）之间的相关关系。

上述两个例子都是关系性研究。值得注意的是，这种关系性研究最多只能说明各种因素是否相关，而不能确定因素之间的因果关系。

（2）组别设计

组别设计又可分为两种形式：一是等组设计式；二是标准组设计式。

① 等组设计　是设置结果相同的若干组，从中找出共同的因素。调查者可以从具有相同结果的那些组别中，分别计算找出引起这些结果的原因，然后再把这些组别的原因放在一起，看哪个或哪些原因是大家共同的，从而初步确定哪个或哪些原因是最重要的，哪个或哪些是次要的，哪些是有关的。

② 标准组设计　是根据研究的变量把符合某一特定标准的研究对象分派到不同组别中，然后比较它们在其他变量上的差异的一种设计。

标准组设计的基本步骤是：

第一步，调查者从可利用的现存资料（或结果）中，确定一个"标准变量"作为选择受试者的依据；

第二步，根据受试者在标准变量上的差异程度分为两组或两组以上，即把受试者分组；

第三步，对各组进行观察、测定，以便比较、分析各组的差异。

例如，调查者欲探讨不同性别的中学生，其学习成绩是否有差异时，可用"性别"作为标准变量而选择"男中学生"和"女中学生"作为两个对照组，然后分别从学生档案（或成绩单）中，查阅这两组学生的学习成绩。从两组中学生在各科学习成绩上的差异，就可以了解性别变量因素与学习成绩变量之间的关系。

再如，调查者欲调查某树种不同年龄的树木在火灾中的受害程度，可以把"年龄组"作为标准变量，分别在"幼龄林""中龄林""成、过熟林"中选择被调查者，然后调查测定他们的烧毁率、烧死率、烧伤率等指标，进而比较它们的受害状况，找出树木年龄与受害程度之间的关系。

2.3 林火评估的分类

林火评估是一项系统工程，如果不抓好评估工作，不能准确掌握灾情，将会出现非常严重的不良后果。林火评估的内容繁杂，大体上可以分为危险性评估、危害性评估、风险评估和减灾效益评估。

2.3.1 根据林火评估的内容分类

（1）危险性评估

这是对一个区域所经历的或所面临的森林火灾危险性进行评估。评估的结果需要指出这个区域过去或未来发生某一个等级森林火灾的概率有多大；其可能达到的最大等级有多大。《森林火灾预防》课程中的林火发生预测预报、潜在火行为预测预报，实质上就是危险性评估。

根据《森林防火条例》的划分，森林火灾的种类分为：一般森林火灾、较大森林火灾、重大森林火灾和特别重大森林火灾。

（2）风险性评估

指对某一林区或林分未来发生森林火灾的可能性及其可能产生的危害的评估，也称为森林火险评估。例如，森林火险天气预测预报、森林火险预测预报本质上属于风险性评估。

（3）危害性和影响评估

是对某一起森林火灾所造成的人员伤亡，对森林资源、森林生态系统所造成的危害和经济损失程度所进行的评估。

林火的二重性决定了对林火的评估不同于通常意义上灾害的评估。因为林火不仅具有有害的一面，它还具有有利的一面。不仅要对林火造成的危害进行评估，而且要对林火有益的效应进行评估。

(4) 减灾效益评估

这是对森林火灾预防和扑救工作的投入和产出(灾害损失减轻)进行综合评估,以总结经验,以便制订森林火灾预防的最优化方案和优化森林火灾应急预案,改进林火管理技术和措施,提高森林火灾的控制能力。

2.3.2 依据林火孕育与发展过程分类

依据林火孕育与发展过程,分阶段进行评估。一般可分为三类:

(1) 灾前评估或风险评估

即根据影响因子评价,历史规律研究,当地林情、火情和社情分析,林火管理水平等因素,对林火发生可能性或一旦发生所造成的危害和损失作出估计。这是制订森林防火规划、森林火灾应急预案,以及相关规章制度的重要依据。

(2) 灾中评估

随着森林火灾的发生发展,及时对已经造成的损失和将要造成的损失进行评估,对扑救森林火灾的战略、战术、技术和方法适时地进行评估。这是提高森林火灾控制能力的重要依据。

(3) 灾后评估

即在森林火灾发生后进行实地调查的基础上,经过统计分析,对森林火灾所造成的森林资源损失、对生态环境的破坏、所造成的人员伤亡、扑救消耗等进行评估。这是灾情统计分析和善后工作的重要依据。

2.3.3 依据森林火灾影响的层次分类

(1) 直接经济损失评估

森林火灾区别于其他类型的火灾,就在于它主要危害森林资源。因此,森林资源损失是森林火灾造成经济损失的主体,应给予科学全面的评价。按照森林资源的概念,森林资源损失是指一起森林火灾所造成的森林资源损失的价值。包括:①立木资源;②动物资源;③植物资源;④微生物资源;⑤其他资源损失。

直接经济损失,是指一起森林火灾中被烧毁、烧损、烟熏和灭火中破坏、水渍以及森林火灾引起的污染等所造成的损失,主要有:①木材、木制品损失;②固定资产损失;③流动资产损失;④林区农牧业产品损失;⑤防火费用支出等。

(2) 间接经济损失评估

森林火灾所造成的间接经济损失,是指一起森林火灾发生后,因停工、停产、停业所造成的经济损失,以及现场施救、善后处理费用和人员伤亡损失等。

从实践看,森林火灾的间接经济损失远远比直接经济损失要多。因此,世界各国普遍加强了对间接经济损失的研究,美国、英国、日本、澳大利亚等均已对火灾的间接经济损失进行了计算和统计,我国的计算和统计标准也即将出台。

(3) 次生灾害损失评估

森林火灾发生后所导致的水土流失、病害虫害爆发、森林环境恶化、土壤退化、干旱、洪涝、滑坡等次生灾害非常常见，它们对森林、森林生态系统的危害有些甚至超过了森林火灾本身所造成的危害，有些甚至是不可逆的。例如，水土流失、土壤退化、滑坡等次生灾害，不仅可能导致森林退化，而且可能使森林退化为草原，甚至有荒漠化、沙漠化和石漠化的危险。因此，对次生灾害的发生的潜在危险进行评估，对一旦引发了次生灾害可能造成的衍生损失进行评估非常必要，且不可忽视。

2.4 林火评估的方法概述

环境质量评价就是对一定区域内环境质量的优劣进行定量的或定性的描述。

所谓定量描述就是采用一定的方法，把组成环境的最小单位（环境因子）转化为具体的数值，然后按照一定的评价标准（或背景值）和评价方法，对其质量的优劣进行说明、评价和预测。这是环境质量评价中经常采用的比较可靠的评价方法。

所谓定性描述，就是对那些无法转化或没必要转化为具体数值的指标（因子），凭直觉或某些现象进行粗略性的或估计性的评定。在进行初期环境质量评价过程中，或者在要求不高的环境质量评价中经常采用这种评价方法。

2.4.1 历史趋势分析法

分析林火变动的历史趋势的主要目的，在于把一个林火的时间数列和空间资料作为一个整体，用统计方法分析研究林火发生及其影响的发展趋势和规律性。

2.4.1.1 影响林火变动的主要因素

按照林火的发生时间或空间组成的动态数列反映了林火在不同时间或空间的变化，这些变化是由诸多因素影响的结果。这些影响因素大致可分为以下四类：

（1）林火的长期趋势因素

指长期稳定的经常起作用的因素。受长期趋势的影响，动态数列的必然是不断波动的。例如，随着林火管理水平的提高，同一个区域在不同年份中林火的发生次数和受害面积是不同的，但整体趋势必将会逐渐减少。

（2）林火的季节变动趋势

林火的发生和影响很大程度上受到季节的影响，这种影响是确定森林防火期的主要依据。在短时期内季节影响显著，使动态数列产生季节变动。引起季节性变动的原因虽然以自然因素为主导，但人为因素的影响也不可小觑。例如，气候条件、节假日规律和风俗习惯等引起的林火的波动。季节变动趋势在动态数列时距拉大到以年为单位时，可能波动会减小，甚至不明显。

（3）林火的循环变动因素

指某林火发生周期性的涨落起伏的变动，引起循环变动的原因不同，变动周期的长短也不同，常常周期要大于1年。例如，林火的年周期、轮回期。

（4）偶然因素

指目前无法从理论上预知和控制的因素所引起的波动，例如，1987年发生在大兴安岭北部原始林区的"5·6"特大森林火灾,如果要分析受害森林面积,它可能超过许多年份全国的年总和。偶然因素所引起波动的特点,是在短时期内可能表现比较明显,但在较长时间内它的影响可能变得不太明显。人们常常对动态数列进行加工和修匀,以便减弱偶然因素对某林火变化的影响,使其长期的发展变化趋势显现出来。常用的有加工和修匀方法有:时距扩大法、移动平均法和曲线配合法等。

2.4.1.2 林火变动趋势的快速、简洁分析方法

分析变动趋势的方法很多,这里仅介绍快速减弱偶然因素影响的时距扩大法、移动平均法、曲线配合法。

(1) 时距扩大法

动态数列中各项指标受偶然因素影响而形成波动,偶然因素的作用往往是短暂的。如果将原动态数列的时距适当扩大,形成修正后的新的动态数列,其中许多短期作用明显的偶然现象可以相互抵消,从而减弱其影响,呈现其长期发展趋势。

【例 2-1】假设某年全国森林火灾发生次数构成的时间数列见表 2-5,现使用平均值将时距由月扩大到季度,求:以季度为时距构成的森林火灾发生次数数列。

表 2-5 某年全国森林火灾发生次数的月分布

月份	1	2	3	4	5	6	7	8	9	10	11	12
次数	520	522	322	356	430	314	532	526	522	727	554	532

求解:用时距扩大法构成的新的森林火灾发生次数数列见表 2-6。

表 2-6 某年全国森林火灾发生次数的季分布

季 度	一	二	三	四
平均次数	455	367	527	604

分析:原森林火灾发生次数数列的最大值为 727,最小值为 314,极差为 413;用时距扩大法构成的新的森林火灾发生次数数列的最大值为 604,最小值为 367,极差为 237。显然,极大地减小了数列的波动。

时距扩大法的关键在于扩大的时距是否适当。若扩大的时距过短,就不能消除偶然因素的影响。本例中,如果时距确定为 2 个月,新的次数数列最大值为 625,最小值为 339,极差为 286,数列波动的减弱幅度并不理想;如果扩大的时距过长,又会掩盖被研究现象在不同时期发展变化的具体差异,也不能反映现象发展的总趋势。本例中,如果时距确定为半年,新的森林火灾发生次数数列就半年反映夏季火灾较少的特点,总趋势变成了上半年森林火灾多,下半年森林火灾少,而春季也是森林火灾多发期的事实被掩盖了。扩大的时距究竟以多长为宜,要根据被研究对象的具体特点,使修匀后的动态数列能正确反映其发展变化的总趋势来决定。

(2) 移动平均法

这种方法是把原动态数列的时距扩大,然后采用逐项移动的方法,计算扩大时距后的序时平均值。序时通常采用三项、五项或七项(尽可能采用移动奇数个项)求平均。用这些

序时平均值重新编制的动态数列，可以削弱偶然因素和季节因素影响引起的波动，以表现某现象的长期发展变化趋势。

移动时距的选择很关键。移动时距短，反映的波动比较灵敏，但有时偶然因素不能完全排除掉，反映变动总趋势可能不十分明显；移动时距越长，所得修匀数列的变动总趋势就越明显，但它所包含的项数也越少，移动平均趋势就越不完整。

一般来说，对一些带有明显周期性变动的动态数列，其移动时距应与变动周期相一致，以便消除周期性变动的影响；对于没有明显周期性变动的动态数列，其移动时距的长短，应根据数列变动的具体情况，以能明显反映现实变动的总趋势为准。

【例 2-2】 使用例 2-1 中的数据，分别计算三项、五项或七项的序时数列。

求解：三项、五项或七项的序时数列详见表 2-7。

表 2-7　某年全国森林火灾发生次数的三项、五项或七项的序时数列

月份	森林火灾次数	三项移动平均森林火灾次数	五项移动平均森林火灾次数	七项移动平均森林火灾次数
1	520			
2	522	455	430	428
3	322	400	389	429
4	356	369	391	429
5	430	367	432	487
6	314	425	465	515
7	532	457	524	530
8	526	527	572	
9	522	592	572	
10	727	601		
11	554	604		
12	532			

从表 2-7 可以看出，采用三项移动平均所得到的森林火灾次数数列的最大值为 604，最小值为 367，极差为 237；采用五项移动平均所得到的森林火灾次数数列的最大值为 572，最小值为 389，极差为 183；采用七项移动平均所得到的森林火灾次数数列的最大值为 530，最小值为 428，极差为 102。

仅仅从 3 个新的森林火灾次数数列的极差看，好像采用七项移动平均所得到的结果最为理想，但是，这个新数列所表现的是直线增长的变化趋势，显然与原数列的变化趋势不同。这种处理，等于人为地删除了春夏交替时段森林火灾发生次数较多的实际。此外，采用七项移动平均所得到的新数列只有 6 项，较原数列缩减了一半。因此，此例充分说明选择七项这个序时计算移动平均值在这里是不适用的。

三项移动法和五项移动法相比较，尽管两种序时都能够反映出原数列的变化规律，但

是，五项移动法所得的新数列较原数列减少了 4 项，即 12 个月的数据数列变成了 8 个月的数据数列，数列的长度缩短得多了些；而三项移动法所得的新数列较原数列减少了 2 项，即 12 个月的数据数列变成了 10 个月的数据数列。比较而言，选择三项移动法更为合适。

与时距扩大法比较，移动平均法的新数列清除偶然因素影响的效果要好。当然，时距扩大法的新数列虽然很短，但是和人们划分季节的时间段高度吻合，并且计算也更简单些。因此，是采取时距扩大法，还是采取移动平均法，关键要看数列的性质。在前述两例中，如果森林火灾发生的次数对应的不是月份，显然，清除偶然因素带来的影响选择移动平均法更好，更有利于分析森林火灾发生次数的变化趋势。

（3）曲线配合法

将动态数列资料在直角坐标上绘制动态散点图，观察散点分布趋势之后，用适当的数学模型模拟与散点图最接近的趋势曲线，对动态数列的基本趋势进行修匀。

用图形表现统计数据的显著优点是：形象具体，简明生动，一目了然。所以，图形是统计数据的一种重要的表现形式。其作用主要体现在以下几个方面：

① 用图形便于表示现象间的数量对比关系，揭示总体内部结构，显示现象间的相互依存关系，表明现象在时间上的发展和在地区上的分布状况。

② 用图形可对统计数据进行分析，借以反映研究现象变化过程的规律性。

③ 用图示的插补法，可求统计数据缺项的近似值。例如，树高曲线。

④ 看图可以节省阅读数字的时间，能够把枯燥的统计数字表现得生动有趣。

【例 2-3】利用曲线图配合法，分析例 2-1 中发生次数的规律性。

求解：分别绘制全国森林火灾发生次数的散点图和曲线图，详见图 2-1 和图 2-2。

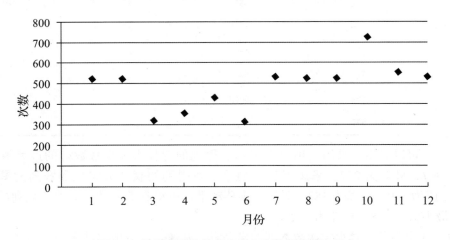

图 2-1　某年全国森林火灾发生次数的月分布散点

分析：仅从表 2-5 的森林火灾发生次数分析历史趋势的话，显然不如配合图 2-1 或图 2-2 去观察更直观，特别是图 2-2，森林火灾发生次数随月份变化的趋势一目了然；不仅可以观察出全年的总体变化趋势，而且一年四季之间的变化趋势、区别与联系也很清晰；同时，各个季节内每个月的变化趋势也可以作出进一步的分析。

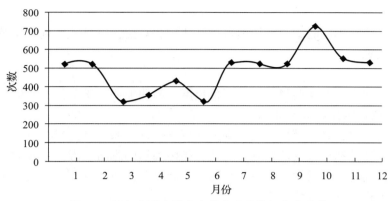

图 2-2　某年全国森林火灾发生次数的月分布曲线

2.4.2　指标体系评估法

指标体系是由若干个评估指标按照内在规律和逻辑结构排列组合而成的有机整体或集合。它一般具备四个基本特征：①集合性特征，即指标体系是具有相互关系的若干个指标的总和；②关联性特征，即指标体系中的各指标之间都是相互联系、相互影响的；③层次性特征，即指标体系由若干个层次构成，层次越低则越具体、越明确；④整体性特征，即指标体系是若干个指标的有机组合体，而不是简单地相加或堆积。

建立科学、合理的指标体系攸关评估结果的正确性，是评估工作的重要内容和基础工作。目前，国内外尚未形成林火评估的指标体系，制约林火评估指标体系构建的关键因素在于：一方面，由于林火及其影响的复杂性，指标体系数目庞杂，人们为追求指标体系的完备性，很难在指标的选择上达成共识；另一方面，由于缺乏科学有效的指标筛选方法，大都是靠评价者的经验选择指标，故存在很大的主观性。

2.4.2.1　指标体系建立应遵循的原则

（1）科学性

运用科学方法对系统的构成特点、相互联系和运动过程，结合工作实际确定所设置的指标名称、含义，以及计算方法，使这些指标均建立在科学的分析基础上。

（2）整体性

确定指标时，不是孤立地就指标本身考虑问题，而是把它放在系统的整体中，从整体考虑单项指标与其他指标的关系。指标体系要能覆盖整个系统，特别是影响发展趋势的重要指标均尽可能纳入。所设指标要有利于系统内各项工作的协调开展。

（3）可行性

指标体系要易于理解，有统计基础，通俗易懂。同时，充分考虑各项指标的数据来源，能定量描述的尽量定量描述，不能定量描述但很重要的指标，也不回避定性描述，但严格控制数量。只有对确实说不清楚的个别指标才可能考虑舍弃。

（4）动态性

系统所承担的任务在全过程中是不断发展变化的，从而反映其特点的指标体系也不是一成不变的。因此，设置指标时，应充分考虑完成任务中的动态变化情况。

(5) 可比性

指标体系应能在不同时间、不同地点进行比较和对照，以反映和判定系统在不同时空条件下的运行状态。

(6) 简洁性

尽量采用有代表性的重要指标作为评价尺度，简明扼要，避免包罗万象。

2.4.2.2 指标筛选的思路与建议

筛选评价指标时，必须遵循一定原则，即可操作性、系统性、科学性、可比性、独立性和稳定性、全面性和可接受性原则。为此，指标筛选的思路一方面应吸收前人研究成果中的优良指标，同时，根据评价对象的结构、功能以及区域特性，提出反应本质内涵的指标，以便科学公正地进行评价工作。

2.4.2.3 指标体系的筛选方法

指标体系的筛选是一项复杂的系统工程，要求评价者对评价指标系统有充分的认识及多方面的知识积累。

目前，筛选指标的方法主要有专家咨询法、层次分析法和频度分析法等。

从相关学科建立指标体系的经验看，多采取专家咨询法和频度分析法相结合进行筛选。首先采取频度分析法，从国内外众多研究文献及国内各生态观测站资料中，对各种指标进行统计分析，选择那些使用频度较高的指标；同时，结合我国该学科或领域的背景特征、主要问题以及不同区域的条件等，进行分析、比较、综合，选择那些针对性较强的指标；在此基础上，征询有关专家意见，对指标进一步筛选及调整，并最终得到基本达成共识的指标体系。

2.4.2.4 实例应用

中国森林生态系统服务功能评估指标体系值得构建林火评估指标体系借鉴。该指标体系共包括 8 个类别 14 个评估指标（表 2-8），并分别构建了森林生态系统服务功能实物量评估计算公式和森林生态系统服务功能价值量评估计算公式。

表 2-8 森林生态系统服务功能评估指标体系

指标体系名称	类 别	指 标
森林生态系统服务功能评估指标体系	涵养水源	调节水量
		净化水质
	保育土壤	固土
		保肥
	固碳释氧	固碳
		释氧
	积累营养物质	林木营养积累
	净化大气环境	提供负离子
		吸收污染物
		降低噪声
		滞尘
	森林防护	森林防护
	生物多样性保护	物种保育
	森林游憩	森林游憩

(1) 森林生态系统服务功能实物量评估公式及参数设置

调节水量：

$$G_{调} = 10A(P - E - C) \tag{2-1}$$

式中，$G_{调}$ 为林分调节水量功能(m^3/a)；P 为年降水量(mm/a)；A 为林分面积(hm^2)；E 为林分年蒸发散量(mm/a)；C 为年地表径流量(mm/a)。

固土保肥：

$$G_{固土} = A(X_2 - X_1) \tag{2-2}$$

$$G_N = AN(X_2 - X_1) \tag{2-3}$$

$$G_P = AP(X_2 - X_1) \tag{2-4}$$

$$G_K = AK(X_2 - X_1) \tag{2-5}$$

式中，$G_{固土}$ 为林分年固土量(t/a)；X_1 为林地土壤年侵蚀模数[$t/(hm^2·a)$]；A 为林分面积(hm^2)；X_2 为无林地土壤年侵蚀模数[$t/(hm^2·a)$]；G_N 为减少的氮年流失量(t/a)；N 为土壤氮含量(%)；G_P 为减少的磷年流失量(t/a)；P 为土壤磷含量(%)；G_K 为减少的钾年流失量(t/a)；K 为土壤钾含量(%)。

植被固碳：

$$G_{植被固碳} = 1.63 R_{碳} A B_{年} \tag{2-6}$$

式中，$G_{植被固碳}$ 为植被年固碳量(t/a)；$R_{碳}$ 为 CO_2 中的碳含量(为27.27%)；A 为林分面积(hm^2)；$B_{年}$ 为林分的年净生产力[$t/(hm^2·a)$]。

土壤固碳：

$$G_{土壤固碳} = A F_{土壤} \tag{2-7}$$

式中，$G_{土壤固碳}$ 为土壤年固碳量(t/a)；A 为林分面积(hm^2)；$F_{土壤}$ 为单位面积林分土壤年固碳量[$t/(hm^2·a)$]。

释氧：

$$G_{氧气} = 1.19 A B_{年} \tag{2-8}$$

式中，$G_{氧气}$ 为林分年释氧量(t/a)；A 为林分面积(hm^2)；$B_{年}$ 为林分的年净生产力[$t/(hm^2·a)$]。

固氮量：

$$G_{氮} = A N B_{年} \tag{2-9}$$

式中，$G_{氮}$ 为林分年固碳量(t/a)；A 为林分面积(hm^2)；N 为林木氮元素含量(%)；$B_{年}$ 为林分的年净生产力[$t/(hm^2·a)$]。

固磷量：

$$G_{磷} = A P B_{年} \tag{2-10}$$

式中，$G_{磷}$ 为林分年固磷量(t/a)；A 为林分面积(hm^2)；P 为林木磷元素含量(%)；$B_{年}$ 为林分的年净生产力[$t/(hm^2·a)$]。

固钾量：

$$G_{钾} = A K B_{年} \tag{2-11}$$

式中，$G_{钾}$ 为林分年固钾量(t/a)；A 为林分面积(hm^2)；K 为林木钾元素含量(%)；

$B_年$ 为林分的年净生产力 [t/(hm²·a)]。

负离子生产量：

$$G_{负离子} = 5.256 \times 10^{15} Q_{负离子} AH/L \quad (2-12)$$

式中，$G_{负离子}$ 为林分年提供负离子个数（个/a）；$Q_{负离子}$ 为林分负离子浓度（个/m³）；A 为林分面积（hm²）；H 为林分平均高度（m）；L 为负离子的寿命（min）。

二氧化硫吸收量：

$$G_{二氧化硫} = Q_{二氧化硫} A \times 10^{-3} \quad (2-13)$$

式中，$G_{二氧化硫}$ 为林分年吸收二氧化硫量（t/a）；$Q_{二氧化硫}$ 为单位面积林分吸收二氧化硫量 [kg/(hm²·a)]；A 为林分面积（hm²）。

氟化物吸收量：

$$G_{氟化物} = Q_{氟化物} A \times 10^{-3} \quad (2-14)$$

式中，$G_{氟化物}$ 为林分年吸收氟化物量（t/a）；$Q_{氟化物}$ 为单位面积林分吸收氟化物量 [kg/(hm²·a)]；A 为林分面积（hm²）。

氮氧化物吸收量：

$$G_{氮氧化物} = Q_{氮氧化物} A \times 10^{-3} \quad (2-15)$$

式中，$G_{氮氧化物}$ 为林分年吸收氮氧化物量（t/a）；$Q_{氮氧化物}$ 为单位面积林分吸收氮氧化物量 [kg/(hm²·a)]；A 为林分面积（hm²）。

重金属吸收量：

$$G_{重金属} = Q_{重金属} A \times 10^{-3} \quad (2-16)$$

式中，$G_{重金属}$ 为林分年吸收重金属量（t/a）；$Q_{重金属}$ 为单位面积林分吸收重金属量 [kg/(hm²·a)]；A 为林分面积（hm²）。

滞尘：

$$G_{滞尘} = Q_{滞尘} A \times 10^{-3} \quad (2-17)$$

式中，$G_{滞尘}$ 为林分年滞尘量（t/a）；$Q_{滞尘}$ 为单位面积林分年滞尘量 [kg/(hm²·a)]；A 为林分面积（hm²）。

此外，林分降低噪声量由森林生态站直接测定（dB）。森林防护则分别农田防护林和防风固沙林折算，农田防护林的防护实物量可折算为农作物产量，防风固沙林可折算为牧草产量（t/a）。

（2）森林生态系统服务功能价值评估公式及参数设置

由康永祥等著的《陕西省森林生态系统服务功能及其评估》（2010）一书中，详细介绍了森林生态系统服务功能价值评估公式及参数设置，可供参阅。

2.4.3 权重赋值比较法

权重，又称为权数、权值，它是人们面对多种指标时对指标相对重要性的评估值或者该指标对综合指标的影响程度的认识。权重取值范围一般定在 [0, 1] 区间，多种指标权重值之和为1。

确定权重的方法最常用的有以下3种。

2.4.3.1 个人直接确定权值

由个人直接确定权值,不需要征询别人的意见,也不需要采用计算、分析方法。这种方法非常适合在个人技术活动领域使用,也比较经济。

2.4.3.2 专家评分法确定权值

专家评分法是根据专家经验与个人判断,把定性转为定量的一种评估方法。即先根据评估对象的具体要求选定若干评估指标,再根据评估指标定出评估标准,各有关专家以此为标准分别给予一定的分数值(5分制或100分制)并汇总,最后以各个方案得分多少为序评估损失的大小。

专家评分赋值法主要适用于对森林火灾损失的预评估。专家评分赋值法在实践中有多种,最常用的是加权评分法,它是根据评估指标的重要程度分别给予权数,以突出评估重点,然后观察加权平均后的分值,并根据每一分值代表多少损失来求得总损失的一种评估方法。加权平均法的分值计算公式为:

$$D = \sum_{i=1}^{n} d_i W_i \tag{2-18}$$

式中,D 为指标的总分;d_i 为第 i 个指标所得的分数;i 为指标的个数;W_i 为第 i 个指标的权数,$0 \leq W_i \leq 1$。

需要指出的是,应用加权评分法的难点主要是权数不易确定,它还有待于在实践中做进一步的探索。

2.4.3.3 层次分析法确定权值

层次分析法(analytic hierarchy process,AHP)是在20世纪70年代由美国运筹学家 T·L·萨迪(T. L. Saaty)提出的用于多因素评价和决策中确定因素权重的重要方法。

层次分析法是一种能够将定性分析与定量分析相结合的系统分析方法。在进行系统分析时,人们经常会碰到这样一类情况,有些问题难以甚至根本不可能建立数学模型进行定量分析;也可能由于时间紧迫,对有些问题还来不及进行过细的定量分析,只需做出初步的选择和大致的判断就行了。例如,选择一个新的森林防火物资库的地点,购买一些重要设备,确定到哪里去调查等,这时应用层次分析法进行分析,就可以简便而迅速地解决。

(1) 层次分析法的特点

① 它运用系统分析思想把复杂的问题分成若干层次,每个层次分成若干方面,从而构成一个互相联系的层次体系。

② 它采用成对比较方法,对每一层次的各个因素进行比较,把各个因素的相对重要性予以定量化,运用规定计算方法确定各因素权重。

③ 它采用一致性检验,以保证评价人的思维判断前后一致。

(2) 运用层次分析法时要注意以下几个方面的问题

① 构造合适的层次结构 把复杂的问题分解、分析、整理后,再把这些问题按属性不同分成若干组,以形成不同的层次。层次合理与否非常重要,如果把某一问题的层次上下位置放置有误,其权重就会发生10倍数量级的变化。除此以外,层次构造要充分征求专家的意见,保证层次的合理、正确。

② 注意标度的合理性 标度方法会影响到一致性、累积效应、判断信息的损失程度等,在没有相应理论支撑的前提下,一般不可随便使用其他标度方法。

③ 注意是否会产生逆序　在所要进行的评估中，可能会出现这样的基本指标（或因素），放在某一准则下可以，放在另一准则下似乎也很合适。只要有这种改变，就会出现因素的导入（或去除）问题。出此。分析时要注意是否出现了逆序，出现与不出现都可能是正确的或错误的。所以，不管逆序出现与否都应认真分析其结果。

(3) 应用层次分析法解决问题的思路

首先，把要解决的问题分层系列化，即根据问题的性质和达到的目标，将问题分解为不同的组成因素，按照因素之间的相互影响和隶属关系将其分层聚类组合，形成一个递阶的、有序的层次结构模型。

其次，对模型中每一层次因素的相对重要性，依据人们对客观现实的判断给予定量表示，再利用数学方法确定每一层次全部因素相对重要性次序的权值。

最后，通过综合计算各层因素对重要性的权值，得到最低层（方案层）相对于最高层（总目标）的相对重要性次序的组合权值，以此作为评价和选择方案的依据。

层次分析法将人们的思维过程和主观判断数学化，不仅简化了系统分析与计算工作，而且有助于决策者保持其思维过程和决策原则的一致性，所以，对于那些难以全部量化处理的复杂的社会经济问题，它能得到比较满意的决策结果。

(4) 层次分析法的步骤

用层次分析法分析问题大体要经过以下 5 个步骤：第一步，建立层次结构模型；第二步，构造判断矩阵；第三步，层次单排序；第四步，层次总排序；第五步，一致性检验。其中，后 3 个步骤在整个过程中需要逐层地进行。

第一步，建立层次结构模型

运用层次分析法进行系统分析，首先要将所包含的因素分组，每一组作为一个层次，按照最高层、中间层和最底层的形式排列起来。

第二步，构造判断矩阵

任何系统分析都以一定的信息为基础。层次分析法的信息基础主要是人们对待层次各因素的相对重要性给出的判断。这些判断用数值表示出来，写成矩阵形式就是判断矩阵。判断矩阵是层次分析法工作的出发点。构造判断矩阵是层次分析法关键的一步。

判断矩阵表示针对上一层次某因素而言，本层次与之有关的各因素之间的相对重要性。假定 A 层中有因素 A_k 与下一层次中因素 $B_1, B_2, \cdots, B_n$ 有联系，则我们构造的判断矩阵见表 2-9。

表 2-9　判断矩阵

A_k	B_1	B_2	$\cdots$	B_n
B_1	b_{11}	b_{12}	$\cdots$	b_{1n}
B_2	B_{21}	B_{22}	$\cdots$	B_{2n}
$\vdots$	$\vdots$	$\vdots$	$\cdots$	$\vdots$
B_n	B_{n1}	B_{n2}	$\cdots$	B_{nn}

其中，b_{ij} 是对于 A_k 而言，B_i 对 B_j 的相对重要性的数值表示，通常，b_{ij} 取 1，2，3，…，9 及它们的倒数，含义为：

$b_{ij}=1$，表示 B_i 与 B_j 一样重要；
$b_{ij}=3$，表示 B_i 比 B_j 重要一点(稍微重要)；
$b_{ij}=5$，表示 B_i 比 B_j 重要(明显重要)；
$b_{ij}=7$，表示 B_i 比 B_j 重要得多(强烈重要)；
$b_{ij}=9$，表示 B_i 比 B_j 极端重要(绝对重要)；
它们之间的数 2、4、6、8 及各数的倒数具有相似的类似意义。

采取 1~9 的比例标度的依据是：其一，心理学的实验表明，大多数人对不同事物在相同属性上差别的分辨能力在 5~9 级之间，采用 1~9 的标度反映了大多数人的判断能力；其二，大量的社会调查表明，1~9 的比例标度早已为人们所熟悉和采用；其三，科学考察和实践表明，1~9 的比例标度已完全能够区分引起人们感觉差别的事物的各种属性。

显然，任何判断矩阵都应满足：

$$b_{ij}=1, \quad b_{ij}=1/b_{ji} \quad (i,j,k=1,2,\cdots,n) \tag{2-19}$$

因此，对于 n 阶判断矩阵，仅需要对 $n(n-1)/2$ 个矩阵元素给出数值。

第三步，层次单排序

所谓层次单排序是指，根据判断矩阵计算对于上一层某因素而言，单层次与之有联系的因素的重要性次序的权值。它是本层次所有因素相对上一层次而言的重要性进行排序的基础。

层次单排序可以归纳为计算判断矩阵的特征根和特征向量问题，即对判断矩阵 B，计算满足 $BW=\lambda_{\max}W$ 的特征根与特征向量，式中 $\lambda_{\max}$ 为 B 的最大特征根，W 为对应于 $\lambda_{\max}$ 的正规化特征向量，W 的分量 W_i 即相应因素单排序的权值。

为了检验矩阵的一致性，需要计算它的一致性指标 CI，定义如下：

$$CI=\frac{\lambda_{\max}-n}{n-1} \tag{2-20}$$

显然，当判断矩阵具有完全一致性时，$CI=0$；$\lambda_{\max}$ 愈大，CI 愈大，矩阵的一致性愈差。

为了检验判断矩阵是否具有满意的一致性，需要将 CI 与平均随机一致性指标 RI 进行比较。对于 1~9 阶矩阵，RI 分别见表 2-10。

表 2-10　1~9 阶矩阵的平均随机一致性指标

阶数	1	2	3	4	5	6	7	8	9
RI	0	0	0.58	0.90	1.12	1.24	1.32	1.41	1.45

对于 1、2 阶判断矩阵，RI 只是形式上的，按照我们对判断矩阵所下的定义，1 阶、2 阶判断矩阵总是完全一致的。当阶数大于 2 时，判断矩阵的一致性指标 CI，与同阶平均随机一致性的指标 RI 之比称为判断矩阵的随机一致性比例，记为 CR，当 $CR/RI<0.10$ 时，判断矩阵具有满意一致性；否则就需要对判断矩阵进行调整。

第四步，层次总排序

利用同一层次中所有层次单排序的结果，就可以计算针对上一层次而言，本层次所有因素重要性的权值，这就是层次总排序。

层次总排序需要从上到下逐层顺序进行。对于最高层下面的第二层，其层次单排序即为总排序。假定上一层次所有因素 A_1，A_2，$\cdots$，A_m 的总排序已完成，得到的权值分别为 a_1，a_2，$\cdots$，a_m，与 a_i 对应的本层次因素 B_1，B_2，$\cdots$，B_n，单排序的结果为：b'_1，b'_2，$\cdots$，b'_n。

这里，若 B_j 与 A_i 无关，则列 $b'_j = 0$，层次总排序见表 2-11。

表 2-11 层次总排序

层次 A	A_1	A_2	$\cdots$	A_m	B 层次的总排序
	a_1	a_2	$\cdots$	a_m	
B_1	b_1^1	b_1^2	$\cdots$	b_1^m	$\sum_{i=1}^{m} a_i \cdot b_1^i$
B_2	b_2^1	b_2^2	$\cdots$	b_2^m	$\sum_{i=1}^{m} a_i \cdot b_2^i$
$\cdots$	$\cdots$	$\cdots$			
B_{n1}	b_n^1	b_n^2	$\cdots$	b_n^m	$\sum_{i=1}^{m} a_i \cdot b_n^i$

显然

$$\sum_{i=1}^{n} \sum_{i=1}^{m} a_i b_n^i = 1 \qquad (2\text{-}21)$$

即，层次总排序仍然是归一化正向量。

第五步，一致性检验

为评价层次总排序的计算结果的一致性如何，需要计算与单排序类似的检验量。

$$CI = \sum_{i=1}^{m} a_i CI_i \qquad (2\text{-}22)$$

$$RI = \sum_{i=1}^{m} a_i RI_i \qquad (2\text{-}23)$$

式中，CI 为层次总排序一致性指标；CI_i 为与 a_i 对应的 B 层次中判断矩阵的一致性指标；RI 为层次总排序平均随机一致性指标；RI_i 为与 a_i 对应的 B 层次中判断矩阵的平均随机一致性指标。

CR 为层次总排序随机一致性比例，表达式为：

$$CR = \frac{CI}{RI} \qquad (2\text{-}24)$$

同样，当 $CR \leqslant 0.10$ 时，认为层次总排序的计算结果具有满意的一致性。

（5）层次分析法的计算方法

层次分析法计算的根本问题是如何计算判断矩阵的最大特征根 λ_{max} 及其对应的特征向量 W。为了简化计算，通常可采用近似方法——和积法计算，计算步骤如下：

① 将判断矩阵每一列正规化

$$\bar{b}_{ij} = \frac{b_{ij}}{\sum_{k=1}^{n} b_{ki}} \quad (i, j = 1, 2, \cdots, n) \qquad (2\text{-}25)$$

② 每一列经正规化后的判断矩阵按照行相加

$$\overline{W}_i = \sum_{i=1}^{n} \overline{b}_{ij} \quad (j = 1, 2, \cdots, n) \tag{2-26}$$

③ 对向量 $\overline{W} = [\overline{W}_1, \overline{W}_2, \cdots, \overline{W}_n]^T$ 正规化

$$W = \frac{\overline{W}_i}{\sum_{j=1}^{n} \overline{W}_i} \quad (i = 1, 2, \cdots, n) \tag{2-27}$$

所得到的 $\overline{W} = [\overline{W}_1, \overline{W}_2, \cdots, \overline{W}_n]^T$ 即为所求特征向量。

④ 计算判断矩阵最大特征根 λ_{max}

$$\lambda_{max} = \sum_{i=1}^{n} \frac{(AW)_i}{nW_i} \tag{2-28}$$

式中，$(AW)_i$ 为向量 AW 的第 i 个分量。

层次分析法的应用举例详见"第 5 章 森林火灾扑救评估技术和方法——灾中评估"。

2.4.4 灾变模型评价法

地球的运动和变化是以渐变与突变二种方式交替进行的，因此自然灾害也具有突发性与渐变性，作为自然灾害之一的森林火灾更是如此。

突发性灾害是当地球各圈层的能量积累到一定程度后突然释放爆发而形成的，一般强度大、过程短、破坏严重，但影响范围相对较小，如地震、火山、崩塌等。自然界物质运动往往由其他因素触动，而突然进入高速位移运动。在人类认识水平和技术能力比较低下的时代，常赋予这类突然发生的物质急剧运动以神秘色彩。

渐变性灾害的特点是能量的积累与释放往往有一个相当长的时间，虽然在一个较短时间内其强度不高，破坏力不大，但往往持续时间较长，可延续几天、几年甚至几百年之久，而且不断发展累进，它通常不易为人们直观所察觉，或者没有意识到它会突破临界限度，人们常常对即将发生的急剧物质运动无以设防。所以渐变性灾害的危害面积很大、时间长，对人类社会的影响常常更为深远、严重。例如，气候变化、水土流失、土地荒漠化、海水入侵、地面沉降等。

自然灾害的渐变性和突发性实质上是量变到质变的过程，渐变是量的积累过程，当"量"积累到一定的程度必然会发生"质"的变化，即由渐变性转化成突发性。但不同地区、不同时间发生的各种灾害事件都有着不同的发生基础、触发因素以及成灾背景，所以必须选择过去发生的典型自然灾害事例进行实地调查，除了一一判定灾害事件的发生基础、触发因素、致灾的物质运动以及成灾背景之外，还要确定成灾范围及灾情的变化、已有减灾措施所起的作用及其实际效益等。灾变模型评价法就是解决此类问题非常有效的手段和方法之一。

灾变是指自然变异的程度或破坏能力，可有两种涵义：一是指导致自然灾害发生的致灾因子的强度或能量，如震级、风级、降水强度等；二是指直接作用于受灾体后由受灾体所感受到的自然变异的强度，如地震烈度、洪水淹没深度等。

自然灾害的危险性程度，基本上是由两个因子决定的：一是灾变强度或对受灾体的破

坏能力；二是灾变发生的频次或概率。一般而言，灾变强度越大，频次越多，灾害危险程度越高。但是灾害种类不同，特点不同，表现的危险程度也有很大差异的。为了最终能使自然灾害在区域性灾变评价中具有可比性并能够加以综合，通常采用灾变指数表示。其表达式为：

$$Z(b) = \sum_{j=1}^{n_1} \sum_{i=1}^{n_2} A_i n_{ij} q \tag{2-29}$$

式中，$Z(b)$ 为灾变指数；q 为灾变强度；n_1 为同一强度等级的灾害发生次数；n_2 为灾害种类数目；j 为灾害强度等级；i 为灾害种类；A 为某类灾害强度的权重值。

我国森林防火先驱之一的王正非提出的火烈度可以视为森林火灾灾变模型。火烈度的意义与地震烈度相似，在同样的火强度下，林型、树种、树龄不同，森林破坏的程度也不同。为了定量描述火灾过后林分的损失程度，火烈度指标可用每公顷可能烧死株数占总株数的百分比 P 表示。

一般来说，火强度越大，火烈度也越大。但对于不同的树种，在相同的火强度下，其烧伤程度很不一样，因此，还引入树种的抗火系数 (b)。根据实验和有关量纲理论，火烈度的计算公式为：

$$P = \frac{bI}{R^{0.5}} \tag{2-30}$$

也就是说，单位面积上树木烧死的比例 $P(\%)$ 与火强度 (I) 成正比，与火蔓延速度 (R) 的平方根成反比。树种之间的差异由 b 值调控。

火烈度的另一种表示方法是以火烧后林木死亡株数变化来表示：

$$P(\%) = [(n_0 - n_1)/n_0] \times 100 \tag{2-31}$$

火烈度等级的划分见表 2-12。当发生温度骤变、降水和植物返青等情况时，对指标等级应作适当订正。

表 2-12　火烈度查定表（兴安落叶松，林龄 20 年以上）

火烈度等级	平均烧死株数百分比(%)	平均保留株数百分比(%)	平均损失株数百分比(%)	宏观损失	火性质	对策
Ⅰ	0~5	95~100	5~0	无损失	轻微地表火	实施规定火烧或营林用火
Ⅱ	6~20	80~94	6~20	1~2 年影响林木生长	一般地表火	在稳定天气，可进行规定火烧或营林用火
Ⅲ	21~40	60~79	21~40	部分树种更替	地表火、树干火	实行戒严的界限
Ⅳ	41~80	20~59	41~80	树种全部更替	树干火、部分树冠火	尽一切努力防止林火发生
Ⅴ	81~100	0~19	81~100	近似毁灭性	狂燃大火	禁止野外一切用火

2.4.5　影响因子分析法

相关因子的异常变化对于灾害事件的发生所起的作用可以是主要的或次要的、直接的或间接的、明显的或隐含的、单极的或多极的、稳定的或多变的等多种方式。对灾害事件相关因子的比较分析，一是用数学、统计学等方法和手段对灾害事件发生的时间与强度量级等方面，去比较先验相关因子的对应性、滞后性、或然性；二是比较分析相关因子的相关机制问题。

从致灾的角度看，自然环境与自然条件是各种灾害形成的主要原因或重要的背景因素。例如，包括森林火灾在内的诸多气象灾害便是气候(天气)变化异常的结果。森林火灾发生在开放的森林生态系统中，主要受森林可燃物、火源和火环境三个方面的影响。而森林可燃物的复杂性、森林火源的复杂性和森林火环境的复杂性，使得影响林火发生和蔓延的因子异常复杂。要做到对林火的评估客观、公正，并非考虑的因子越全越好，必须选择适当的技术手段和方法，找出主要因子和次要因子，即要抓住主要矛盾，才能真正地解决实际问题。

影响因子分析又称为影响因素分析，是在质与量辩证统一和定性分析基础上，定量地分析受多种因素影响的现象总变动中各个因素的影响程度和影响方向。

因素分析的方法主要有：因素比较分析法、连锁替代分析法、指数因素分析法、增量因素分析法、因素分配分析法、微积分因素分析法、相关和回归因素分析法、生产函数因素分析法、主成分因素分析法等。在林火评估中，由于影响因素较多，相关和回归因素分析法、主成分因素分析法频繁被使用，它们涉及较多的统计学知识，可以查阅相关文献，这里不再赘述。

2.4.6 森林资源资产相关的评估方法

林木资产是森林资源资产的主体，也就成为森林资源资产评估的重点。林木资产评估的基本方法有4类，即市价法、收益现值法、成本法和清算价格法。这几类方法在我国的林木资产评估实践中已经得到了不同程度的应用，许多专家学者也对此进行了研究和探讨。

2.4.6.1 市价法

林木资产评估的市价法是指根据被评估林木资产的现行市价或类似的林木资产的现行市价来评定估算待评估林木资产价值的一种评估方法。根据不同的评估对象，市价法又可以细分为市场价倒算法和现行市价法两种。

(1) 市场价倒算法

林木资产评估的市场价倒算法是评估人员对林木资产评估作价时常用的一种间接评估法，这种方法是指从被评估的林木资产采伐后所获得的木材销售总收入中，扣除木材采伐和销售阶段所耗费的有关成本费用和各种税、金、费，以及按照社会平均利润率计算的木材采伐和销售阶段应该获得的合理利润后剩余的部分，作为林木资产的评估价值。也就是说，这种评估方法是通过木材的市场销售价格来倒推计算活立木资产的价格。正因为如此，在评估实务中经常将该方法直接称为木材市场价格倒算法。其计算公式为：

$$V_n = W - C - F \qquad (2\text{-}32)$$

式中，V_n为n年林木资产的评估价格；W为木材销售总收入；C为木材采伐和销售阶段所耗费的有关成本、费用和各种税费；F为木材采伐和销售阶段应该获得的合理利润。

(2) 现行市价法

林木资产评估的现行市价法是指通过广泛的市场调查，在现行市场上选择若干与被评估对象相同或类似的林木资产作为评估参照物，并将评估对象与参照物之间进行对比分析，对两者之间在林分质量、交易条件、交易价格等方面的差异进行分析调整，从而确定被评估林木资产评估价值的一种评估方法。该方法的具体计算公式为：

$$V_n = KK_P GM \tag{2-33}$$

式中，V_n 为 n 年生林木资产的评估价值；K 为林分质量综合调整系数（根据林木生长的基本状况、地力等级、地位等级等多个因素综合评定，下同）；K_P 为物价指数调整系数；G 为参照物单位蓄积的市场交易价（元/m³）；M 为被评估林木资产的蓄积。

2.4.6.2 收益现值法

收益现值法是指将被评估林木资产在剩余寿命期间的预期收益，用适当的折现率折算成现值，然后累加求总得出评估基准日时被评估林木资产价值的一种评估方法。收益现值法又可根据不同的估算方式进一步细分为收获现值法、收益净现值法和年金资本化法等 3 种。

(1) 收获现值法

林木资产评估的收获现值法是指利用已编制好的森林收获表来预测和估算被评估林木资产在主伐时预期可实现的纯利益的折现值，加上间伐时纯收益的折现值，再扣除评估之后到实际主伐期间所支付的各项成本费用的折现值后的差额，作为待评估林木资产的评估价值。其计算公式为：

$$V_n = K \times \frac{A_u + D_a(1+P)^{u-a} + D_b(1+P)^{u-b} + \cdots}{(1+P)^{u-n}} - \sum_{i=n}^{u} \frac{C_i}{(1+P)^{i-n+1}} \tag{2-34}$$

式中，V_n 为 n 年生林木资产的评估价值；K 为林分质量综合调整系数；A_u 为标准林分 u 年主伐时的纯收益；D_a、D_b 为标准林分第 a、b 年的间伐纯收益；C_i 为评估后到主伐期间每年所支付的各种成本费用，主要为森林管护费用；u 为林木经营期；n 为林分年龄；P 为利率（一般根据当地营林投资的平均收益率计算确定）。

(2) 收益净现值法

林木资产评估的收益净现值法是指首先分别计算出被评估林木资产在剩余寿命期间内各年的净收益，然后再将这些净收益按一定的折现率折算为现值，最后累加求和并将其作为林木资产的评估价值。其计算公式为：

$$V_n = \sum_{i=n}^{u} \frac{A_i - C_i}{(1+P)^{i-n+1}} \tag{2-35}$$

式中，V_n 为 n 年生林木资产的评估价值；n 为林分年龄；u 为预计经营周期；A_i 为预计林木资产第 i 年收入；C_i 为预计林木资产第 i 年成本费用；P 为折现率。

(3) 年金资本化法

林木资产评估的年金资本化法是指将被评估林木资产每年的稳定纯收益作为林木经营过程中所投入资本的收益，并按照适当的投资收益率来计算林木资产评估价值的一种方法。其计算公式为：

$$V_n = A/P \tag{2-36}$$

式中，V_n 为 n 年生林木资产的评估价值；A 为林木资产的年平均纯收益；P 为投资收益率。

2.4.6.3 成本法

成本法是林木资产评估的重要方法，它是以林木资产的现时或历史成本为基础来评定估算被评估林木资产价值大小的一类方法。这类方法按照评估依据的不同，可细分为重置成本法、历史成本调整法和序列需工数法 3 种。

(1) 重置成本法

重置成本法是林木资产评估实务中经常使用的一种方法，该方法是将按照评估基准日时的工价及生产技术水平，重新营造一块与被评估林木资产相同或类似的林分所需的成本费用，作为被评估林木资产的评估值。其计算公式为：

$$V_n = K \sum_{i=1}^{n} C_i (1 + P)^{n-i+1} \tag{2-37}$$

式中，V_n 为 n 年生林木资产的评估价值；K 为林分质量综合调整系数；C_i 为第 i 年以评估基准日工价及生产水平为标准计算的生产成本；n 为林分的年龄；P 为利率。

(2) 历史成本调整法

林木资产评估的历史成本调整法是指以被评估林木资产在其生产经营过程中所投入的各项历史成本为基础，并充分考虑各项成本费用发生时与评估基准日之间物价指数的变化情况，在此基础上确定被评估林木资产的评估价值的一种方法。其计算公式为：

$$V_n = K \sum_{i=1}^{n} C_i \frac{B}{B_i} (1 + P)^{n-i+1} \tag{2-38}$$

式中，V_n 为 n 年生林木资产的评估价值；K 为林分质量综合调整系数；C_i 为第 i 年投入的实际成本；B 为评估基准日的物价指数；B_i 为实际投入时的物价指数；P 为投资收益率；n 为林分年龄。

(3) 序列需工数法

序列需工数法是重置成本法的一种变形，它是以评估基准日时的日工价(包括各种料、工、费在内)与待评估林木资产生产经营过程中各个工序平均需工数的乘积，再加上林地使用费后的总额，作为林木资产的评估价值。其计算公式为：

$$V_n = K \sum_{i=1}^{n} N_i B (1 + P)^{n-i+1} + \frac{R[(1 + P)^n] - 1}{P} \tag{2-39}$$

式中，V_n 为 n 年生林木资产的评估价值；K 为林分质量综合调整系数；N_i 为第 i 年的序列需工数；i 为林木经营过程中实际发生投资的序列年份；B 为评估基准日期包括各种料、工、费在内的工日价；R 为每年的林地使用费；P 为投资收益率；n 为林分年龄。

2.4.6.4 清算价格法

林木资产评估的清算价格法是指在林木资产经营单位因种种原因需要进行清算时，根据该林木资产的变现价格来确定其评估价的一种评估方法。该方法总的思路是，首先针对待评估林木资产的实际情况，采用林木资产评估的一般方法进行评定估算，然后再按照快速变现的原则，结合林木资产市场的供需状况确定一个合适的折扣系数，对按照一般方法评估出来的林木资产价值进行折扣，从而最终确定被评估林木资产的清算价格。其计算公式为：

$$V_0 = D_0 V_n \tag{2-40}$$

式中，V_0 为林木资产的清算价值；D_0 为折扣系数；V_n 为按照正常评估方法计算出来的 n 年生林木资产的评估价值。

思考题

（一）基本概念

1. 经常性调查和一次性调查
2. 普遍调查法
3. 抽样调查法
4. 实验调查法
5. 追溯调查法
6. 总体和样本
7. 总体单元
8. 样本单元
9. 总体容量
10. 样本容量
11. 可靠性
12. 精度
13. 抽样误差
14. 非抽样误差
15. 抽样技术
16. 平行实验
17. 连续实验
18. 实验的前检测
19. 实验激发
20. 实验的后检测
21. 时距扩大法
22. 移动平均法
23. 曲线配合法
24. 权重赋值比较法
25. 专家评分法
26. 层次分析法
27. 灾变指数
28. 市场价倒算法
29. 收益现值法
30. 清算价格法

（二）问答题

1. 简述林火调查与评估的基本原则。
2. 简述林火调查与评估的主要内容。
3. 林火调查与评估中常用的指标转换方法有哪几种？
4. 完整的调查表格由哪几部分构成？
5. 简述野外调查表格的主要要求。
6. 简述踏查的基本要求。
7. 简述踏查中常用的方法。
8. 简述在火烧迹地中设置标准地的基本要求。
9. 简述问卷调查的工作流程。
10. 问卷调查设计中应侧重哪几个方面的内容？
11. 普查的主要形式有哪几种？各自有什么特点？各自的适应条件？
12. 普遍调查应遵循什么原则？
13. 抽样调查有什么特点？在哪些方面优于普遍调查？
14. 影响抽样误差大小的主要因素有哪些？
15. 在其他条件相同的情况下，抽样误差与抽样数目的大小是什么关系？
16. 确定样本大小时应考虑哪几个方面的因素？
17. 抽取样本的技术由哪几个基本部分组成？
18. 简述普遍调查、抽样调查法的特点与联系。
19. 实验调查法按照调查的结构性质、目的、环境和组织方式进行分类，可以分为哪些类型？
20. 实验调查方法的实验步骤通常分哪几步？
21. 追溯研究有哪些特点和主要缺点？
22. 林火评估分类中，根据林火评估的内容可以分哪几类？

23. 林火评估分类中，根据林火孕育与发展过程可以分哪几类？
24. 林火评估分类中，根据森林火灾影响的层次可以分哪几类？
25. 影响林火变动(趋势)的主要因素有哪几种？
26. 假设某年某省森林火灾发生次数构成的时间数列如下表，使用平均值将时距由月扩大到季度，用时距扩大法计算该省以季度为时距构成的森林火灾发生次数数列。

某年某省森林火灾发生次数的月分布表

月份	1	2	3	4	5	6	7	8	9	10	11	12
次数	130	122	100	110	90	50	53	56	90	127	154	53

27. 使用移动平均法对第 26 题的数据进行整理，分析该省该年度森林火灾发生次数采用三项移动平均法和五项移动平均法的优劣。
28. 用曲线配合法分析第 26 题的数据变动趋势。
29. 指标体系评估法中，指标体系建立应遵循哪些原则？
30. 简述应用层次分析法解决问题的思路和步骤。
31. 林木资产评估的基本方法有哪几类？

第 3 章

森林火灾灾后调查与建档

3.1 起火点勘察方法与技术

森林火灾发生后,查找火源,判断火场的起火地点,是森林火灾案件查处的关键。一些森林火灾案件得不到查处,很多情况下就是没能正确地判断火场的起火地点,没有查找到火源。有些发生在省、地、县以及乡、镇、村边界地带的森林火灾,因不能正确地判断火场的起火点,常引起争议,甚至引起纠纷或诉讼,严重地干扰了各级政府的正常工作和社会治安。

森林火灾发生后,原始现场往往因扑救遭到破坏,怎样判断火场的起火地点,是一项技术性极强的工作,也是十分艰苦和复杂的工作。必须科学地、实事求是地作出判断,不能凭想象推测,否则将作出错误的判断。要科学地作出判断,必须了解林火发生规律,了解林火燃烧后残留的痕迹和残留物的特征,并掌握正确的调查技术和方法。

3.1.1 林火燃烧痕迹与残留物特征

从某种意义上讲,林火燃烧痕迹与残留物特征是大自然这架"摄录机"录制下来的最真实的火场场景,不论原始场景是否遭到破坏,它都会为我们留下许多有用的信息,只要我们认真查找,准确地理解和把握林火燃烧痕迹和残留物特征,我们就能较真实地"再现"火场的概貌,就能准确快速地了解起火的原因。

(1) 树干熏黑痕迹

在燃烧床上作燃烧试验,可以明显地看到顺风蔓延的火在木柱的背风面形成旗状上升火苗,这种现象称为"片面燃烧"(图 3-1),这是因为木柱拉伸了蔓延的火焰,并在木桩的背风面形成火旋,使木柱背风面受热加强,在上升气流的作用下,形成一种燃烧现象。这

图 3-1 "片面燃烧"示意

种现象不仅在林火中产生,在城镇的建筑火灾中的木桩燃烧也是这样。

对于正在燃烧的木柱而言,当风向与火灾蔓延方向相反时,木柱的背风面也产生片面燃烧。顺风所产生的片面燃烧与逆风所产生的片面燃烧两者相比较,后者烧损的程度要比前者严重得多。

由于"片面燃烧",过火林地树木的背风面的烧黑高度总是高于迎风(火)面,我们据此可以判断林火的蔓延方向。值得注意的是,如果没有发生"片面燃烧",地表火的火焰会引燃迎火面树干基部的树皮或附生物,留下烧黑或烧焦痕迹,这种情况下,树干上烧黑痕迹明显的一侧指示的则是来火方向(迎火面)。所以在根据树干上的烧黑痕迹判断林火蔓延方向时,一定要注意区别是"片面燃烧"的烧黑痕迹,还是地表火造成的烧黑痕迹。

在林火调查中,树干上的痕迹有两种描述指标,即熏黑高度和烧黑高度。熏黑高度是指森林可燃物燃烧所释放的烟雾颗粒附着在树干上的高度;烧黑高度则是指地表可燃物燃烧的火焰致使树干上的附生物及树皮等燃烧后,留下的痕迹所达到的高度。绝大多数情况下,熏黑高度比烧黑高度要高。

调查中,常出现根据熏黑痕迹和烧黑痕迹判断的林火蔓延方向不一致的情况,这是因为烟熏痕迹容易受旋风或火的涡旋的影响,而树干燃烧的痕迹则相对稳定。因此,以大多数树干的烧黑痕迹来判断林火的蔓延方向更为准确些。

(2)山地树干基部的火疤

在山坡上生长的树木,特别是较粗的树干与坡面形成的夹角通常可以阻滞较多的枯枝落叶,当地表火由下向上蔓延时(上山火),火焰受到树干的阻挡,会绕到大树的树干背火面形成涡旋,加上此处枯枝落叶较厚且含水量低,"涡旋"很快就变成了"火涡"(图3-2),在树干背火面形成痕迹明显的"火疤",严重者甚至可以烧出一个黑洞。

图 3-2 大树基部与山坡坡面夹角处的"火疤"示意

(3)树冠被烧(焦)痕迹

当地表火焰高度较高或者地表火开始上树,有转变为树冠火的趋势时,最初(即来火方向的一侧)的树冠被烧(焦)高度较低,可能只有过火一侧下部的部分树冠枝叶被烧(或烤焦),随着火的蔓延与发展,蔓延方向上的树冠被烧高度逐渐增高(图3-3、图3-4)。

(4)灌木和幼树枝条的倾斜方向

灌木和幼树过火后,没有被烧断的枝条朝着火灾蔓延方向倾斜、弯曲(图3-5)。这是因为这些弯曲的枝条本身不蔓延着火,而是枝条上的"叶子"燃烧的同时受到风的作用,驱使枝条朝着顺风方向弯曲,火烧过之后,弯曲的枝条内部水分很少、表皮干裂,失去了恢复"伸直"的拉力。大树树冠被烧后留下的许多枝条也是如此。

图 3-3　树冠被烧(焦)痕迹示意

图 3-4　树冠被烧(焦)痕迹示意

图 3-5　树叶被烧后的枝条弯曲方向

（5）倒木和树桩过火痕迹

倒木或树桩过火后，常只有一侧被烧，留下"鱼鳞疤"。被烧的一侧指示来火的方向（图 3-6）。这一点和树干"片面燃烧"痕迹以及树干基部的火疤指示的方向刚好相反。

（6）杂草倒伏的方向

杂草过火后，绝大部分被烧断，如果没有全部被烧毁的话，被烧断的草梗大多都朝着来火的方向倒伏（图 3-7）。

（7）杂草丛、灌丛被烧痕迹

如果火强度低，丛状分布的杂草和灌木通常不会全部被烧毁，一般只能烧毁一簇杂草或灌丛的一侧，而留下另一侧，被烧毁残留的杂草、灌木茬形成斜锥状，斜面朝向来火方向，被烧毁的一侧便是来火的方向（图 3-8）。

图3-6 伐根迎火面上的"鱼鳞疤"示意

图3-7 被烧断的草梗的倒伏方向示意

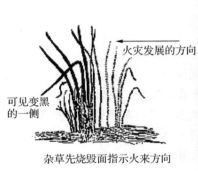

图3-8 草丛过火痕迹示意

(8) 岩石被熏黑痕迹

孤立的、露出地面的岩石(但不是一面石崖或石壁)过火后,通常有一侧会被烟熏黑。熏黑的一侧指示的是来火方向(类似于伐根)(图3-9)。

图3-9 "露头"岩石熏黑痕迹

(9) 其他残留物痕迹

火烧迹地内残留的烟盒、包装袋、罐头瓶子及其他玻璃制品等物,或多或少,或轻或重,都会留下火烧的痕迹。通常,来火方向的一面被烧程度重于其他面。例如,玻璃制品朝向来火方向的一侧,被火烧烤后会产生棕色的斑点或斑痕。

3.1.2 地表可燃物的燃烧程度与残留物特征

对于同一种类的森林可燃物而言,可以假设局部区域的火环境条件基本一致。在这种假设前提下,地表可燃物的燃烧程度大小,或者说地表可燃物消耗量的多寡,主要取决于林火的驻留时间,即林火在此处持续燃烧的时间(简称延烧时间)。

林火在某一个地方延烧时间越长,地表可燃物被烧越彻底,消耗量就越大,燃烧程度越重;如果林火蔓延速度很快,仅仅是一扫而过(延烧时间很短),过火区域的地表可燃物可能仅仅是最上层的一小部分细小可燃物被烧掉,甚至会出现较高的"花脸率"。所以,通常可以通过勘察地表可燃物的燃烧程度,特别是同相邻区域地表可燃物燃烧程度的比较,来分析、判断、推测林火经过某区域时的蔓延情况。

3.1.2.1 蔓延速度与燃烧程度

通常,蔓延速度的大小顺序是:

火头 ＞ 火翼 ＞ 火尾

顺风火 ＞ 侧风火 ＞ 逆风火

上山火 ＞ 下山火

同等条件下,地表可燃物的烧损程度、"花脸率"与蔓延速度的排序相反,即

火头 ＜ 火翼 ＜ 火尾

顺风火 ＜ 侧风火 ＜ 逆风火

上山火 ＜ 下山火

3.1.2.2 地形与燃烧程度

地形主要是通过坡度、坡向、坡位以及地形风对林火蔓延产生影响,进而影响燃烧程度。

(1)坡度对火蔓延的影响

坡度主要从影响地表可燃物积存的数量、可燃物含水量以及林火蔓延过程中热量的再分配等方面影响林火的蔓延,进而影响燃烧程度。

坡度越陡,土壤越干燥、瘠薄,植被生长差,地表可燃物积存的数量越少,枯枝落叶层中细小可燃物所占的比例越高,地表植被特别是死地被物越难以吸附水分,地表可燃物的含水率就越低,因此容易燃烧。更为重要的是,坡度越陡,热对流和热辐射会沿着坡面平行的方向形成辐合向前的热流,再加上上山风加速了这股热流的传播,使火头前方的可燃物迅速被烘干或者直接被点燃。下山火则相反。

据推算,坡度每增加5°,相当于风力增加1级。即在无风条件下,坡度5°相当风力1级、10°相当2级风力,15°相当3级。一般认为坡度每增加10°,林火蔓延速度会增加1倍。如果平地火蔓延速度为5m/min,那么,在10°坡地上火蔓延速度为10m/min;20°坡地上火蔓延速度为20m/min,30°坡地上火蔓延速度为40m/min,40°坡地上火蔓延速度为80m/min。但是,这只是理想化的推断,实际上并非如此。

根据日本小村忠一的实验(1991),上山火蔓延速度与平地火相比,25°坡为2.2倍,

35°坡时为7.1倍，45°坡时为26.7倍。下山火仅为上山火的速度的1/40~1/3。所以，坡度在35°以上的坡地，上山火蔓延速度极快，在与森林防火有关的地形图、林火分布图等图上，应标出这些地区，在做防火、扑火预案时要给予特殊的关注。

随着坡度的增加，上山火速度加快，但火对树木的损害程度则逐渐降低。据中国林业科学研究院在四川林区调查材料见表3-1。

表3-1 火灾后在不同坡度林木死亡率统计

坡　度(°)	15	25	35	45
林木死亡率(%)	46.4	31.4	15	4.2

（2）坡向对火蔓延的影响

坡向不同，接受阳光的照射不同，温湿度、土壤和植被都有差异，影响火灾的蔓延速度。一般是南坡的温度高于北坡，西坡高于东坡，西南坡高于东北坡。尤以西南坡接受的阳光时间长，温度最高，湿度最低，土壤和植被较干燥，容易发生火灾，火灾发生后蔓延速度较快。

（3）坡位对火蔓延速度的影响

白天，山谷和山坡上接受太阳辐射量的面积比山顶大，单位体积空气吸收的热量多，升温快，山顶上空气与四周大气的热交换较通畅，所以，山谷和山坡上的气温比山顶高。

夜间，尤以山谷的辐射冷却快，加上山顶和山坡上冷空气的下沉，使山谷成为"冷湖"；山顶由于有四周上层大气的热量补充，所以，温度下降不多，气温比山谷高；山坡中部，冷空气不易堆积，绝大部分都下沉到山谷，又有周围大气的热量补充，所以，在山坡中部夜间气温比山顶、山谷都高，成为山地的"暖带"。

坡位对火蔓延速度的影响，还不能完全按照上述温度分布特点进行分析，因为不同坡位上的可燃物类型、负荷量、含水率等因素的影响，特别是风向、风速的影响更大。

例如，白天发生在山顶的火，主要向山下蔓延形成下山火（逆风火）；发生在半山腰的火分上、下两个方向蔓延，既有上山火（顺风火），也有下山火（逆风火）；发生在山脚的火，主要是上山火（顺风火）。它们各自的燃烧特征又可分别参考上山火和下山火的特征。

3.1.2.3 植被类型与燃烧程度

植被类型的不同，林火的蔓延速度不同，大致可以归纳几个方面，见表3-2。

表3-2 不同植被类型与地表可燃物的燃烧程度

地表火	燃烧程度			备　注
	轻	中	重	
蔓延速度：快→慢	草　地	灌木林	乔木林	灌丛除外
蔓延速度：快→慢	稀疏乔木林	中密度乔木林	乔木密林	
蔓延速度：快→慢	落叶阔叶林	针阔混交林	常绿针叶林	
蔓延速度：快→慢	未郁闭乔木幼林	过熟乔木林	成熟乔木林	

除了植被类型不同，林火的蔓延速度不同，燃烧程度不同外，植被的分布格局也会影响林火的燃烧程度。植被的分布格局包括植被的水平分布和垂直分布。

植被的水平分布分连续和间断两大类型。连续状况有类型植被的连续和不同类型植被的连续。在不同植被类型的林地，森林火灾蔓延的速度就有快有慢，燃烧的程度受植物的燃烧性、含水量等因素影响较大。例如，在初春，同样是地表可燃物，有早春植物分布的区域地表可燃物不易燃烧，"花脸率"高，没有早春植物分布的区域以死地被物为主，易燃烧，火强度可能较大；在秋末冬初，耐寒植物分布的区域地表火的烧损率较低。

水平植被间断又分大面积的间断和小面积的间断。大面积的间断，可使火蔓延中断，阻火带利用的就是人为隔断可燃物的分布。小面积的间断是造成较高花脸率的主要原因之一。

植被的垂直分布是林火能否形成树冠火的关键因素。如果中幼林的枝条与地被物相隔很近或几乎相接，就很容易形成树冠火。如果成过熟林树干下部枯枝很多，树干及下部枯枝上有很多地衣、苔藓、蕨类、藤本等附生物、寄生物，也容易形成树干火和树冠火。如果草本植物层、灌木层、地上的倒木等杂乱物和乔木层很完整，虽然不容易发生林火，但是，一旦火蔓延到这类林分中不能很快控制住的话，则很容易转变成树冠火，烧损率就可想而知了。

3.1.2.4 常见火源与燃烧程度

森林着火的起因有自燃和着火两种，其中，自燃又有受热自燃和自热自燃两种。

（1）自热自燃

引起可燃物燃烧的热量是森林可燃物自身的热效应，所以又称为自热自燃。

例如，当森林枯枝落叶层堆积过厚时，由于其中的微生物呼吸繁殖过程中会不断产生热量，加上过分堆积的可燃物散热性很差，热量不断积累使可燃物达到自燃点而自行燃烧，就是典型的自热自燃。

自热自燃的特点是从可燃物的内部向外延烧，最初向四周蔓延的速度差不多，通常表现为地下火（暗火，无焰燃烧）。实践中，有些地表火转变为地下火不能称为是可燃物自燃，两者所留下的痕迹也是有区别的。真正的可燃物自燃引起的地下火，地表上层可燃物的烧损程度看似不很明显，黑色的燃烧痕迹不如明火（有焰燃烧）高，从地表上层向下，燃烧痕迹越来越明显。而由地表火转变成的地下火，自上而下燃烧的痕迹则是越来越轻。

自热自燃通常不会表现出明显的"点"状起火点，只有一定面积的可燃物堆积到一定的厚度，这种自身的热效应才能产生燃烧现象。

（2）受热自燃

由于外界热源的引入使可燃物温度升高至燃点而发生自行燃烧的现象，这是使森林着火最普遍的一种方式。

受热自燃与本身自燃相比较，两者被引燃过程中有两点不同：一是自热自燃将自身释放出的热量积聚在四周以使自身达到燃点，受热自燃则要从外部吸收热量使自身达到燃点；二是本身自燃从一开始就是从内向外蔓延，而受热自燃最初是从可燃物的外部向内延烧，自身被引燃后所释放的多余的热量才供给四周的可燃物，开始由内向外蔓延。

受热自燃的热源差异较大，但最常见的是随手丢弃的香烟头、火柴梗，野外用火中飞落到草丛中的火星，篝火的余烬，燃着的香，隐藏着暗火的鞭炮、导火索等残屑，火山爆发，山坡滚石碰撞产生火花，刮风引起树枝摩擦发热，射击、爆破所产生的高温物体等现象都会成为自燃火源。

受热自燃最初受热源体(火源)的影响较大,如果热源体提供的热量较多,可燃物吸热快,引起燃烧的时间短,并且很快便能看到明火。相反,如果热源体提供的热量较少,提供给可燃物的热量少,引起燃烧的时间长,甚至不能引起燃烧,有时即使局部已经燃烧,若还没有出现明火,此时外部热源体的热量又已经耗尽,刚刚燃烧的可燃物也有可能自行熄灭。所以,受热自燃最初的可燃物燃烧并不彻底,烟色浓,周围的树木、岩石等物体上留有明显的烟迹,但以起火点为中心常能形成一个较小范围的炭化区。

自热自燃和受热自燃的共同特点是起火慢,受热自燃有的长达几个小时才能看到明火,自热自燃很多情况下根本就看不到明火,只在地下燃烧。

(3) 着火

就是可燃物与火焰(火源)直接接触而燃烧,并且在火源移去后仍然能保持燃烧的现象,也称为明火起火。

林火蔓延就是火头前方森林可燃物依次连续被点燃的过程。各类野外用火不慎跑火均属此类。其特点是火势来得猛烈,突然就起火,烟色不浓,蔓延快,(起火处)可燃物烧得彻底。起火点的炭化区范围小而且不明显。蔓延痕迹十分明显。

不论是自热自燃,还是受热自燃,燃烧刚一开始会留下与周围明显不同的燃烧痕迹和燃烧特征。但是等到转变成明火之后,特别是随着蔓延速度的加快,局部区域与四周的燃烧痕迹和燃烧特征将越来越模糊。所以,研究林火最初的蔓延特征是很必要的。

3.1.2.5 林火初期蔓延形状

任何一场林火的火烧迹地形状都是不规则的,自然界中也难以找到完全一样的火烧迹地形状。但是,林火的最初蔓延形状通常可以进行区分,特别是在起火点的查找中,林火的最初蔓延形状常常可以提供参考,见图3-10。

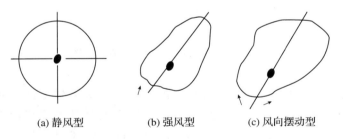

(a) 静风型　　(b) 强风型　　(c) 风向摆动型

图 3-10　林火初期蔓延形状示意

3.1.3　林火起火点的查找方法步骤

3.1.3.1　初步确定起火的范围

在大片火烧迹地上查找起火点,犹如大海捞针,只有将起火点缩小到一定范围才能很快地找到起火点,确定的范围越小,越有利于起火点的查找。有些林火刚刚发生就被发现了,起火的范围较好确定;有些则相反,特别是在偏远的山区,有些林火已经发生了很久还没有被人发现,这样的起火范围当然难以确定。但是不论初步确定的起火范围大小,它都比一开始就在整个火烧迹地中盲目寻找起火点要好。

如何尽可能缩小起火点的查找范围，其关键在于即时性。

我国95%以上的森林火灾是人为火，火灾刚刚发生时群众义愤大，知情人没有顾虑，肯直言，信息也易传播，便于了解真实情况。有时肇事者也在扑火行列中，群众会自发指认，此时最利于查找起火点。若日后了解则比较困难，因为肇事者和知情人基本上都是本村人、亲友、熟人等，知情人易产生顾虑，回避不说。肇事者也可能回避、出逃，外出打工，甚至多年不归。另外，如果不及时查找，若下雨或今后清理火烧迹地容易损坏现场，则难以取得第一手资料。所以，边扑救边派人查找起火点，是最快速高效的方法，这样做，最起码可以将发现火情起到扑灭火灾期间的火烧过的区域排除掉（不会是起火点），再加上知情人特别是发现火情第一人的指认，可以将起火范围限制到最小。

当然，注重真实知情人反映的情况的同时，更要注重现场勘察，不可图省事，仅凭知情人的指认、肇事者口供为依据的做法是不可取的。

3.1.3.2 进一步确认、缩小起火范围（起火点的查找方法）

初步确定的起火范围因发现火情的早晚而异，有些可能很明确。例如，上坟烧纸、焚香、放鞭炮引发的林火，可以落实到某个坟头上。也有些初步确定的起火范围较广。例如，一面坡、一条沟、一个山坳等，这时就需要调查人员采用适当的方法进一步确认、缩小起火范围。常用的方法有以下几种：

（1）离心法（辐散法）

由初步确定的起火范围（中心）向四周（外围）进行勘查，又可称为辐散法。

这种勘查方法适用于现场范围不大，痕迹、物证比较集中，初步确定的起火范围较明确，用此方法对其进一步确认。也就是说，从这个很小的范围或者说是已认定的起火点开始，向四周辐散开去，即从几个方向顺着林火蔓延的方向寻找，分别寻找由中心（起火点）蔓延出去的痕迹和证据。缺点是对火灾现场的破坏较大，如果一次没有找到起火点的话，整个火场被破坏，为后续调查带来不必要的干扰。

（2）向心法（辐合法）

由火烧迹地外围向中心逐步缩小范围的一种查找方法，称为向心法，又可称为辐合法。

此调查方法特别适用于初步确定的起火范围较大，发现着火的时间较晚，痕迹、物证、人证分散。从外围向中心逐步排查，用这种方法把分散的痕迹和物证逐渐归并，最后落实到很小的地块，甚至是一个"点"上。所以，也可以说向心法是进一步缩小起火范围的好方法。这种方法从四周逆着林火蔓延方向往回寻找，从外部向内部的几个方向上都交汇到一个共同的小区域（点）上。所以也称为"逆风向"查找法。

（3）分片分段法

根据初步确定的起火范围分片分段地进行勘查。

适用于初步确定的起火范围较大，地形、环境十分复杂，特别是包含一些孤立或自成一体的局部小地形，可以分片分段进行勘查，来搜寻痕迹、物证。

在多个起火点的火场，也经常使用分片分段法。分片分段查找要特别注意接合部位的查找和分析。通常在较大的片或段使用向心法，在较小的片或段使用离心法。

3.1.3.3 林火燃烧痕迹、残留物特征与起火点查找方法的结合

（1）查找方法与林火蔓延特征相结合

尽管林火发生发展的过程中风向、林火行为是多变的，但是，火烧迹地上林火蔓延痕迹会被真实地"记录"下来。不要被复杂的表面现象迷惑、难倒，要认真观察分析任何一个可疑点，反复比较。

分析林火蔓延特征要紧紧抓住林火蔓延速度和燃烧程度两个方面的辩证关系，因为查找起火点最关键的一环是确定林火的蔓延方向及变化，只有准确地判断林火的蔓延速度，才能推断出林火发生发展过程中的蔓延方向及其变化。

在火场中，受地貌、植被、风向、风力等影响，林火向四周蔓延的速度不同，据此可以将火的蔓延区分为顺风火、侧风火和逆风火，把一个完整的火场区分为火头、火翼和火尾几个特征各异的部分。

确定林火蔓延速度不是目的，还要把它与燃烧程度的关系联系起来进行判断、分析。表面上看燃烧程度难以区分，也难以和蔓延速度联系起来，但实际上，如果假定除了蔓延速度在变化，在其他条件都不变的情况下，我们不难得出这样的结论：蔓延速度越快，燃烧程度越轻；蔓延速度越慢，燃烧程度越重。我们知道，林火向四周蔓延是渐进的过程，而人们看到的火烧迹地则是这个渐进过程的总结果，从总结果中是难以区分出渐进过程所表现出的差异。所以，如果把整个火烧迹地区分成许多小的区域，这些区域区分得越细，这些细小区域上的可燃物状况、火环境条件等差异越小，可以近似看成一致的，在这些小区域上的火蔓延速度和燃烧程度的关系就可以解析出来了，把这些小区域进行放大或者相互叠加，林火蔓延及其变化过程也就不难"复原"了。

（2）查找方法与各种燃烧痕迹、残留物特征相结合

上文提供了较为详细的各种燃烧痕迹和残留物特征，这些痕迹和特征其实都提供了一个共同的信息：林火的蔓延方向。

离心法就是从假定的起火区域顺着各种燃烧痕迹、残留物特征所指示的林火蔓延方向去求证，向心法则是逆着各种燃烧痕迹、残留物特征所指示的林火蔓延方向去寻找。

3.1.3.4 虚假起火点的排除

林火蔓延过程中蔓延的方向是多变的，难免留下很多看似是起火点的虚假燃烧痕迹和残留物特征，在查找起火点的过程中千万不能为这些假象所迷惑。

排除虚假起火点还要从林火蔓延的变化过程着手，也就是说要找出起火点的特征和蔓延"转折点"特征的区别。

林火刚燃烧的时候，所释放热量有限，从起火点向外各个方向蔓延的燃烧痕迹、残留物特征都比较明显。而林火蔓延方向的改变，是某一个方向或少数几个方向热量分配的突然加强，由非火头变成了火头，并非各个方向上都出现了热量的突然加强、蔓延速度的突然加快，这种个别方向上变化所留下的燃烧痕迹、残留物特征，与原蔓延方向上所留下的痕迹和特征是有传承性的。或者说，以"起火点"为中心，可以找到向四周发散的林火蔓延痕迹和残留物特征，而以"转折点"为中心，则不是各个方向都表现为向外蔓延，有些方向上会表现为朝着这个"转折点"蔓延。

3.1.3.5 确定起火点，查找火源证据

通过反复比较和排查，确定一个最小的起火范围，保护好这个区域，禁止任何人盲目

进入该区域，然后在这个最小范围中查找火源证据(具体见下节)。

使用离心法查找也要提前划定一个嫌疑最大的区域，例如，根据初步调查确认火灾是某坟丘前祭奠活动引发的，就应该在该坟丘的四周划定一个区域，以该区域为中心使用离心法查找林火蔓延的痕迹和残留物，以便证实起火点就在该坟丘附近，然后查找火源证据。

3.1.3.6 起火点查找应重点观察的对象

查找起火点时，除了重点观察燃烧痕迹和残留物特征外，还要注意观察火烧迹地周围的地物、环境等，特别是要重点察看以下对象：

① 火场附近是否有寺庙，是不是坟墓区，是否有坟头，以判断林火是否由烧香或燃放鞭炮引起的；

② 察看火场附近是否有道路，以便判断起火地点是否在路边，是否机动车辆喷火漏火，是否某些人员在路边点火；

③ 察看火场附近是否有农田、果园、牧场等，以便判断起火地点是否在地边或果园，是否烧田埂、烧秸秆或烧牧场等引起的；

④ 察看火场附近是否有工矿作业点，如烧炭、烧窑、采石场等，判断起火地点是否在工矿作业区；

⑤ 察看火场附近是否有新鲜的罐头盒、饮料瓶、篝火堆等野炊活动痕迹，以便判断起火地点是否野炊点；

⑥ 察看附近有无高压线，判断起火地点是否在高压线断开点或短路引起的林火；

⑦ 察看火场附近是否有树干或树枝被劈裂，结合天气状况，判断是否由雷击火引起林火。

总之，火烧迹地周围的地物、环境、人的活动情况或残弃物等都要作为重点勘察的对象，以便迅速找出起火原因。

3.2 起火原因认定方法与技术

3.2.1 火源证据的查找方法

林火的起火原因调查不仅是林火调查与评估的重要组成部分，而且是森林火灾调查的核心内容。因为查明起火原因不仅有利于人们了解林火发生发展的规律，以便提高防御森林火灾的能力，而且它还肩负着查明森林火灾事故的原因和性质，以便依法对森林火灾责任者或者犯罪分子处理或定案。

起火点的最小范围确定后，接下来就是确定火因了，即引起火灾的原因，也称引火源，其关键是找出火源的证据。

林火不同于城市火灾，它发生在开放的森林生态系统中，一旦起火就会向外蔓延，一般不会驻留在同一个地方延烧，并且发现林火都有滞后，扑救对起火点的影响较小，许多情况下谈不上破坏。所以，大多数起火点的地表面或多或少都会留下未燃尽的引火物，有些引火物即使已经被燃尽，其灰烬也可能以其独特的特征完好地保留下来。例如，未燃尽的纸堆、锯末堆，燃尽的烟头、篝火堆、爆竹等。

笔者认为，比较严谨的查找方法步骤是：

① 在确定起火点的最小范围后，选择一个"起点"，并划定查找路线；

② 使用2块木板、胶合板等可以承载一个人重量的硬板，规格可以是长方形或正方形，大小适中，既便于携带又便于在林下移动、摆放，$0.5\sim1.5m^2$均可；

③ 首先仔细搜寻"起点"，没有发现引火物遗留的痕迹后，将硬板铺在搜寻过的"起点"上，人蹲在硬板上仔细搜寻硬板前方，看有没有所需要的证据，若没有，把第二块硬板紧贴第一块硬板平铺下去，人随后蹲上去继续寻找，之后再把第一块硬板移到第二块硬板前，依此类推，直到找到第一个证据为止；

④ 对找到的证据进行提取、拍照；

⑤ 以第一个证据发现处为新的起点，重复上述过程直至在划定的最小范围内找出所有证据为止。如果第一个证据附近还有其他能互相印证的证据，可以以此新起点为中心，进一步缩小搜索范围。

3.2.2 火源证据的鉴别

火源的证据有些可能是清晰的，有些则是模糊的。因为林火的火源证据大部分是引火物的残留物，有些残留物还保留着部分的引火物原有特征，有些残留物的辨认特征和引火物的原有特征已经毫不相干。这就要求在找到的残留物痕迹被作为火源证据之前，使用排除法进行仔细鉴别，确定这些痕迹是哪类火因，哪类火源才会产生的痕迹。

排除法就是分析收集到的痕迹，一个一个地排除已经知道不能引起火灾的火因，保留最有可能的火因。排除时要一个一个地提出，然后一个一个地否定或认定。例如，天气资料显示没有雷暴气候，就可排除雷击火因，继而考察那些与雷击痕迹类似的其他火因。同样，火场没有坟墓，也就可排除上坟烧纸的火因等。依此类推，直到将所有的疑点全排除了，无法排除的火因就是真正的火因，由此所得到的证据才是无可辩驳的证据。

3.2.3 火源证据的提取和留存

火源证据不论是野外物证的提取，还是询问的音像、文字材料的提取，都必须有2个以上相关工作人员在场。现场资料要全面、准确、充分，能反映肇事原因及行为特征，图面、音像、影像材料等要配上文字说明，以便留存。

3.2.3.1 火源证据提取常备工具

火源证据提取常备用具、器械包括：地形图、林相图、照相机、摄像机、录音设备、罗盘仪、指南针、皮尺、小袋子、盒子、小瓶子、小铲刀、刀具、笔记本、笔录纸、笔、绘图用具、成形固形剂等。

提取火源证据要细心，尽量保持原状，切莫再损坏、变形，如果需要长期保存，可以使用固形剂或成形剂等。

3.2.3.2 起火点拍照、录像

起火点拍照、录像一般包括方位照(录)像、概貌照(录)像、重点部位照(录)像和细目照(录)像。

(1) 起火点方位拍照、录像

起火点方位拍照、录像要把所处的位置以及周围环境拍照下来，用以说明起火点外部情况和环境特点，以及与周围事物的联系。应把那些能显示起火点位置的永久性标志，如道路、河流、瞭望塔、林班线、孤立木、孤立的岩石等拍在画面中。有时可用特写镜头以突出其位置。

(2) 起火点概貌拍照、录像

把整个起火点的主要区域的状况拍、录下来，反映整个起火点的全貌和内部各个部位的联系，全面反映起火点较大范围内的情况。

(3) 起火点重点部位拍照、录像

重点部位是发现可能是起火点的痕迹物证的位置，这些部位对于判断和分析起火原因有重要意义，并且附近有火源残留物。要注意拍照在地面上形成的残留物堆积状态和层次，多方位、多角度地拍、录。

(4) 起火点细目拍照、录像

细目拍照、录像重点拍、录所发现的火灾痕迹物证，以及对认定起火点、起火方式和起火原因有证明作用的现场局部状况，以反映痕迹物证的大小、形状、质地、色泽、细部结构等特征。细目拍照、录像可以分别单个物证照、录像。

3.2.3.3　绘制现场图

起火点现场图一般采用平面示意图，野外制作草图时应标明起火点位置、方位，周围环境，火烧痕迹特征，残留物名称、种类、数量，主要残留物之间的距离、相互间的位置与联系等。多个起火点还应注明相互间的位置、距离与联系。

3.2.3.4　火因调查的旁证

起火点火源证据并不是孤立的，除了起火点现场收集到的证据外，还应注意收集与此相关的物证和人证。两者的调查可以同时进行，物证的采集与起火点火源证据的采集相类似，人证的取得主要手段是个别访问。个别访问要特别注意访谈、调查对象的选择，例如：

若发现火烧迹地附近有被遗弃的烟纸、烟头、火柴梗之类，极有可能是路人吸烟所引起，这些遗留物除了可以采集来用作实物旁证外，还要重点向知情人调查起火前谁从此路过、停留，以便取得人证。

若起火点发现有余柴、灰炭、引火物、罐头盒、食品盒(袋)、垃圾、篝火堆、脚印、车迹等，有可能是路人、拾柴、割草、打猎者所致，走后余火未熄，遇风燃起。

若现场发现有新鲜的牛羊粪便等，要重点调查放牧人。

若起火点靠近墓地坟茔，现场留有香灰、纸灰、残香、鞭炮皮、供品等，特别是清明、寒食(阴历十月初一)前后以及亡者祭日，就有可能是上坟人焚香、烧纸引起的。

这些旁证的取得方法和火源直接证据的取得方法是一致的。但在调查人为放火时应注意区分儿童玩火，痴呆、精神病人点火与坏人放火的区别。对起火地点比较偏僻，起火原因莫名其妙，就要考虑是否有对社会不满者放火，更要注意少数以报复、泄愤为目的嫁祸于人的放火的取证。

3.3　起火点勘察新技术

（1）通过计算机模拟火场判断起火点

计算机模拟是虚拟现实的一部分，是今后林火模拟非常重要的组成部分。计算机模拟火场可以基于地理信息系统的数字化地形图，将火烧迹地火烧前的植被、当时的天气资料以及火烧迹地调查的林火行为数据叠加上去，通过计算机模拟或再现虚拟起火点所引发林火的火场形状和面积，并与真实火场相比较，从而推断出起火点和起火原因。

（2）实验室模拟

通过制作较大比例尺的森林火场及其周围地区的地形模型，模拟植被和天气进行实际燃烧试验也可以较准确地判断火灾的起火地点。

（3）沙盘模拟推演

选择适宜的替代材料，按照树木、灌木、草本植物和枯枝落叶层，以及火烧迹地实况和地理信息制作火烧迹地实物模型，并在模拟沙盘上按照起火点勘察的方法和技术进行推演。此方法兼有计算机模拟火场判断起火点和实验室点烧模拟判断起火点的优点。

3.4　林火损失调查方法与技术

3.4.1　林木损失调查

3.4.1.1　林木损失调查方法

（1）全林每木调查

严格地说，对调查林分全部林木的必要因子进行测定，才能称为全林每木调查。但通常主要是测定胸径（用 D 或 $D_{1.3}$ 表示），其实这是两个概念。对全林树木的胸径进行量测，并按照不同树种分别记载，这种方法称为全林每木检尺。同样，对标准地、样地中的每株树木的胸径进行量测，可分别称为标准地、样地每木检尺。

对于火场面积较小，森林价值较高，如特殊用途林、原始林、实验林等，可以采用每木调查。

（2）标准地调查

当火场面积较大，难以进行每木调查的时候，常选择具有代表性的地段设置标准地来推算整个火场的林木损失。标准地的选择应按林相、树种、林龄、疏密度和林木受害情况等分别选设。具体要求详见第2章内容。

① 每木检尺　每木检尺是标准地调查中最基本的工作，不能重测和漏测。为了高效准确必须按一定顺序进行每木检尺，在山地条件下，通常可以沿等高线方向"之"字形行进。

每木检尺应分别林层、树种和径级将检尺结果登记在每木调查表相应栏目内，野外记录既可以记录实际胸径数据，也可以使用"整化"径级的检尺方法。所谓整化径级，是指将胸径按照一定的要求分成"组"（即径级），而径级的上限、下限均为整数，实际量测的胸径也取整数，并分别记录在相应的径级内。

野外调查若使用整化径级，可用划"正"字的方法填写每木调查表，见表3-3。

表3-3 火烧迹地标准地每木调查

标准地号：_____ 树种：_____ 林层：_____

径级中值（cm）	烧毁木	烧死木	烧伤木	未伤木	备注
幼树					
8 以下					
8					
12					
16					
…					

调查者_____ 记录者_____ ____年___月___日

② 径级范围的确定 每木检尺之前，先要确定胸高直径的整化范围。一般标准是：当标准地平均胸径（估计值）在12cm以上时，以4cm为一个整化径级；当标准地平均胸径6～12cm时，以2cm为一个整化径级。整化径级以该径级的中值为记录标定值，例如，表3-3中的8径级，是指胸径在6～10cm范围内所有的树木（4cm为一个径级）；如果2cm为一个径级，标定值同样是8径级，则是指胸径在7～9cm范围内所有的树木。

实践中，在幼龄林进行每木检尺时，大多用2cm为一个整化径级，在中龄林、成熟林则多使用4cm为一个整化径级。

③ 起测径级的确定 起测径级是指每木检尺的最小径级。起测径级是直接影响调查结果的重要因素应慎重决定。

在近熟、成熟、过熟林内，起测径级一般应为8或12cm，更多的使用8cm。起测径级的平均树高不应低于主林层平均树高的50%。在中、幼龄林可用平均胸径的0.4倍作为确定起测径级的近似数据。

④ 幼树调查与评估 所谓幼树，是指针叶树树高30cm以上、阔叶树树高100cm以上，但胸径未达到检尺径阶者。通常，又把针叶树树高在30cm以下、阔叶树树高100cm以下者称为幼苗。幼树只记株数，只推算其损失的总株数，不计算蓄积量损失。有时，并不区分幼苗与幼树，将二者的株数一起统计，统称幼苗幼树。

表3-3中有一栏是介于幼树和起测径级之间的（8以下），这一部分也只记株数，这些树木通常是被压木、濒死木、畸形木等生长不良的树木，是和被调查的主林层同一个时代，不是幼苗幼树，要注意区别。

⑤ 测树高 不论是全林每木检尺，还是标准地每木检尺，通常都不对每株树木测树高，而是在全林或标准地每木检尺的基础上，把各树种、各林层的胸径测定值（或径级）按照一定的间隔进行分组，并根据各径阶株数比例分配需要测定树高的数量，然后确定标准地或全林的平均树高。

在使用二元材积表或三元材积表计算各径级材积时,可以根据测定木的胸径和树高值绘制树高曲线,由树高曲线查出各径级的树高值。

为求林分的平均高,在每个标准地内一般应测定 20~25 株树高,且测定的树木要均匀地分布在标准地上。一般可沿着标准地对角线方向测树高。为了使树高曲线能充分代表各径级树高的分布情况,一般中央径级选测 3~5 株,相邻径级选测 2~3 株,其他各径级至少要测定 1 株树高。但是距离中央径级较远,特别是有间断的大径级必须选测 1~2 株以上,这样所绘制的树高曲线才有充分的代表性。

树高的测高误差,单株不超过 5% 或 0.5m。该误差可以通过在同一个测点测定 2~3 次来控制,也可以分别在 2 个以上的测点对同一株树测定比较。

3.4.2 林木损失调查内容

林木损失调查内容应分别成林(平均胸径大于 5cm)和幼林。成林分别按烧毁木、烧死木、烧伤木和未伤木作每木调查,以计算材积损失。对幼林可以只统计株数,即烧死、烧伤、未烧伤的株数。确定林木损失程度可根据树冠、树干形成层和树根受害情况来定,具体划分标准为:

(1) 烧毁木

树冠全部烧焦,树干严重被烧,采伐后不能作为用材的林木,列为烧毁木。

(2) 烧死木

树冠 2/3 以上被烧焦,或树干形成层 2/3 以上烧坏(呈棕褐色),树根烧伤严重,树木已无恢复生长的可能,采伐后尚能做用材的,列为烧死木。

(3) 烧伤木

树冠被烧 1/2 或 1/4,树干形成层尚保留 1/2 以上未被烧坏,树根烧伤不严重,还有可能恢复生长的可能,列为烧伤木。

(4) 未伤木

树冠未被烧,树干形成层没有受伤害,仅外部树皮被熏黑,树根没受伤害,列为未伤木。

3.4.3 林木损失计算

全林每木调查或标准地每木调查的主要目的之一就是要测算林木的损失,这里仅以纯林为例,对标准地调查测算林木损失的计算方法做简要介绍,混交林则要分别树种计算。

3.4.3.1 林木株数损失

(1) 标准地的林木损失率

以 n、n_0、n_1、n_2 分别表示标准地林木总株数、烧毁、烧死、烧伤的株数。

烧毁率: $$P_0(\%) = \frac{n_0}{n} \times 100 \tag{3-1}$$

烧死率: $$P_1(\%) = \frac{n_1}{n} \times 100 \tag{3-2}$$

烧伤率: $$P_2(\%) = \frac{n_2}{n} \times 100 \tag{3-3}$$

(2) 单位面积上烧毁、烧死、烧伤株数的计算

以 s、N_0、N_1、N_2 分别表示标准地面积、单位面积烧毁、烧死、烧伤的株数。单位：株/hm²。

单位面积烧毁株数：
$$N_0 = \frac{n_0}{s} \tag{3-4}$$

单位面积烧死株数：
$$N_1 = \frac{n_1}{s} \tag{3-5}$$

单位面积烧伤株数：
$$N_2 = \frac{n_2}{s} \tag{3-6}$$

(3) 全林烧毁、烧死、烧伤株数

$$全林烧毁(死、伤)株数 = 单位面积烧毁(死、伤)株数 \times 过火面积 \tag{3-7}$$

按照上述方法分别计算林木的株数损失，有利于对林火的影响做深入的研究。

3.4.3.2 林木蓄积量损失

在火烧迹地上，如果也按照林木株数损失的方法计算林木蓄积量损失，过于烦琐，除了以研究为目的的调查外，生产上也没有必要。因为对已经成为灾害的林火，如果烧毁、烧死和烧伤的株数在火烧迹地中占有很大的比例，整个火烧迹地就要全部伐除重新更新。此时，只要计算出各树种和全林分的林木蓄积量损失就可以了。

计算树木的单株材积可以分别使用一元材积表、二元材积表和三元材积表，林火调查实践中使用一元材积表和二元材积表更普遍，很少使用三元材积表。计算林木蓄积量损失的方法步骤如下(混交林可分别树种计算)：

① 计算标准地内平均胸径($\bar{D}$)、平均树高($\bar{H}$)。

② 若使用一元材积表，则用 $\bar{D}$ 查算平均木的单株材积(V)；若使用二元材积表，则用 $\bar{D}$ 和 $\bar{H}$ 查算平均木的单株材积(V)。

③ 计算标准地林木蓄积量(M_b)：
$$M_b = nV \tag{3-8}$$

式中，n 为标准地内林木总株数；V 为标准地平均木的单株材积。

④ 计算单位面积蓄积量(M_d)：
$$M_d = \frac{M_b}{s} \tag{3-9}$$

式中，M_b 为标准地林木蓄积量；s 为标准地面积。

⑤ 计算全林蓄积量：
$$M = M_d S \tag{3-10}$$

式中，M_d 为单位面积林木蓄积量；S 为火烧迹地总面积。

3.4.4 林火面积调查与计算

林火面积调查与计算是林火后果调查中最主要的项目之一，它关系到森林资源损失，处理火案，如何恢复火烧迹地，以及采取什么途径等。火灾面积调查首先要测绘火场图，然后计算面积。

3.4.4.1 火场图测绘方法

(1) 估测法

林火面积不大,调查精度要求不高,可由有经验的人步行火场四周,勾绘火场略图来确定火场总面积,其中包括火烧森林面积,成灾森林面积(包括原始林、次生林、人工林),荒山荒地和草地面积等。

(2) 勾绘法

火场面积较大时,沿整个火场外围边缘步行前进,将沿线主要地物标志勾绘在大比例尺地图上,再逐个将整个火场内部情况分别勾绘在图上,绘制成火场图。这是使用频率最高的一种方法。

(3) 实测法

火烧迹地面积较大,调查精度要求较高时,可用罗盘仪和经纬仪测定火场图。在火烧迹地总面积中,测出成灾森林面积,然后绘制成火烧迹地平面图。

(4) 航测法

用飞机在火场上空绕火场周围飞行,把火场周围主要地物标(河流、道路、制高点和建筑物等)所在位置在地图上勾出,连接各地物标,绘制成火场图。航测勾绘火场图的同时,也可以根据飞机飞行时间和飞行速度来估算火场的面积。

(5) GPS 法

GPS 技术在确定火烧迹地面积和森林火灾周界测量等方面可以发挥其独特的重要作用。曾有人在一块用经纬仪测量过面积的林区,采用 GPS 沿林区周边及拐角处进行了 GPS 定位测量并进行偏差纠正,得到的结果与实测面积误差为 0.03%,这一实验证明了 GPS 测量的精度是比较高的。

可以利用 GPS 进行火灾后位置测量。对于特大面积火灾且人不容易沿火场边界走时,可以在飞机上用 GPS 勾绘出火场图。观察员在飞机上利用 GPS 和地形图,当飞机围绕火场飞行时,每隔一定距离或每隔一定时间选一个点,用 GPS 定出经纬度,并在地图上标出位置,飞机环绕火场飞行完成后,在地图上把这些点连起来,就得到简单的火场示意图。

3.4.4.2 火场面积求算方法

(1) 几何图形法

如果所测面积的图形是一个边缘为直线的多边形,可以将其分成若干个简单的几何图形,如三角形、长方形、梯形等,用相应的比例尺在图上量出各几何图形的底、边和高,根据几何公式,求算各图形面积,汇总后得出总面积。这种方法多适用于大比例尺的地形图。

(2) 透明网格法

如果所测面积的图形边缘是曲线,可以用网格法求算面积。取一块透明的网格纸或透明的网格膜片(又称网点板),上面划有厘米以下的方格。量算时,将网点板或网格纸覆盖在欲测图形上,先数出图形内完整的网格数,再估算不完整的方格数,并折合成整方格数,最后用总方格数乘上该图比例尺下一个方格的面积,即得出此图形的面积值。

【例 3-1】 用一个方格的面积为 $1cm^2$ 网格膜片,覆盖在比例尺为 1∶5 000 的地形图上,该图勾绘区域(火烧迹地)有完整方格数 17 个,不完整的方格折合成 7.5 个方格,求该火烧迹地的面积。

解：火烧迹地的实地面积为：
$$S = (17 + 7.5) \times 1 \times (5\,000)^2 = 612\,500\,000(cm^2) = 61\,250(m^2) = 6.125(hm^2)$$
答：该火烧迹地的面积为 $6.125 hm^2$。

为了防止出现错误和提高量算精度，应变换网格位置再量算一次，如果两次量算结果的相对误差≤1/200，则取两次的平均值为最后结果，若达不到 1/200 的精确度必须重新量算。

（3）求积仪法

常用的求积仪可分为机械求积仪和电子求积仪两大类。机械求积仪又分为极点在图形外和极点在图形内两种求算方法。

极点在图形内适用于所求图面面积不大，将极点固定在图形外的某一个点，在勾绘区域的边界线上为"测轮"选择一个起点，并将"测轮"处在该起点的读数记为 n_1（有自动对零的求积仪，则 $n_1 = 0$），然后沿着勾绘图形的边界线顺时针方向移动，最后回到起点，再读数，记为 n_2，前后两次的读数乘上求积仪的单位分划值（C），即可取得图面面积 S，即

$$S = (n_2 - n_1)C \tag{3-11}$$

极点在图形内的求算方法适用于火烧的图面面积较大，极点必须置于勾绘区域内，在计算面积时，应在读数上加求积仪常数 q，即

$$S = [(n_2 - n_1) + q]C \tag{3-12}$$

式中，C、q 两常数的值可以在仪器盒内的附表上查得。

电子求积仪是用微处理控制的数字化面积量测仪器，可以自动显示面积值、重复量测的平均面积值、若干小图形面积的累计值。这种仪器不仅使用简单，而且量测面积的精度高于机械求积仪。电子求积仪的型号较多，可分为定极式和动极式两类。

现以日本 KP-90 型动极式电子求积仪为例，简介其基本结构和使用方法。

KP-90 型电子求积仪由动极轴、电子计算器和跟踪臂三部分组成。动极轴可在垂直方向上滚动；动极轴与计算器之间由活动枢纽连接；跟踪臂与计算器连在一起。仪器内附有镍镉电池，充电后可连续使用一天。操作步骤如下：

①按 ON 键接通电源；

②按 C/AC 键清除显示屏和存贮器数据；

③输入图形比例尺的分母 M：先按 M 值，再按 SCALE 键；

④选择面积显示单位：连续按 UNIT-1，在显示屏上分别出现可供选择的公制、英制和日制面积单位制。选定面积单位制后，接着连续按 UNIT-2 可显示具体的面积单位，如在公制下显示 cm^2、m^2、km^2 等，可选其一；

⑤将求积仪安放在待测图形外的左侧，并标出起测点 A，按 START，计算器发出响声以示量测开始；

⑥手握放大镜，对准 A 点，沿着勾绘图形的边界线顺时针方向移动，最后回到 A 点。此时显示屏上所显示的数字即为所求的火烧迹地面积。

若对勾绘的图面重复测量，在每次量测结束后按 MEMD 键贮存，多次贮存的平均值可以按 AVER 键显示。

小图形面积的累加量测方法：当量测完第一块小图形后，按 HOLD 键，将数值暂时保留固定；当把仪器安置在第二块图形上之后，再按 HOLD 键以解除固定，继续量测时便可自动累加。重复多次，便可将若干需要量测的小图形的面积求出。

（4）GPS 法

可以利用 GPS 进行火灾后面积及位置测量。对于中等火场（大于 100hm^2，不足 1 000hm^2），利用 GPS"面积计算"功能，沿火场周圈走一遍，凡是转角地方定位一次并将数据存储起来，走完一圈，即可显示火场面积。同时，可以用数据线将其调入电脑中，显示在电子地图上，很容易知道火场的位置，使火场面积更直观。当火场内部有"绿岛"分布时，可分别测出、分别计算。对于大的火场面积（大于 1 000hm^2。）可以预先分割为若干千米网格（或经纬度分值网格），分几组、分块独立测定。

3.5　森林火灾档案建立与规范

3.5.1　建立森林火灾档案的意义

森林火灾档案是科学技术档案的一种，它是通过记录、积累、整理分析森林火灾的原始资料，准确地、历史地掌握森林火灾发生的时间、地点、次数、火因，寻找火灾发生发展及一般规律，总结森林防火的经验教训和有关问题，探索防火、扑火的优化方案，指导森林防火工作。

森林火灾档案是森林火灾发生动态的真实记载，过去不少地方对这项工作不够重视，对火情、火灾资料没有很好地整理、分析和总结，造成资料残缺不全、遗失，无法弥补。随着森林防火工作加强，以及对管理规范化的要求不断提高，建立森林火灾档案制度，强化管理工作也就更加迫切。

3.5.2　森林火灾档案的主要内容

森林火灾档案工作，主要是做好森林火灾的统计工作，通常是以表格形式系统地记载森林火灾的发生、发展及扑救火灾的情况等，作为资料加以保管保存下来，主要内容：

① 各种森林火灾统计表；

② 逐起森林火灾登记表（调查报告），主要内容包括：

- 火灾发生和扑灭的时间、地点和起火原因等；
- 火灾扑救过程的相关信息；
- 火灾的各项损失情况；
- 对火案的查处情况；
- 对森林恢复的措施；
- 火场示意图，将此图（复印件也可）连同火灾档案表和火灾的调查报告寄给上级主管部门，同时本部门也留一份存档。

③ 重大、特大森林火灾记录；

④ 森林防火规划和年度计划；
⑤ 森林防火基础设施建设统计表；
⑥ 上下级有关文件；
⑦ 森林防火部门会议纪要和年度工作总结；
⑧ 其他需要记载的材料。

3.5.3 建立森林火灾档案的要求

（1）森林火灾次数清

要求对每起森林火灾都应有记载，不能漏记，特别是火警，都要有文字，不能故意不记载。

（2）火灾面积清

各地对每起火灾都要有面积调查，调查资料齐全，不应以各种借口将大灾化小，小灾化了，或者瞒报、不报。

（3）火灾损失清

要按照火灾损失如实评估经济损失。既要有直接经济损失，也要有间接经济损失，做到既不偏大也不偏小。

（4）火灾发生原因清

案发原因要及时查处，有助于掌握本地区发生火灾的条件和发生规律，有效地控制火灾的发生。

（5）加强档案资料的管理

应分别年度和火灾类别整理出成套资料、编写资料目录并及时进行汇总整理、分析、总结，从中找出规律，及时地提供准确可靠的科学数据，指导今后工作。

（6）稳定档案管理队伍

档案人员应相对稳定、责任心强，若工作调动要办理交接手续，以免间断，防止人走资料散的现象。

（7）完善森林火灾统计报表的规范化、标准化、计算机网络化

《森林防火条例》和《国家森林火灾应急预案》是森林火灾统计报表规范化、标准化、计算机网络化的指导性文件，各地应加强对这两部法律法规的解读和贯彻落实力度，进一步完善森林火灾统计报表的计算机网络化，提高森林火灾统计的规范化、标准化水平。

3.5.4 加强森林火灾档案建设的措施

加强森林火灾档案建设，重点要从以下几个方面入手：

第一，加强领导，提高认识，使防火统计资料能够真实反映森林火灾的自然属性，反映森林火灾的客观规律，不能因实行行政领导负责制和综合控制指标而影响火灾统计资料的真实和准确，要力戒对防火责任制带来的负面效应。

第二，逐步加大统计信息量，提高防火统计成果的质量，以满足现代林火管理的需要。

第三，严格按火灾报告制度做好火灾的月报、年报和年度汇审，提高防火统计的时效

性,以保证各级领导能够及时掌握火情信息。

第四,提高防火统计成果利用率,加强统计分析,以科学地指导森林防火工作。

第五,提高统计工作的现代化手段,充分利用已开发的软件、数据库和网络传输技术。

第六,加强培训,提高统计业务人员的自身素质。

为加强森林火灾数据统计,确保统计数据的准确性和及时性,充分发挥其在森林防火工作中的作用,国家森林防火指挥部对全国森林火灾统计系列报表(1988年版)进行了全面修改,调整了相关统计指标,并制定《全国森林火灾统计报表管理规定》《森林火灾统计主要名词解释》及《森林火灾统计报表公式说明》等相关规定。并于2016年12月13日,由国家森林防火指挥部下发了《国家森林防火指挥部关于印发森林火灾统计系列报表及相关管理规定的通知》,要求全国各地遵照执行。

3.5.5 全国森林火灾数据统计报表管理规定

第一条 为加强森林火灾数据统计管理工作,确保森林火灾统计数据的准确性和及时性,充分发挥森林火灾数据统计在森林防火工作中的作用,根据《中华人民共和国统计法》《中华人民共和国森林法》(以下简称《森林法》)《森林防火条例》等相关法规,制定本规定。

第二条 森林火灾统计数据必须真实、客观、一致。统计工作按照"谁负责、谁统计"的原则,实行统一领导,分级、分部门管理。

(一)全国森林火灾统计工作由国家森林防火指挥部办公室统一归口管理,负责掌握全国森林火灾情况,汇总和公布森林火灾统计数据,实施森林火灾统计监督。

(二)各省(自治区、直辖市)、市(地、盟)、县(区、旗)、乡镇的森林火灾统计工作,分别由各级森林防火部门负责,行使相应的管理监督职能。

(三)森林火灾统计报表格式、内容和计算方法,由国家森林防火指挥部办公室负责制定并报国家统计局备案。

第三条 森林火灾数据统计报送工作由各级森林防火主管部门统计人员负责,统计人员必须具备一定业务能力和综合素质,要保持统计人员的相对稳定。

第四条 根据《森林法》《森林防火条例》规定,以下森林火灾应列入数据统计范围:

(一)一般森林火灾:受害森林面积在1 hm^2以下或者其他林地起火的,或者死亡1人以上3人以下的,或者重伤1人以上10人以下的;

(二)较大森林火灾:受害森林面积在1 hm^2以上100 hm^2以下的,或者死亡3人以上10人以下的,或者重伤10人以上50人以下的;

(三)重大森林火灾:受害森林面积在100 hm^2以上1 000 hm^2以下的,或者死亡10人以上30人以下的,或者重伤50人以上100人以下的;

(四)特别重大森林火灾:受害森林面积在1 000 hm^2以上的,或者死亡30人以上的,或者重伤100人以上的。

第五条 森林火灾统计报表包括月报表、年报表等。

月报表包括森林火灾统计月报表(表一)、森林火灾统计月报表(表二)、八种森林火灾统计报表(表三)。

年报表包括森林防火组织机构和森林消防队伍建设统计年报表（表四）、森林防火办事机构人员统计年报表（表五）、森林防火基础设施统计年报表（一）（表六）、森林防火基础设施统计年报表（二）（表七）、森林防火装备统计年报表（表八）、森林防火投资统计年报表（表九）。

第六条　发生森林火灾后，各级森林防火部门需如实进行统计上报，并由上级森林防火主管部门审核。

各省、自治区、直辖市森林防火指挥部办公室应在每月三日以前将上月月报表（一、二、三）报国家森林防火指挥部办公室，节假日顺延3天。年报表应在次年的一月十五日以前上报。

第七条　各级森林防火主管部门应当根据森林火灾统计工作的实际需要配备专职或兼职统计人员，建立健全森林火灾统计管理制度，加强森林火灾统计培训和数据上报。

统计人员要认真学习统计指标解释，掌握每项指标所包括的范围，同时和各业务部门核对有关数据，力求准确，不得漏报错报。

第八条　森林火灾统计报表汇总后必须经单位主管领导审核签章、统计人员审核签字，并加盖单位公章后上报。单位主管领导不得强令或者授意统计人员篡改统计资料或者编造虚假数据。统计人员依照森林防火相关法律法规和统计制度如实报送统计资料，并对所报送的统计资料的真实性负责。

第九条　森林火灾统计数据应当建立档案。各类统计报表实行档案化管理，应于次年二月底前装订成册，立卷归档，妥善保存，并报国家森林防火指挥部办公室备案。

第十条　森林火灾发生后隐瞒不报，故意拖延报告期限，故意伪造、篡改统计报表，干扰阻碍森林火灾统计调查，或者无正当理由拒绝提供有关情况和资料的，国家森林防火指挥部办公室将视情予以通报批评。

第十一条　本规定自2017年1月1日起施行。

第十二条　本规定由国家森林防火指挥部办公室负责解释和修改。

3.5.6　森林火灾统计主要名词解释

（1）森林火灾统计月报表（表一）（详见表3-4）

森林火灾次数：按照《森林防火条例》第四十条确定的范围统计。

火场总面积：指凡火焰经过的面积，包括有林地、疏林地、灌木林地、未成林地、苗圃地、无林木林地、宜林地和其他林业用地等。（来源：《森林防火条例》解读）

受害森林面积：指被火烧过的森林面积，不论火烧程度如何均属于受害森林面积。（来源：《森林火灾损失评估技术规范》）

公益林：以保护和改善人类生存环境、维持生态平衡、保存物种资源、科学实验、森林旅游、国土保安等需要为主要经营目的的森林（林地），包括防护林和特种用途林。（来源：《国家森林资源连续清查技术规定(2014)》）

商品林：以生产木材、竹材、薪材、干鲜果品和其他工业原料等为主要经营目的的森林（林地），包括用材林、薪炭林和经济林。（来源：《国家森林资源连续清查技术规定(2014)》）

人员伤亡：既包括直接参与扑打火灾而被烧伤、致残或者死亡的人员，也包括从发现起火时间起至将火灾扑灭的过程中，因烧、摔、砸、炸、窒息、中毒、触电、高温辐射、轧压、淹溺、受冻等原因所致的人员伤亡，同时还包括因其他如侦察火场、运输物资、清理火场等间接参与扑火救灾行为而负伤、致残或者死亡的人员。（来源：《森林防火条例》解读）

重伤：最高人民法院、最高人民检察院、司法部、公安部1990年3月29日发布的《人体重伤鉴定标准》（司发［1990］070号）规定："重伤是指使人体肢体致残、毁人容貌、丧失听觉、丧失视觉、丧失其他器官功能或者其他对于人身健康有重大伤害的损伤。"具体到某起火灾中，受伤人员是否属于"重伤"应按照《人体重伤鉴定标准》进行确认。

其他损失折款：应为在森林火灾中除森林资源损失之外的其他直接和间接经济损失。其中，直接经济损失主要有木材、木制品损失，固定和流动资产损失，农牧业产品损失等；间接经济损失包括火灾发生后因停工、停产、停业造成的经济损失，以及为扑救森林火灾及清理现场、善后处理、医疗救助等支出的费用。（来源：《森林防火条例》解读）

出动扑火人员：指扑救森林火灾过程中出动的专业队伍、半专业队、应急消防队伍、群众队伍、其他队伍等。

出动车辆：指扑救森林火灾过程中使用的扑火运兵车、炊事车、洒水车等。

出动飞机：指扑救森林火灾过程中出动的飞机，包括直升机和固定翼飞机。

扑火经费：扑救森林火灾有关经费应包括：①参加森林火灾扑救的人员的误工补贴和生活补助。扑火人员应包括直接扑打林火的人员和间接为扑火提供服务的人员。②扑救森林火灾所发生的其他费用，主要包括参加扑火人员的劳务费及日常食品、用水等生活费用，扑火装备的购置和维修费用，参与扑火车辆的维修费用、油费，参与扑火的飞机飞行费等支出。（来源：《森林防火条例》解读）

无人机：指各单位自购的无人机，分类应根据《轻小无人机运行规定》（AC-91-FS-2015-31）第2、4条确定。

（2）森林火灾统计月报表（表二）（详见表3-5）

农事用火：指人们为了农业生产开展的烧荒烧炭、烧秸秆、烧地边等行为。

炼山造林：指人们为了植树造林在采伐迹地或宜林地上用火烧来清理林地的一种营林措施。

野外生活用火：包括在野外做饭、烧火取暖等。

祭祀用火：指人们为了纪念逝者采取的上坟烧纸、燃放烟花爆竹等行为。

外省（自治区）烧入：发生外省（自治区）烧入引起森林火灾的，起火省（自治区）和被烧入省（自治区）均应统计火灾次数和受害森林面积；市（区、县）发生跨界森林火灾的，起火地区和被烧入地区均应统计火灾次数和受害森林面积。

（3）八种森林火灾报表（表三）（详见表3-6）

火灾种类：分为地表火、树冠火、地下火等。

火灾等级：分为一般森林火灾、较大森林火灾、重大森林火灾、特别重大森林火灾。

上报原因：按照《森林防火条例》第三十二条规定：发生下列森林火灾，省、自治区、直辖市人民政府森林防火指挥机构应当立即报告国家森林防火指挥机构：

(一)国界附近的森林火灾;
(二)重大、特别重大森林火灾;
(三)造成3人以上死亡或者10人以上重伤的森林火灾;
(四)威胁居民区或者重要设施的森林火灾;
(五)24h尚未扑灭明火的森林火灾;
(六)未开发原始林区的森林火灾;
(七)省、自治区、直辖市交界地区危险性大的森林火灾;
(八)需要国家支援扑救的森林火灾。

其中,"国界附近的森林火灾"是指火场距国界5km以内并构成威胁的森林火灾;"威胁居民区或者重要设施的森林火灾"是指威胁林区村屯、居民点或者易燃、易爆、军工、电信、古建筑、文物区等重要设施的森林火灾;"需要国家支援扑救的森林火灾"是指依靠省级扑火能力难以控制和扑灭,地方政府提出请求救助或国务院提出要求的森林火灾。

火灾编号:按照《森林防火条例》规定的八种森林火灾,每起火灾需填报一张表,火灾编号的填写方式为"字"前填写省区简称,( )内填写年份,"号"前填写编号。以吉林省为例,填写方式为:吉字(2016)1号。

(4)森林防火组织机构和森林消防队伍建设统计年报表(表四)(详见表3-7)

森林防火指挥部:指各级森林防火指挥部。

森林防火办事机构:指各级森林防火指挥部办公室及森林防火预警中心。其中实有人数是指在岗在编人员及其他聘用、借调等人员;其他人员指聘用、借调等人员。

防火检查站:指拥有固定办公场所、相对固定人员、完善的管理制度,承担森林防火检查任务的检查站。

专业森林消防队伍:以森林火灾预防、扑救为主,有较为完善的硬件设施和扑火机具装备,人员相对固定,有稳定的经费,防火期集中食宿、准军事化管理,组织严密、训练有素、管理规范、装备齐全、反应快速,接到扑火任务后能在10min内集结,且出勤率不低于90%。(来源:《国家森林防火指挥部关于进一步加强森林消防队伍建设的意见》)

半专业森林消防队伍:以森林火灾扑救为主,预防为辅。每年进行一定时间的专业训练,有组织、有保障,人员相对集中,具有较好的扑火技能、装备。在防火高火险期集中食宿,准军事化管理。接到扑火任务后能在30min内完成集结,且出勤率不低于80%。(来源:《国家森林防火指挥部关于进一步加强森林消防队伍建设的意见》)

应急森林消防队伍:主要由解放军、武警、预备役部队、公安民警等组成,参加当地森林火灾应急处置。经过必要的扑火技能训练和安全知识培训,具有较强的森林火灾扑救能力。接到扑火任务后,能按预案快速出动。

群众森林消防队伍:以机关、企事业单位干部、职工以及林区居(村)民中的青壮年为主,配备一定数量的扑火装备,经过森林防扑火业务知识培训,主要承担扑救森林火灾、带路、运送扑火物资、提供后勤服务、参与清理和看守火场等任务。(来源:《国家森林防火指挥部关于进一步加强森林消防队伍建设的意见》)

护林员:是指配置在森林防火一线直接对野外火源进行巡查管理、报告火情和协助有关部门调查森林火灾案件的工作人员。包括专职护林员和兼职护林员。

(5) 森林防火办事机构人员统计年报表（表五）（详见表 3-8）

实有人数：指森林防火组织机构和森林消防队伍建设统计年报表（表四）中的实有人数。

技术职称：含防火技术职称及其他专业技术职称。

防火工作年限：参加森林防火工作的年限。

(6) 森林防火基础设施统计年报表（一）（二）（表六、表七）（详见表 3-9、表 3-10）

森林火险要素监测站：为森林火险预警监测定制的能够自动观测并上报与森林火险相关气象因子的专用设备和站点。（来源：《森林火险监测站技术规范》）

森林火险因子采集站：为采集建立森林火险预报模型所需关键火险因子而设立的，由火险因子采集设备、信息录入和传输设备、工作用房和观测场地等组成的野外专用工作站。（来源：《森林火险因子采集站建设及采集技术规范》）

森林火险综合监测站：可同时监测气象因子和森林可燃物含水率的新型森林火险综合监测站。

森林防火视频监控点：主要由前端监控设备、烟火识别系统、网络传输系统、监控塔、供电保障系统、安全防护系统、视频监控管理系统及其他必要设备组成，不间断地对监控范围进行火情监控，实现火情的早期发现、及时处理的智能系统。（来源：《森林防火视频监控系统技术规范》）

无人机：指各单位自购的无人机，分类应根据《轻小无人机运行规定》（AC－91－FS－2015－31）第 2、4 条确定。

生物防火林带：以防火树种为主体，具有一定宽度和密度，具备阻火、扑火依托和安全避火功能，兼具经济效益和生态效益的带状林。（来源：《生物防火林带经营管护技术规程》）

生土带：按一定线路，在规定宽度范围内清除地表上所有植被，翻起地表新土，能有效阻隔地表火与树冠火的带状空地。（来源：《林火阻隔系统建设标准》）

防火线：按一定线路，在规定宽度范围内，通过人工清除或点烧地表层上的低矮可燃物、植被枯落物，不翻起地表新土、能有效阻隔地表火与树冠火的带状空间。（来源：《林火阻隔系统建设标准》）

森林消防车辆的分类应强调主要用途。

表六、表七统计数据为森林防火规划批复、实际建设完成的基础设施设备数量。

(7) 森林防火装备年度统计表（表八）（详见表 3-11）

防护服：含上衣和裤子，纯棉永久阻燃直贡缎面料，达到国家阻燃防护服 GB 8965.1—2009 标准，抗磨强度 4 级。

帐篷：分指挥帐篷、双人帐篷、班用帐篷。

高压脉冲水枪：利用压缩空气瞬间释放产生的极大动能，使空气与液体灭火介质（如清水）在毫秒量级时间内相互冲撞混合，经喷嘴加速后，突然膨胀雾化、瞬时喷射，产生高速度、高密度的超细水雾流，从而达到高效快速灭火的目的。1 套包含脉冲气压喷雾水枪气雾喷射器 1 支、气瓶背板套装 1 套、脉冲气压喷雾水枪标配的水桶套装 3 套。

风力灭火机：分便携式风力灭火机和背负式风力灭火机。

风水灭火机：分便携式风水灭火机和背负式风水灭火机。

粉剂灭火剂：由灭火基料和适量润滑剂、少量防潮剂混合后共同研磨制成的细小颗粒灭火剂。

水剂灭火剂：由水、渗透剂、阻燃剂以及其他添加剂组成，一般以液滴或以液滴和泡沫混合的形式灭火的液体灭火剂。

干粉灭火弹：内部填充物主要为干粉的灭火弹。

(8) 森林防火建设资金统计年报表（表九）（详见表3-12）

统计数据为森林防火规划批复资金及中央财政预算资金用于森林防火项目建设的资金，其中地方投资不含财政预算资金中的人员经费。

3.5.7 森林火灾统计报表公式说明

(1) 森林火灾统计月报表（表一）

① 森林火灾次数计(1) = 一般森林火灾(2) + 较大森林火灾(3) + 重大森林火灾(4) + 特大森林火灾(5)；

② 森林火灾次数计(1)、一般森林火灾(2)、较大森林火灾(3)、重大森林火灾(4)、特大森林火灾(5)必须是整数，不能有小数；

③ 受害森林面积(hm^2)计(7) = 公益林(8) + 商品林(9)；受害森林面积(hm^2)计(7)不能小于其中公益林(8)与商品林(9)之和；

④ 人员伤亡计(12) = 轻伤(13) + 重伤(14) + 死亡(15)；

⑤ 人员伤亡计(12)、轻伤(13)、重伤(14)、死亡(15)必须是整数，不能有小数；

⑥ 出动扑火人员(17)、出动车辆(台)计(18)、出动飞机数量(19、21、22)、飞行小时(20、22、24)必须是整数，不能有小数；

⑦ 火场总面积(hm^2)(6)、受害森林面积(hm^2)计(7)、其中公益林(8)、商品林(9)、损失林木成林蓄积(m^3)(10)、幼林株数（万株）(11)、其他损失折款（万元）(16)、扑火经费（万元）(25)应保留一位小数；

⑧ 各列数据竖直方向(10-40)相加应当等于在相应列上之总计(9)（即 垂直方向数据要平）；

⑨ 森林火灾统计月报表（表一）中各行森林火灾次数计(1) = 森林火灾统计月报表（表二）中 已查明火源次数合计(1) + 未查明火源次数(17)。

(2) 森林火灾统计月报表（表二）

① 已查明火源次数合计(1) = 农事用火(2) + 炼山造林(3) + 烧隔离带(4) + 施工作业(5) + 野外吸烟(6) + 野外生活用火(7) + 祭祀用火(8) + 痴呆弄火(9) + 未成年人玩火(10) + 电线短路(11) + 纵火(12) + 外省（自治区、直辖市）烧入(13) + 境外烧入(14) + 雷击火(15) + 其他(16)；

② 火案处理情况中的已处理人数计(19) = 刑事处罚(20) + 行政处罚(21) + 行政处分(22) + 纪律处分(23)；

③ 森林火灾统计月报表（表二）中所填数据应为整数，不能出现小数；

④ 各列数据竖直方向(10-40)相加应当等于在相应列上之总计(9)（即垂直方向数据要

平);

⑤ 内陆省份不应发生境外烧入(12)引起的火灾。

(3)森林防火组织机构和森林消防队伍建设统计年报表(表四)

① 森林防火办事机构实有人数(4) = 实有数(6) + 实有数(8) + 其他人员(9);

② 森林防火组织机构和队伍建设统计年报表(表四)中所填数据全是整数,不能出现小数;

③ 各列数据竖直方向(13-43)相加应当等于在相应列上之总计(9)。即其中省级、地级、县级三项(10-12)相加应等于该列之总计(9)(即垂直方向数据要平);

(4)森林防火办事机构人员统计年报表(表五)

① 森林防火办事机构人员统计年报表(表五)中所填数据全是整数,不能出现小数;

② 各列数据竖直方向(11-41)相加应当等于在相应列上之总计(7)。即其中省级、地级、县级三项(8-10)相加应等于该列之总计(7)(即垂直方向数据要平);

③ 各行数据中的三个年龄段之和(即30岁以下、31~50岁、51岁以上)、四段文化程度之和(即本科以上、大专、中专、高中以下)、三段从事防火工作年限之和(即15年以上、5~15年、5年以下)的总人数应该相等,且等于实有人数合计;

④ 各行数据中的四个职务级别段之和(即厅局级、处级、科级及科级以下)的总人数应该等于或小于实有人数合计。三级技术职称之和(即高级、中级、初级以下)的总人数应该等于或小于实有人数合计;

⑤ 实有人数合计(1)应该大于或等于其中:女人数(2);

⑥ 森林防火办事机构人员统计年报表(表五)中实有数合计(1)应等于森林防火组织机构和队伍建设统计年报表(表四)中实有人数(4)。

(5)森林防火基础设施统计年报表(一)(表六)

① 森林防火基础设施统计年报表(一)(表六)中所填数据全是整数,不能出现小数;

② 通信指挥系统计(9) = 电台小计(10) + 卫星通信系统电话(14);

③ 电台小计(10) = 固定(11) + 手持(12) + 车载(13);

④ 卫星通信系统小计(14) = VSAT卫星通信系统小计(15) + 海事卫星数量(20) + 手持卫星电话数量(22);

⑤ VSAT卫星通信系统小计(15) = 固定站(16) + 车载站(17) + 便携站(18);

⑥ 各列数据竖直方向(13-43)相加应当 等于 在相应列上之 本年合计(9)。即其中省级、地级、县级三项(10-12)相加应等于该列之总计(9)(即垂直方向数据要平);

⑦ "累计实有"是指到上一年度为止的实际存在的数量(减掉报废数)加上"本年合计"数。

⑧ 卫星通信系统中运营商(19、21)填写实际运营商名称。

(6)森林防火基础设施统计年报表(二)(表七)

① 除防火隔离带(km)计(1)、其中生物防火林带(2、3)、生土带(4)、防火线(5)、防火公路(km)(6)、防火储备库面积(m^2)(9、11、13、15)、森林消防专业队营房面积(m^2)(17)项须保留一位小数以外,表七中其余所填数据均是整数,不能出现小数。

② 防火隔离带(km)栏目中,计(1)应该大于或等于 其中生物防火林带林内(2) + 林

缘(3) + 生土带(4) + 防火线(5);

③ 防火储备库数量(座)(7) = 国家级数量(座)(8) + 省级数量(座)(10) + 市级数量(座)(12) + 县级数量(座)(14);

④ 各列数据竖直方向(13-43)相加应当等于在相应列上之 本年合计(9);即其中省级、地级、县级三项(10-12)相加应等于该列之总计(9)(即垂直方向数据要平);

⑤ "累计实有"是指到上一年度为止的实际存在的数量(减掉报废数)加上"本年合计"数。

(7) 森林防火装备年度统计表(表八)

① 森林防火装备年度统计表(表八)中所填数据全是整数,不能出现小数;

② 合计(1) = 个人防护类计(2) + 扑火机具类计(7) + 化学灭火类计(23) + 森林消防车辆类计(28) + 通信类计(39);

③ 个人防护类计(2) = 防火服(3) + 帐篷(4) + 睡袋(5) + 其他(6);

④ 扑火机具类计(7) = 水泵系列(8、9、10) + 水枪系列(11、12、13、14、15) + 风力系列(16、17) + 辅助系列(18、19、20、21) + 其他(22);

⑤ 化学灭火类计(23) = 粉剂灭火剂(24) + 水剂灭火剂(25) + 干粉灭火弹(26) + 其他(27);

⑥ 森林消防车辆类计(28) = 运兵车(29) + 灭火水车(30) + 运水车(31) + 全地形消防车(32) + 履带式消防车(33) + 炊事车(34) + 宣传车(35) + 宿营车(36) + 巡护摩托车(37) + 其他(38);

⑦ 通信类计(39) = 通信指挥车(40) + 对讲机(41) + 卫星电话(42) + 其他(43)。

(8) 森林防火建设资金统计年报表(表九)

① 本表中各栏各列数据均须保留一位小数;

② 合计(1) = 中央投资计(2) + 地方投资计(16);

③ 中央投资计(2) = 基本建设资金小计(3) + 财政预算资金小计(10);

④ 基本建设资金小计(3) = 预警监测系统(4) + 通信和信息指挥系统(5) + 森林消防队伍建设(6) + 森林航空消防建设(7) + 林火阻隔系统建设(8) + 森林防火应急道路建设(9);财政预算资金小计(10) = 森林防火物资储备资金(11) + 航空护林飞行费(12) + 森林航空消防地面保障资金(13) + 边境森林防火隔离带建设经费(14) + 扑火补助金(15);

⑤ 地方投资计(16) = 基本建设资金小计(17) + 财政预算资金小计(24);

⑥ 基本建设资金小计(17) = 预警监测系统(18) + 通信和信息指挥系统(19) + 森林消防队伍建设(20) + 森林航空消防建设(21) + 林火阻隔系统建设(22) + 森林防火应急道路建设(23);财政预算资金小计(24) = 森林消防专业队建设(25) + 森林防火宣传经费(26) + 航空护林飞行费(27) + 森林防火物资储备经费(28) + 边境森林防火隔离带建设经费配套资金(29) + 其他(30);

⑦ 各列数据竖直方向(12-42)相加应当等于在相应列上之本年合计(8);

⑧ "到本年累计"是指到上一年度为止的累计金额加上"本年合计"金额。

第3章 森林火灾灾后调查与建档

表 3-4 _____年森林火灾统计月报表（表一）

填报单位：　　国家森林防火指挥部办公室制

地级或县级名称	森林火灾次数（次）				火场总面积(hm²)	受害森林面积(hm²)			损失林木		人员伤亡				其他损失折款(万元)	出动扑火人员(人)	出动车辆(台)	出动飞机(h)						扑火经费(万元)
	一般森林火灾	较大森林火灾	重大森林火灾	特大森林火灾		计	其中		成林蓄积(m³)	幼林株数(万株)	计	轻伤	重伤	死亡				有人机				无人机		
							公益林	商品林										固定翼		直升机				
																		数量	飞行小时	数量	飞行小时	数量	飞行小时	
甲	1	2	3	4	5	6	7	8	9	10	11	12	13	14	15	16	17	18	19	20	21	22	23	24	25
全年累计																									
一月																									
二月																									
⋮																									
十二月																									

填表人：　　　　　　　　　审核人：　　　　　　　　　　　　　　　　　　　　　　　　　　　　　　　　　　　　　　年　月　日填报

表 3-5 _____年森林火灾统计月报表（表二）

填报单位：　　国家森林防火指挥部办公室制

地级或县级名称	已查明火源次数																未查明火源次数	火案处理情况						备注
	合计	农事用火	炼山造林	烧隔离带	施工作业	野外吸烟	野外生活用火	祭祀火源	痴呆弄火	未成年人玩火	电线短路	故意放火	外省（区、市）烧入	境外烧入	雷击火	其他		已处理起数	计	刑事处罚	行政处罚	行政处分	纪律处分	
甲	1	2	3	4	5	6	7	8	9	10	11	12	13	14	15	16	17	18	19	20	21	22	23	24
一至本月累计																								
本月合计																								

填表人：　　　　　　　　　审核人：　　　　　　　　　　　　　　　　　　　　　　　　　　　　　　　　　　　　　　年　月　日填报

表 3-6 八种森林火灾报告表（表三）

填报单位：　　　　　　　　　　　　火灾编号：　　　　字（　　）号

起火地点	坐标	起火时间	发现时间	扑灭时间	起火原因	火灾种类	火灾等级	火场面积(hm²)	受害森林面积(hm²)		林分组成	损失林木		其他损失折款合计(万元)
									计	其中公益林商品林		成林蓄积(m³)	幼林蓄积(万株)	
1	2	3	4	5	6	7	8	9	10	11　12	13	14	15	16
地（盟，市）	E °′″	月日	月日	月日										
县（林业局）		时分	时分	时分										
乡（林场）	N °′″													
村（林班）														

出动扑火人员（人数）					出动有人机				无人机			出动车辆（台）			携带电台(部)	投入扑火机具(台,把)			
合计	其中：			扑火队	飞行费(万元)	飞行时间	洒水(t)	吊桶飞行架次	机/索机/索降人架次	飞行时间	飞行架次	计	运兵车	通信指挥车	其他车辆		计	灭火机	水枪	其他机具
人数 工日	军队	武警	森警																	
21 22 23	24	25	26	27	28	29	30	31	32	33	34	35	36	37	38	39	40	41	42	43	44

人员伤亡				扑火费(万元)
计	轻伤	重伤	死亡	
17	18	19	20	45

火场指挥员
姓名
职务

火场气象情况					
天气	气温(℃)	风力(级)	降雨(雪)	风向	主要扑救过程
49	50	51	52	53	54

肇事者及有关责任人员处理情况

肇事者	有关责任人员
46	47

火灾肇事者　48
姓名
年龄
职业
单位

（另附火场示意图）

填表人：　　　　　　　　　　审核人：　　　　　　　　年　月　日填报

表 3-7 _____ 年森林防火组织机构和森林消防队伍建设统计年报表（表四）

填报单位：

单位	森林防火指挥部		森林防火办事机构						防火检查站		专业森林消防队		半专业森林消防队		应急森林消防队		群众森林消防队		护林员(人)	备注
	机构数	成员数	机构数	实有人数	其中					机构数	人数	队数	人数	队数	人数	队数	人数	队数	人数	人数	
					行政单位		事业单位		其他人员												
					编制数	实有数	编制数	实有数													
	个	人	个	人	人	人	人	人	人	个	人	个	人	个	人	个	人	个	人	人	
甲	1	2	3	4	5	6	7	8	9	10	11	12	13	14	15	16	17	18	19	20	21
合计																						
其中 省级																						
地级																						
县级																						

填表人：　　　　　　　　　　　　　审核人：　　　　　　　　　　　　　　　　　　　　　年　　月　　日填报

国家森林防火指挥部办公室制

表 3-8 _____年森林防火办事机构人员统计年报表（表五）

填报单位：

实有人数			年龄			职务			文化程度				技术职称			防火工作年限			备注
合计	其中:女	30岁以下	31~50岁	51岁以上	厅局级	处级	科级	科级以下	本科以上	大专	中专	高中以下	高级	中级	初级以下	15年以上	5~15年	5年以下	
1	2	3	4	5	6	7	8	9	10	11	12	13	14	15	16	17	18	19	20
甲																			
合计																			
其中 省级																			
市级																			
县级																			

填表人：　　　　　　　　　　　　审核人：　　　　　　　　　　　　　　　　　　　国家森林防火指挥部办公室制
　　　年　月　日填报

表 3-9 _____ 年森林防火基础设施统计年报表（一）（表六）

填报单位：

国家森林防火指挥部办公室制

单位	预警监测系统				信息指挥系统			计	通信指挥系统										备注
	森林火险要素监测站	森林火险因子采集站	森林火险综合监测站	森林防火视频监控点	瞭望塔台	防火指挥中心	业务软件	综合管控系统		电台				卫星通信系统					
										小计	固定	手持	车载	小计	VSAT 卫星通信系统			海事卫星		手持卫星电话		
															固定站	车载站	便携站	运营商	数量	运营商	数量	使用卫星	
甲	1	2	3	4	5	6	7	8	9	10	11	12	13	14	15	16	17	18	19	20	21	22	23	24
累计实有																								
本年合计																								
其中 省级																								
地级																								
县级																								

填表人：　　　　　　　审核人：　　　　　　　　　　　　　年　　月　　日填报

表3-10 _____年森林防火基础设施统计年报表(二)(表七)

填报单位:　　　　　　　　　　　　　　　　　　　　　　　　　　　　　　　　　　　　　　　国家森林防火指挥部办公室制

单位	防火隔离带(km)				防火公路		防火物资储备库(km)								森林消防专业队营房		无人机	备注
	其中						国家级		省级		市级		县级					
	生物防火林带		工程阻隔带															
	林内	林缘	生土带	防火线	数量		数量	面积	数量	面积	数量	面积	数量	面积	数量	面积	(台)	
					(km)	(座)	(座)	(m²)	(座)	(m²)	(座)	(m²)	(座)	(m²)	(座)	(m²)		
计																		
甲	1	2	3	4	5	6	7	8	9	10	11	12	13	14	15	16	17	18	19
累计实有																			
本年合计																			
其中 省级																			
地级																			
县级																			

填表人:　　　　　　　　　　审核人:　　　　　　　　　　　　　　　　　　　　　年　　月　　日填报

表 3-11 _____年森林防火装备年度统计表（表八）

填报单位：_____ 国家森林防火指挥部办公室制

扑火机具类

合计	个人防护类					水泵系列			高压脉冲水枪	高压泡沫水枪	水枪系列		高压细水雾灭火机	风力系列		计	辅助系列				其他
	防护服	帐篷	睡袋	其他	计	便携式高压泵	手抬式高压泵	水雾消防摩托车			手电动水枪	往复式水枪		风力灭火机	风水灭火机		油锯	割灌机	发电机	组合工具	
甲	2	3	4	5	6	7	8	9	10	11	12	13	14	15	16	17	18	19	20	21	22
1																					
累计实有																						
本年合计																						
其中 省级																						
地级																						
县级																						

化学灭火类					森林消防车辆类									通信类				
计	粉剂灭火剂	水剂灭火剂	干粉灭火弹	其他	计	运兵车	灭火水车	全地形消防车	履带式消防车	炊事宣传车	宿营车	巡护摩托车	其他	计	通信指挥车	对讲机	卫星电话	其他
甲	23	24	25	26	27	28	29	30	31	32	33	34	35	36	37	38	39	40	41	42	43
累计实有																		
本年合计																		
其中 省级																		
地级																		
县级																		

填表人：   审核人：   年   月   日填报

表 3-12　____ 年森林防火投资统计年报表（表九）

填报单位：　　（单位：万元）

国家森林防火指挥部办公室制

单位	合计	中央投资								财政预算资金				
		小计	基本建设资金							防火物资储备资金	航空护林飞行费	航空消防地面保障资金	边境防火隔离带建设经费	扑火补助金
			小计	预警监测系统	通信和信息指挥系统	消防队伍建设	航空消防建设	林火阻隔系统建设	防火应急道路建设					
	1	2	3	4	5	6	7	8	9	10	11	12	13	14	15
甲															
到本年累计															
本年合计															
其中 省级															
地级															
县级															

表 3-12　_____年森林防火投资统计年报表（表九）（续）

填报单位：　　　　　　　　　　　　　　　　　　　　　　　　　　　　　　　　　　　　　　（单位：万元）

单位	合计	基本建设资金								中央投资		财政预算资金			
		计	小计	预警监测系统	通信和信息指挥系统	消防队伍建设	航空消防建设	林火阻隔系统建设	防火应急道路建设	小计	防火物资储备资金	航空护林飞行费	航空消防地面保障资金	边境防火隔离带建设经费	扑火补助金
甲	16	17	18	19	20	21	22	23	24	25	26	27	28	29	30
到本年累计															
本年合计															
其中　省级															
地级															
县级															

填表人：　　　　　　　　　　　审核人：　　　　　　　　　　　　　　　　　　　年　　月　　日填报

国家森林防火指挥部办公室制

3.6 最新森林火情报告规范

国家森林防火指挥部关于规范森林火灾火情报送工作的通知(国森防〔2006〕6号)：

一、报送标准

凡发生下列森林火灾，各省(自治区、直辖市)森林防火指挥部办公室(以下简称省级防火办)应立即报送国家森林防火指挥部值班室。

(一)火场距国界5km以内，并对我国或邻国森林资源构成威胁的森林火灾。

(二)24h尚未扑灭明火或受害森林面积100 hm^2以上的森林火灾。

(三)造成1人以上死亡或者3人以上重伤的森林火灾。

(四)威胁居民区和重要设施的森林火灾。

(五)省、自治区、直辖市交界地区危险性大的森林火灾。

(六)在未开发原始林区、风景名胜区、自然保护区、旅游度假区等重要地区发生的森林火灾。

(七)在全国党代会、人大、政协会议、节日期间等敏感时期发生的森林火灾。

(八)当地已通过新华社、政府信息系统、党务信息系统等渠道上报或在各类新闻媒体上公开报道的森林火灾。

(九)需要国家支援扑救的森林火灾。

注意：上述报送标准与"3.5.7森林火灾统计主要名词解释"中的上报原因解释是不同的，它要求发生了《森林防火条例》第三十二条规定的八种森林火灾，省、自治区、直辖市人民政府森林防火指挥机构应当立即报告国家森林防火指挥机构。

而这里规定的是发生了上述九种森林火灾，省、自治区、直辖市森林防火指挥部办公室应当立即报送国家森林防火指挥部值班室。

二、报送时间

省级防火办应按以下时间要求报告火情。

(一)接到卫星热点监测报告后，应在2h内反馈核查信息，确因特殊情况无法按时反馈的，应说明原因并尽快反馈。

(二)对已上报正在扑救的森林火灾，应在每天7：00和16：00报告扑救进展情况。

(三)对火灾扑救中出现的重要情况(包括人员伤亡、威胁居民区、威胁重要设施、省委省政府领导批示、省里派出工作组赴火灾现场指挥等)，应立即电话报告，随后补报文字材料。

(四)对国家森林防火指挥部专门要求报告的情况，应立即组织报送。

三、报送内容

火情报告一般包括以下内容，如缺项应做出说明。

(一)起火地点：地名(行政地名)、起火单位(林业局、林场名)和经纬度。

(二)起火时间：火灾发生时间、发现时间和省级防火办接到报告的时间。

(三)起火原因：何种用火引起，肇事者情况。

(四)当地天气:风力、风向、气温、有无降雨等。

(五)火势情况:火场燃烧情况、发展蔓延趋势(按照火场周边描述,火区内或附近有居民点和重要设施要特别说明)。

(六)扑救情况:出动扑火人员、车辆、电台、扑火机具数量,到达火场人数和指挥员姓名、职务。

(七)损失情况:火场面积、森林比例、林种结构、火灾种类、人员伤亡和其他损失。

(八)国界附近的火情,要了解距国界的距离,发展趋势,有无烧入烧出危险或烧入烧出时间、地点、经过和损失情况。

(九)地方各级防火指挥部门采取的扑救措施和扑救方案。

(十)扑救过程中有哪些困难,需要国家支援和解决什么问题。

四、报送格式

火情报告文件应包括以下部分。

(一)标题:要求醒目、简洁,要涵盖主要内容,如有必要可加副标题。

(二)文件日期、报送时间:要写明具体日期和使用24h制时间,避免使用今日、昨日和下午4时等容易引起误解的描述。

(三)文件编号:前2位为年代,后2位为文件序号,编号要连续,如有缺失应说明。

(四)报告正文:如有多起火灾或多个火场,应先综述再分述。报告内容一般包括火场最新动态(扑救进展、有无明火、火线长度、火势强弱、控制程度、扑救措施等)、扑火人员数量(总数及其中专业扑火队、驻军、武警、武警森林部队等人数)、火场气象、火场指挥等情况。火场面积等要使用公顷等法定计量单位。

(五)火情报告编发人员:包括值班员、带班领导、审核签发人员姓名。

五、报送方式

(一)省级防火办将经领导签发(盖章)后的重要森林火情报告文件,传真(010-64217362)至国家森林防火指挥部值班室,同时,通过中国森林防火网业务系统中的"信息专递",将重要森林火情报告电子文件发至国家森林防火指挥部办公室信息处。

(二)遇重大森林火情,国家森林防火指挥部可直接向事发地市或县级森林防火指挥部了解情况,事发地森林防火指挥部要及时提供,同时报告上级森林防火指挥部。

附件

内部

重要森林火情报告

第 060×期

××省森林防火指挥部办公室　　　　　　　　年　月　日　时

××市××县森林火灾情况报告(×)

国家森林防火指挥部：

一、火灾情况

1.(起火时间、地点、原因、林相)

据×市防火办×月×日××时报告：×市×乡×村×山×月×日××时××分发生(发现)森林火灾，起火原因为××，火场林相为××林。

2.(当前过火面积、火场态势)

目前火场火势平稳(较弱、中等、较强、剧烈)，过火面积为×公顷，火场内有×处火点(烟点)。火场东(南、西、北)线有×条连续(断续)火线，长×米(千米)，火势平稳(较弱、中等、较强、剧烈)，向东(南、西、北)方向发展，蔓延速度较快(慢)，目前已经(没有)得到控制。

3.(火场风力、风向、温度、降雨量)

火场天气晴(多云、少云、阴)，风力×级，风向×，温度×~×℃。

二、扑救情况(兵力部署、指挥员、扑救方式)

火灾发生后截止×日××时已经投入兵力×人(其中武警森部队×人、专业扑火队×人、武警部队×人、驻军×人、群众×人)，从×调集增援的兵力×人(其中武警森部队×人、专业扑火队×人、武警部队×人、驻军×人、群众×人)，预计×日××时到达火场。火场东(南、西、北)线有兵力×人(其中武警森部队×人、专业扑火队×人、武警部队×人、驻军×人、群众×人)，目前正在扑打(阻隔、清理)林火(余火)。

火场前线指挥部设在×县×镇，×局(县)局长(县长)×××为前线总指挥。火场前指的电话为×××—××××××。

三、扑火前指工作情况(批示、扑救方案、飞机、省区工作)

××省领导对火灾扑救高度重视，批示"×××××"，前指拟定了××的扑救方案。火场现有飞机×架(其中直升机×架)，×架飞机进行化学(机降、吊桶)灭火，×架侦察(运输、检修)任务。

省(自治区)领导×××在防火指挥中心坐镇指挥。×××为组长的工作组已经于×日××时前往火场协调扑救工作。

四、其他情况(火案查处、支援等)

现已查明火因为吸烟(烧荒、高压线、上坟烧纸、计划烧除…)引起，肇事者(×××，男，×岁，为×县×镇×村村民)已经被拘留。

需要国家支援……

有新情况再续报。

(特此报告。——本次火灾最后一次报告)

值班员　　　　　　　　　　　　　　　　签批：

（共　　页）

思考题

(一) 基本概念

1. 片面燃烧
2. 熏黑高度自燃
3. 烧黑高度
4. 延烧时间
5. 自热自燃
6. 受热自燃
7. 着火
8. 辐散(查找)法
9. 辐合(查找)法
10. 每木调查
11. 每木检尺
12. 整化径级
13. 起测径级
14. 幼树
15. 幼苗
16. 烧毁率
17. 烧死率
18. 烧伤率
19. 森林火灾经济损失
20. 受害森林面积

(二) 问答题

1. 熏黑高度和烧黑高度有什么不同？
2. 如何根据树干上的烧黑痕迹判断林火的蔓延方向？
3. 如何根据树冠被烧痕迹及树冠上的枝条弯曲方向判断林火的蔓延方向？
4. 如何根据露头的岩石、倒木、树桩上的痕迹判断林火的蔓延方向？
5. 如何根据被烧的草丛、灌丛所留痕迹判断林火的蔓延方向？
6. 如何根据被烧断的草梗倒伏方向来判断林火的蔓延方向？
7. 地表可燃物的烧损程度、"花脸率"与蔓延速度有什么联系？
8. 试分析植被的分布格局与森林燃烧现象的联系。
9. 如何才能很好地将林火蔓延特征和查找方法结合起来查找起火点？
10. 如何才能很好地将燃烧痕迹、残留物特征和查找方法结合起来查找起火点？
11. 自热自燃和受热自燃的起因有什么不同？
12. 自热自燃和受热自燃的燃烧特征有什么不同？
13. 自热自燃引起的地下火与由地表火转变成的地下火的燃烧特征有什么不同？
14. 查找起火点通常采取哪几个步骤？
15. 起火点的查找方法中，辐合法和辐散法有什么不同？各适用什么条件？
16. 在什么样的火烧迹地适用于分片分段法查找起火点？
17. 如何排除虚假起火点？
18. 查找起火点时，除了重点观察燃烧痕迹和残留物特征外，还要重点察看哪些对象？
19. 如何查找火源证据？
20. 如何鉴别火源证据？
21. 火源证据如何提取？如何留存？
22. 起火点的方位照、概貌照、重点部位照和细目照分别应该如何拍照、录像？

23. 在起火点绘制现场草图时，应在草图上标注哪些基本信息？
24. 林木损失程度是按照什么标准确定的？
25. 某火烧迹地（纯林）调查中，从其中一块标准地得到如下数据：

径级中值（cm）	烧毁木	烧死木	烧伤木	未伤木	合计
幼树	3	10	15	12	40
8	2	15	10	20	47
12	1	8	20	20	49
16	0	2	6	30	38
合计	6	35	51	82	174

分别计算烧毁木、烧死木、烧伤木、未伤木株数百分率。

26. 假设题25中标准地的面积是20m×20m，分别计算烧毁木、烧死木、烧伤木、未伤木的单位面积株数。

27. 假设题25中，平均木的单株材积为0.000 6m³，整个火烧迹地的面积为10hm²，计算全林损失的蓄积量（幼树不计在内）。

28. 如何利用GPS进行森林火场面积测量？

29. 用一个方格的面积为1mm²网格膜片，覆盖在比例尺为1∶50 000的地形图上，该图勾绘区域（火烧迹地）有完整方格数25个，不完整的方格折合成5个方格，求该火烧迹地的面积。

第 4 章

森林火灾风险评估
——灾前评估

4.1 风险与风险评估

4.1.1 风险的概念

"风险"一词的英文是"risk",来源于古意大利语"riscare",意为"Todare"(敢)其实指的就是冒险,是利益相关者的主动行为。现代"风险"一词已不只有"冒险"的意义了,美国学者 J. Haynes 在 1895 年所著的《风险作为一个经济因素》(*Risk as an Economic Factor*)一书中认为:风险意味着损害的可能性。

何为自然灾害的风险?不同的学科背景或研究角度常有不同的理解。韦伯字典(1989)对风险的定义是面临着伤害或损失的可能性;保险业则定义为危害或损失的可能性;环境问题定义风险为未来对人类社会造成不利影响的程度;Wilson(1987 年)认为风险的本质是不确定性,风险定义为期望值;联合国人道主义事务局在其 1991 年出版的《减轻自然灾害:现象、效果和选择》中提到,自然灾害风险是特定地区在特定的时间内由于灾害的打击所造成的人员伤亡、财产破坏和经济活动不断的预期损失。

由联合国出版的《联合国国际减灾战略 减轻自然灾害术语》(2009 年)给风险的定义是:"一个事件的发生概率和它的负面结果之合"。并对此作出了注释:"'风险'一词有两个完全不同的含义:普通用法把重点放在机会或可能性上,如'一起事故的风险';而在专业领域内,重点放在后果上,如根据某个特定的原因、地点和时间阶段所出现的'潜在损失'。可以看到人们不一定对各种风险的含义和深层原因持相同的理解"。该书给灾害风险(disaster risk)的定义是:"潜在的生命、健康状况、生计、资产和服务系统的灾害损失,它们可能会在未来某个时间段里、在某个特定的社区或社会发生"。并作出了这样的注释:

"灾害风险定义反映了灾害是风险不断出现的结果这一概念。灾害风险是由不同种类的潜在损失构成的,通常很难被量化"。

虽然对于"风险"目前并没有统一的严格定义,应当注意的是,风险是一种可能性的状态,而不是真实发生的一种状况,由于人类防灾能力和实施防灾措施的不同,这种可能性的状态可能发生也可能不发生或部分发生;损失可能是期望值,也可能是部分值甚至没有任何损失。既然自然灾害风险有很大的不确定性,对于自然灾害风险,最好用风险评估而不要用风险预报这样的用语。

4.1.2 风险评估

2009 年,联合国出版的《2009 UNISDR(国际减灾战略)减轻自然灾害术语》对风险评估(risk assessment)给出了如下定义:"一种确认风险性质和范围的方法,即通过分析潜在致灾因子和评价现存脆弱条件,以及它们结合时可能对暴露的人员、财产、服务设施、生计,以及它们依存的环境造成的损害。"

对风险评估的进一步注释:风险评估与其相连的风险主体涵盖;对致灾因子的特点进行研究,包括它们的位置、强度、发生频率和概率;分析暴露程度和脆弱性,包括现实社会、健康、经济和环境的各个方面;评价应对潜在危害场景时能力的效果,不论能力是常用的,还是备用的。这些活动有时被称为风险分析过程。

4.1.3 森林火险

森林火灾风险简称森林火险。一些固定的或可变的因子影响森林可燃物燃烧、蔓延,这些因子统称为森林火险因子,也就是说它们是森林火灾形成的外因。

截至目前,对于森林火险尚没有统一的概念和明确的定义,仅用英文表达的词汇就有 3 个(fire danger, fire hazard, fire risk)。布朗和戴维斯(Brown & Davis, 1973)在《林火控制和利用》一书中定义为:"火险是由稳定因子和变化综合因子作用的结果。它直接左右林火的发生、蔓延,对林火控制的难易程度以及林火可能造成的损失。"麦利尔和亚历山大(Merrill & Alexander, 1987)在林火管理专业词典中将火险定义为:"火险是一个一般性词汇,它所表达的是对影响着火、蔓延速度、难控程度和火后影响的火环境中所有变化因子和固定因子的综合评价。"目前,森林火险一般定义为:在时间和空间上,反映林火发生、发展和结果的潜在指标。

2008 年,联合国粮食及农业组织制定并出版了《林火管理自愿性准则》(原名为《林火管理守则》),该准则于 2006 年被提交给各区域林业委员会及各区域性荒地野火管理会议,并得到讨论。准则草案从 2006 年 7 月起在互联网上公布,邀请各国审议准则内容及格式并提供反馈意见。2007 年 3 月第十八届林业委员会会议和 2007 年 5 月第四届国际荒地野火首脑会议审议通过最终草案。

《林火管理自愿性准则》中将风险、火险和火灾危险性作为术语给出了解释:

风险:①由于某个诱因的存在或作用带来的起火可能性;②一个诱因。

火险:一般性术语,通常以指数形式表示,用于对火环境的固定和可变因素进行评估,这些因素决定着易燃度、蔓延速度、控制难度和火灾影响。

火灾危险性:①一种可燃物复合指标,凭借总量、种类、条件、布局及位置等因素来确定易起火程度及扑救难度;②一种根据供燃烧的可燃物的情况来衡量火险的单位。火灾危险性是根据可燃物的相对数量、种类及条件,特别是其水分含量来计算的。

4.2 森林火险天气评估

4.2.1 森林火险天气和森林火险天气等级

按照《林火管理自愿性准则》中风险、火险和火灾危险性的定义,森林火险天气是指潜在的能够引发林火或森林火灾的天气条件或气象因子。

森林火险天气等级,主要考虑短期内天气和气象要素的变化对森林可燃物易燃性的影响,依此划分的火险等级,称为火险天气等级。制作和发布火险等级的预报称为火险天气预报。目前我国林区气象台站制作和发布的森林火险等级预报,大都是森林火险天气等级预报。森林及其附近草原看作可燃物体,它们受大气干湿、气流强弱及其他因素的影响,每天甚至每小时,易燃性变化剧烈。所以,根据不同的气象要素和当天的天气状况,测定某天或某时可燃物的燃烧性能,对临时性的预防措施或火灾扑救的动员工作都有重要意义。

4.2.2 森林火险天气评估

按照森林火险天气和风险评估的界定,森林火险天气评估实际上就是通过一定的指标体系推测或评价主要气象因子引发林火或森林火灾的潜在危险性。

4.2.3 森林火险天气评估的依据或标准

《全国森林火险天气等级》(LY/T 1172—1995)是由黑龙江森林保护研究所王贤祥等人主持制定,原林业部于1995年6月22日发布,1995年12月1日起实施的全国林业行业标准。

标准中,森林火险天气等级是由森林火险天气指数(HTZ)确定的,其计算式为:

$$HTZ = A + B + C + D - E \tag{4-1}$$

式中 HTZ——森林火险天气总指标;
  A——最高气温指数值;
  B——最小相对湿度指数值;
  C——连续无雨日指数值;
  D——最大风力指数值;
  E——物候季节指数值。

A、B、C、D、E值及火险等级分别查表4-1~表4-6。

表 4-1　最高气温的森林火险天气指数 A 值

空气温度等级	最高空气温度(℃)	森林火险天气指数(A)
一	≤5.0	0
二	5.1~10.0	4
三	10.1~15.0	6
四	15.1~20.0	12
五	20.1~25.0	16
六	≥25.1	20

表 4-2　最小相对湿度的森林火险天气指数 B 值

相对湿度等级	最小相对湿度(%)	森林火险天气指数(B)
一	≥71	0
二	61~70	4
三	51~60	8
四	41~50	12
五	31~40	16
六	≤30	20

表 4-3　降水日及其后的连续无降水日数的森林火险天气指数 C 值

降水量 (mm)	降雨日及其后的连续无雨日的森林火险天气指数(C)								
	当日	1日	2日	3日	4日	5日	6日	7日	8日
0.3~2.0	10	15	20	25	30	35	40	45	50
2.1~5.0	5	10	15	20	25	30	35	40	45
5.1~10.0	0	5	10	15	20	25	30	35	40
>10.0	0	0	5	10	15	20	25	30	35

注：降水量小于 0.3mm 作无降水计算；C 值为 30 以上时，每延续 1 日，C 值递加 5，C 值为 50 以上时，仍以 50 计算。

表 4-4　森林防火期每日最大风力等级的森林火险指数 D 值

风力等级	距地面 10m 高处风速		地面征象	森林火险天气指数(D)
	(m/s)	(km/h)		
0	0.0~0.2	<1	静，烟直上	0
1	0.3~1.5	1~5	烟表示方向，风标不能转动	5
2	1.6~3.3	6~11	人面感觉有风，树叶微响，风标能转动	10
3	3.4~5.4	12~19	树叶及微枝摇动不息，旗能展开，水面有微波	15
4	5.5~7.9	20~28	有叶小枝摇动，能吹起尘土和纸片	20
5	8.0~10.7	29~38	小枝枝摇摆，水面有小波	25
6	10.8~13.8	39~49	大树枝摇动，举伞困难	30
7	13.9~17.1	50~61	全树摇动，迎风步行感觉不便	35
8	17.2~20.7	62~74	微枝折毁，迎风步行感觉阻力甚大	40

表 4-5　森林防火期内生物及非生物物候季节影响的订正指数 E 值

等级	绿色覆盖 （草木生长期）	白色覆盖 （积雪期）	物候季节 订正指数（E）
一	全部绿草覆盖	90%以上积雪覆盖	20
二	75%绿草覆盖	60%积雪覆盖	15
三	50%绿草覆盖	30%积雪覆盖	10
四	20%绿草覆盖	10%积雪覆盖	5
五	没有绿草	没有积雪	0

表 4-6　全国森林火险天气等级标准

森林火险 天气等级	危险程度	易燃程度	蔓延程度	森林火险 天气指数（HTZ）
一	没有危险	不燃烧	不蔓延	≤25
二	低度危险	难燃烧	难蔓延	26~50
三	中度危险	能燃烧	能蔓延	51~72
四	高度危险	易燃烧	易蔓延	73~90
五	极度危险	极易燃烧	极易蔓延	≥91

表 4-6 所列出的指数的等级划分范围，如果本省（自治区、直辖市）的气候、森林植被情况特殊，可根据情况更改变动，并将变动情况上报国家森林防火指挥部办公室。

4.3　森林火险等级评估

4.3.1　森林火险等级的划分

按照《林火管理自愿性准则》中的定义，火险等级是指林火管理体系中的一个组成部分，将几项火险因素的影响纳入一个或多个当前保护需求定性或定量指数。

应该指出，全面的火险等级预报，应该同时考虑森林可燃物易燃等级区划、林火气候区划和森林火险天气等级的共同影响。

由于森林火险等级的分级方法比较复杂，目前尚无统一的、公认的火险等级标准，如何合理地、科学地划分火险等级，仍然需要做进一步的研究。火险等级的划分，在许多制作火险预报的国家中，也不尽相同。

由国家林业局调查规划设计院翟洪波等主持修订的《全国森林火险区划等级》林业行业标准，于 2008 年 9 月 3 日发布，2008 年 12 月 1 日实施。该标准中，以县（市、区、旗）、县级国有林业（林管）局及国有林场为森林火险基本区划单位，将森林火险等级分为三级：森林火灾危险性大（Ⅰ级）、森林火灾危险性中（Ⅱ级）和森林火灾危险性小（Ⅲ级）。

4.3.2 森林火险等级的火险因子指标

4.3.2.1 树种(组)燃烧类型

根据树种(组)燃烧类型划分标准,将优势树种(组)归并难燃、可燃和易燃三类。在三类中,以蓄积量比例大于或等于55%者确定树种(组)燃烧类型。若三类蓄积量比例均在55%以下,则定为可燃类。树种(组)燃烧类型,以优势树种(组)燃烧的难易程度作为划分依据。

(1)难燃类

桤木,竹类(竹亚科),栲类(含甜槠、米槠、苦槠等),青冈,水曲柳,核桃楸,泡桐,黄波罗,桢楠,刺槐,阔叶混交(优势不明显)。

(2)可燃类

冷杉,桦,柳杉,杉木,珙桐,落叶松,水杉,云杉,杨,檫树,紫杉,椴,针阔混交,硬阔(色木、山毛榉等),软阔(枫杨、柳、槭、木麻黄、楝等),杂木。

(3)易燃类

栗,樟树,柏木,桉,油杉,枫香,柯,栎(含槲等),华山松,高山松,赤松,思茅松,红松,马尾松,樟子松,油松,黑松,云南松,针叶混交(优势不明显),灌木林。

4.3.2.2 人口密度和路网密度

人口密度(人/hm^2)和路网密度(m/hm^2)采用近5年内最新统计数据。人口密度是指森林火险区划地区的人口总数与该地区总面积之比;路网密度是指森林火险区划地区的等级道路总里程数与该地区总面积之比。

4.3.2.3 气象因子

主要包括防火期月平均降水量(mm)、月平均气温(℃)、月平均风速(m/s)。

4.3.2.4 林地面积及其比例

主要包括有林地面积、灌木林地面积、未成林造林地面积,YGW和YGW%。

其中,有林地面积是指连续面积大于0.067 hm^2、郁闭度0.2以上、附着有森林植被的林地,包括乔木林、红树林和竹林。灌木林地是指附着有灌木树种或因生境恶劣矮化成灌木型的乔木树种以及胸径小于2cm的小杂竹丛,以经营灌木林为目的的或起防护作用,连续面积大于0.067 hm^2、覆盖率在30%以上的林地。未成林造林地分为人工造林未成林造林地和封育未成林地:人工造林未成林造林地,是指人工造林(包括植苗、穴播、条播、分殖造林)和飞播造林(包括模拟飞播)后不到成林年限地,造林成效符合下列条件之一,分布均匀,尚未郁闭但有希望成林的林地:① 人工造林当年成活率85%以上或保存率80%(年均降水量400mm以下地区当年造林成活率为70%或保存率为65%)以上;② 飞播造林后成苗调查苗木3 000株/hm^2以上,且分布均匀。封育未成林地,是指采取封山育林或人工促进天然更新后,不超过成林年限,天然更新等级中等以上,尚未郁闭但有成林希望的林地。

YGW,是指有林地、灌木林地和未成林造林地面积之和;YGW%,是指有林地、灌木林地和未成林造林地面积之和与该地区总面积之比。

4.3.2.5 活立木总蓄积量

指森林火险区划地区的活立木总蓄积量(m^3),要折算为$10^4 m^3$。

4.3.3 森林火险等级的评估方法

(1) 利用权值法求森林火险因子的权值

森林火险区划单位根据区划地区各项火险因子的实际数据与表4-7中的级距对比,得出各级距的权值,并把相应的权值累加,得出森林火险因子权值之和。

表4-7 森林火险因子权值

森林火险因子	级距	权值
树种(组)燃烧类别	难燃类	0.04
	可燃类	0.10
	易燃类	0.20
人口密度(人/hm^2)	≤0.6	0.03
	0.7~1.3	0.14
	≥1.4	0.12
防火期月平均降水量(mm)	≥53.0	0.04
	52.9~24.6	0.11
	≤24.5	0.23
防火期月平均气温(℃)	≤7.5	0.03
	7.6~14.0	0.15
	≥14.1	0.19
防火期月平均风速(m/s)	≤1.7	0.02
	1.8~2.6	0.09
	≥2.7	0.16
路网密度(m/hm^2)	≤1.5	0.04
	1.6~2.5	0.08
	≥2.6	0.05

(2) 计算森林火险因子的综合得分值

将森林火险因子权值之和分别乘以区划地区有林地、灌木林地和未成林造林地面积之和,以及YGW%,分别得出三项的综合得分值。

(3) 确定森林火险等级

根据三项的综合得分值,对照表4-8中的标准分值,取其中对应值高的森林火险等级作为该地区的森林火险等级。

表4-8 森林火险等级的阈值

森林火险等级		权值之和×森林资源数量	标准分值
I	森林火灾危险性大	权值之和×有林地、灌木林地和未成林造林地面积之和($10^4 hm^2$)	>65.1
		权值之和×活立木总蓄积量($10^4 m^3$)	>856.9
		权值之和×YGW%	>72.0

（续）

森林火险等级		权值之和×森林资源数量	标准分值
Ⅱ	森林火灾危险性中	权值之和×有林地、灌木林地和未成林造林地面积之和（$10^4 hm^2$）	5.3~65.1
		权值之和×活立木总蓄积量（$10^4 m^3$）	256.4~856.9
		权值之和×YGW%	43.0~72.0
Ⅲ	森林火灾危险性小	权值之和×有林地、灌木林地和未成林造林地面积之和（$10^4 hm^2$）	0.2~5.3
		权值之和×活立木总蓄积量（$10^4 m^3$）	<256.4
		权值之和×YGW%	<43

（4）补充说明

① 如果该地区内有国家级风景名胜区、自然保护区和森林公园，经国家森林防火行政主管部门审批后，其火险等级可提高一级。

② 对于按照《全国森林火险区划等级》标准未能划入高火险等级的火险敏感地区，如需特殊保护，可由所在省、自治区、直辖市行政主管部门提出申报，说明情况，经国家森林防火行政主管部门审批后列为Ⅰ级森林火险区。

4.3.4 森林火险等级评估举例

【例 4-1】假设经过调查统计，某省某县树种组成为混交林，混交比为3栎3软阔1冷杉1油松1硬阔1桦，软阔、冷杉、硬阔和桦的蓄积量占60%，栎和油松的蓄积量占40%；该县的人口密度为0.6人/hm^2，防火期月平均气温，7.3℃，防火期月平均降水量，48.8mm，防火期月平均风速为1.6m/s，该县的路网密度为1.5m/hm^2；该县的有林地、灌木林地和未成林造林地面积之和为$10.1 \times 10^4 m^3$，活立木总蓄积量为$1432.2 \times 10^4 m^3$；YGW%为82%。问：该县的森林火险等级应该确定为几级？

再假设该县管辖的林区内有一处国家自然保护区，问：该县通过哪个部门提出申报，由哪个部门审批后列入几级？

解：

第一步：对照表4-7，可以得出该县的森林火险各因子得分权值之和：

树种（组）燃烧类别中，软阔、冷杉、硬阔和桦的蓄积量占60%，大于55%，而这几类属于可燃类，因此，树种（组）燃烧类别的权值为0.10；

人口密度的权值应为0.03；

防火期月平均降水量的权值应为0.11；

防火期月平均气温的权值应为0.03；

防火期月平均风速的权值应为0.02；

路网密度的权值应为0.04；

各火险因子权值之和为0.33。

第二步：求标准分值

该县的有林地、灌木林地和未成林造林地面积之和乘以各火险因子权值之和为：

$10.1 \times 0.33 = 3.33$；

活立木总蓄积量乘以各火险因子权值之和为 1 432.2×0.33＝472.63；

YGW% 乘以各火险因子权值之和为 82×0.33＝27.06

第三步：查森林火险等级的阈值表 4-8 得到：

火险因子与有林地、灌木林地和未成林造林地面积之和的综合得分对应的森林火险等级为Ⅲ级；火险因子与活立木总蓄积量的综合得分对应的森林火险等级为Ⅱ级；火险因子与 YGW% 的综合得分对应的森林火险等级为Ⅲ级。

答：（1）该县的森林火险等级取其中对应值最高的森林火险等级，确定为Ⅱ级。即，森林火灾危险性中。

（2）由于该县管辖的林区内有一处国家自然保护区，应该由该县所在省森林防火指挥部办公室提出申报，由国家森林防火指挥部办公室审批后，将该县的森林火险等级由Ⅱ级提高到Ⅰ级。

4.4 森林火灾风险评估的技术支撑

4.4.1 森林火险因子采集站建设及采集技术规范

2016 年 7 月 27 日由国家林业局发布，2016 年 12 月 1 日实施的《森林火险因子采集站建设及采集技术规范》(LY/T 2665—2016)为森林火险评估中的因子采集提供了技术支撑。

4.4.1.1 森林火险因子采集站建设要求

（1）森林火险因子采集站的建设密度

森林火险因子采集站的设置应考虑气候、地形、地貌和可燃物类型的差异。将全国重点林区按气候地形条件、森林类型等条件进行划分，确保每一个具有代表性的气候、地形、森林类型分区都有一个森林火险因子采集站。每 500 000 hm^2 林地建设一个森林火险因子采集站。

（2）森林火险因子采集站的地址选择

森林火险因子采集站应依托森林火险监测站设置，森林可燃物的采样点距森林火险监测站不超 200m，选择靠近阳坡的最易燃的典型林分。采集站应有放置烘干、称量设备的固定房舍，有 220V 供电有无线通信网信号或能接入国际互联网。

（3）森林火险因子采集站的设备材料配置

森林火险因子采集站应配备下列设备和材料：①数字天平，量程＞1 000g，精度 0.01g；②烘箱，功率≥400W，温度 50～300℃可调，温度精度 ±1℃；③森林火险信息上传终端；④0.3m 高、上置 300mm×300mm 镂空工作面的支架一个；⑤可燃物湿度棒 3 根；⑥能密封的环保塑料袋若干；⑦标签若干；⑧信封若干。

（4）森林火险因子采集站编号

编号采用 4 位数字，前两位是省代码，后两位为采集站在所在省内的序号。

4.4.1.2 森林火险因子采集站初始信息采集与上报

（1）站点基本信息采集

所在地的省（自治区、直辖市）名、地（市）名、县名、采集站编号、地理坐标（经度、纬度)、高程、坡度、坡向、坡位,采样林分的林种、优势树种、林分类型、树种组成、下木组成、郁闭度、平均胸径、平均树高、林龄、林内外的照片等,记入表4-9。

表4-9 森林火险因子采集站站点基本信息

站点名称		站点编号	
省(自治区、直辖市)		地(市)	县(市)
经度(°)		纬度(°)	高程(m)
坡度(°)		坡向	坡位
林种		优势树种	林分类型
树种组成		下木组成	郁闭度
平均胸径(cm)		林龄(a)	平均树高(m)
备注(照片)			

(2)可燃物湿度棒制作与初始信息采集

选用当地优势树种的去皮木材,制作三根长度分别为140mm、150mm、160mm,截面直径为10~15mm的可燃物湿度棒,依次编为1号棒、2号棒、3号棒。将可燃物湿度棒放入烘箱内105℃烘8h,称量其绝干质量,精确到0.01g,记入表4-10。

表4-10 可燃物湿度棒初始信息

站点名称		站点编号	
一号棒		树种	
直径(mm)		长度(mm)	干重(g)
二号棒		树种	
直径(mm)		长度(mm)	干重(g)
三号棒		树种	
直径(mm)		长度(mm)	干重(g)

(3)活可燃物采样信息

在可燃物采样点内选择代表性的活灌木两种、杂草、针叶和阔叶乔木各1种,记录种的名称和照片。树种组成单一、不能满足上述树种数量要求的地方,选择最接近上述要求的乔灌木种类数量进行采集。

(4)初始信息上报

森林火险因子采集站站点基本信息、可燃物湿度棒初始信息和活可燃物采样信息,每年初上交到省级森林防火指挥部办公室,由其上报国家森林防火指挥部办公室备案并输入森林可燃物观测信息库。

4.4.1.3 日常火险因子采集与上报

(1)采集时段

采集时段为每年的防火期。防火期结束,停止采集上报。

(2)每日采集工作

① 0~20mm 地表凋落物含水率的采集 每日14:00~16:00在可燃物采样点内四个

随机点上采集 0~20mm 的地表凋落物少量(50~100g)，混合后装入塑料袋内密封后带回室内，取出用数字天平称量其鲜质量并记入表 4-11，然后装入贴有标签的信封，放在室内阴凉、通风处保存。

表 4-11 地表凋落物含水率采集信息

站点名称			站点编号		
日 期	星期	凋落物类型	鲜重(g)	带皮干重(g)	皮干重(g)
	一				
	二				
	三				
	四				
	五				
	六				
	日				

② 50~70mm 腐殖质含水率的观测 每日 14:00~16:00 在可燃物采样点内上述四个采样点上采集据地表 50~70mm 的腐殖质少量(50~100g)，混合后装入塑料袋密封后带回室内，取出数字天平称量鲜质量，并记录表 4-12，然后装入贴有标签的信封，放在通风处保存。

表 4-12 腐殖质含水率观测信息

站点名称			站点编号		
日 期	星期	腐殖质类型	鲜重(g)	带皮干重(g)	皮干重(g)
	一				
	二				
	三				
	四				
	五				
	六				
	日				

③ 可燃物湿度棒观测 平日将制作好的三根可燃物湿度棒放在林内支架镂空工作面上，每日 14:00~16:00 取回，用数字天平称量其质量，并记入表 4-13，然后放回原处。

表 4-13 可燃物湿度棒称量记录

站点名称			站点编号		
日 期	时间	1号棒质量(g)	2号棒质量(g)	3号棒质量(g)	
1					
2					
3					
⋮					
29					
30					
31					

④ 林内火源观测 每天观察森林火险因子采集站附近的野外火源情况，将其归纳为计划烧除、林业生产、林内副业、农事用火、踏青旅游、上坟烧纸六类，按火源的多少分为较多、较少、无三个级别，记入表4-14。

表4-14 野外火源观察记录

站点名称			站点编号			
日期	计划烧除	林业生产	林内副业	农事用火	旅游踏青	上坟烧纸
1						
2						
3						
⋮						
29						
30						
31						

4.4.1.4 每周采集工作

每周在可燃物采样点内进行一次活可燃物含水率的采集。选定活可燃物不同部位的少量叶片（20~50g），分别装入塑料袋密封后带回室内，取出用数字天平分别称量其鲜质量，并记入表4-15，然后装入贴有标签的信封。

表4-15 活可燃物含水率观测信息

站点名称			站点编号		
日期	类别	树种名	鲜重(g)	带皮干重(g)	皮干重(g)
	活灌木1				
	活灌木2				
	杂草				
	针叶树				
	阔叶树				

① 每周烘干 每周一将一周内采集的装有0~20mm地表凋落物、50~70mm腐殖质、活可燃物的信封一起放入烘箱中，用105℃烘24h。然后将其取出，称量带皮干重和倒掉可燃物后的信封皮重，分别记入表4-11、表4-12、表4-14中。

② 信息上报 将采集的信息上报到全国森林火险信息采集管理平台。其中，每天上报3个可燃物湿度棒的鲜质量、野外火源情况。更新可燃物湿度棒时，应立即更新上报可燃物湿度棒的绝干质量。每周上报一周内每天现场采集的地表凋落物鲜质量、干质量、皮重，地表腐殖质鲜质量、干质量、皮重，灌木、杂草、针叶、阔叶活可燃物的鲜质量。

有国际互联网的森林火险因子采集站，按站点编号直接登录到全国森林火险信息采集管理平台填报观测信息，无互联网接入的站点使用森林火险信息上传终端将观测信息发送至国家森林防火指挥部12119。

文档备案将表 4-11 ~ 表 4-15 在每年年底上交省级森林防火指挥部办公室后上报国家森林防火指挥部办公室备案。

4.4.2 森林火险监测站技术规范

2016 年 1 月 18 日由国家林业局发布，2016 年 6 月 1 日实施的《森林火险监测站技术规范》(LY/T 2579—2016) 为森林火险因子的采集提供了保障。

4.4.2.1 森林火险监测站的组成

① 气象要素传感器　包括雨量、温度、湿度、风向、风速传感器；
② 数据采集器　包括气象要素转换器、控制器和接口；
③ 通信终端　包括 GPRS/CDMA 或其他远距离通信终端（如北斗）；
④ 电源　包括充电控制器、太阳能电池板、蓄电池；
⑤ 附件　包括接插件、避雷器、仪器箱、基座、支架和围栏。

森林火险监测站结构示意如图 4-1 所示；森林火险监测站组成如图 4-2 所示。

4.4.2.2 质量要求

① 整套设备应按照规定程序及批准的图样和技术文件制造；
② 应为模块化设计，所有部件应能拆卸，所有传感器均可标定；
③ 采用等电位设计，采用太阳能/蓄电池联合供电；
④ 全部电子线路、接插件、电线、电缆应焊接牢靠，不应有漏电、脱焊、虚焊等现象；
⑤ 整机各部件的装配应正确、牢固，在正常使用条件下，不应有松脱、迟滞、卡死、变形等缺陷；
⑥ 整机采用密封机箱设计（防雨、防尘、防辐射和防雷），具有防锈、防盗功能（可采用专业防盗螺栓）；在沿海地区，其关键部件应有防盐雾工艺处理；全部线路板应涂防护漆并要密封。各零部件的防护层应均匀、牢固，不应有脱落、锈蚀等缺陷；
⑦ 温度和湿度传感器应有防辐射措施；
⑧ 风杆要求喷涂户外专用漆、紧固拉线应采用镀锌钢缆；
⑨ 数据采集器的外壳应采用不锈钢制作；
⑩ 所有接线都要有护线管，布线应规范、美观。

4.4.2.3 主要功能

① 应将温度、湿度、风速、风向、降水量等气象因子的观测数据，经过采集器的处理，通过通信网络发送到国家和省级森林火险预警中心，存入森林火险信息数据库。
② 应通过森林火险信息采集管理平台，设置传输时间间隔、传输目标地址、开关机等工作状态，按指令向国家和省级森林火险预警中心发送存储器内的观测数据。
③ 应具有自诊断功能，通过森林火险信息采集管理平台对各传感器、供电系统的自身工作状态进行监测，并根据规定的编码方式上传至国家和省级森林火险预警中心。
④ 森林火险监测站的数据采集器应留有扩展接口，可根据需要增加气压、地面湿度等传感器。
⑤ 因各种原因造成森林火险监测站电池电量不足而停机，一旦电量恢复，应能自动

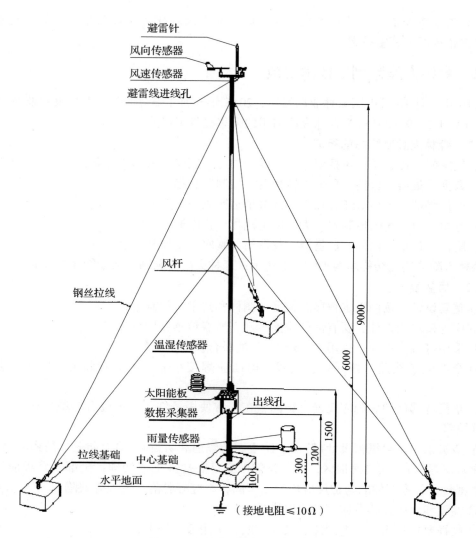

图 4-1　森林火险监测站结构示意

启动。

4.4.2.4　通信方式

森林火险监测站传输观测数据统一采用 GPRS 移动公网,在无移动公网的区域亦可采用北斗或其他补充通信方式。

通信格式应满足森林火险监测系统的标准接口格式,以及气象设备通信要求及数据格式。

4.4.2.5　森林火险信息采集管理平台

（1）数据采集

森林火险采集管理平台应能采集全国 5 000 个森林火险监测站、1 000 个森林火险因子采集站、10 000 个手持森林火险仪的森林火险气象观测信息,装入国家森林火险预警中心气象信息数据库。

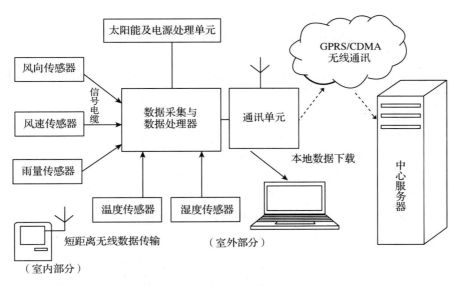

图 4-2 森林火险监测站组成示意

（2）数据显示

① 以天地图为基础，以图形方式显示各森林火险监测站的位置、名称、运行状况、最新观测数据。

② 应对森林火险监测站、森林火险因子采集站、手持森林火险仪运行状况进行统计，列出故障设备清单。

③ 应能自动生成管理区域内的温度、湿度、风速、降水量等各观测气象因子的等值线专题图。

（3）检索查询

① 可检索查询单个森林火险监测站、森林火险因子采集站、手持森林火险仪的当前及历史观测信息，以图形方式显示各气象观测信息的变化规律。

② 可检索查询任意行政区划或时间段上的观测信息，并且可以根据历史数据，按区域、时间段等进行统计分析，生成统计分析图表。支持按时间、区域进行数据导出。

（4）筛查甄别

应能够自动对采集数据进行分析、统计，按逻辑关系对所采集的气象观测信息的正确性进行甄别，自动滤除站点错误观测数据，并给出告警信息。

（5）设备管理

① 森林火险采集管理平台的客户端和服务器端中具有权限的用户可对森林火险监测站、森林火险因子采集站、手持森林火险仪等设备信息进行管理，包括对设备的名称、型号、编码、地理位置、归属地、管理员、SIM卡号、运营商、承建商等信息等进行添加、修改、删除，可远程对设备发送控制命令。

② 可按区域、运营商、承建商进行设备的列表，并可导出设备列表。

③ 可按传感器标定的时间要求，对各传感器的标定状况进行管理。

（6）用户管理

① 系统用户可分为超级管理员、系统管理员、厂商管理员、省级管理员、一般用户等用户组。

② 各类管理员登录服务器或客户端按所在分组权限进行用户组和用户的添加、权限管理、删除。

4.4.2.6 选址要求

① 应依照森林火险区划标准，保证每一具有代表性的区域内至少建有一个森林火险监测站。其布设密度不低于每 50 000hm² 林业用地建设一个。

② 在一个区域内，应选择在森林火险等级最高的地方（如阳坡、开阔地等）。

③ 应建在有地面通信网络或移动信号稳定覆盖的区域。

④ 应建在交通较为便利、有人员看管的站点（如林场场部、自然保护区、防火站、木材检查站、森林管护站等）附近。

⑤ 四周应空旷平坦，不宜建在陡坡、洼地或附近有铁路、公路、工矿、烟囱、高压线、高大建筑物和树木的地方。应避开地方性雾、烟等大质污染严重的地方。

⑥ 对不得已而必须安装在独立建筑物顶部（原则上不宜）的森林火险监测站，其建筑物加上风杆的高度不应超过 10m。

4.4.2.7 设备的安装

① 安装场地应平坦，周围 50m 以内不应有高大建筑物和高大树木。建在院落以外的森林火险监测站，四周应建 4m×4m×1.2m 的金属或木制透视围栏。

② 森林火险监测站的风杆高度一般为 10m，应架设在提前制作的基座上，并拉设镀锌钢缆固定线。

③ 风杆基础及拉线基础地基，应根据实际地理情况确定深度，确保不因土地上冻、解冻导致地基变形或损坏。

④ 风向、风速传感器：风杆顶部风向传感器指北标识朝正北。

⑤ 温度、湿度传感器距地面 1.5m，安装在防辐射罩内。

⑥ 雨量传感器：口缘距地面 1.0m，雨量筒和风杆的距离为 0.6m，其中的水平仪应调为水平。

⑦ 数据采集器距地面 1.2m。

⑧ 太阳能电池板：距地面 1.5m，朝正南方向，仰角为 15°～-50°可调整。

⑨ 出线孔距地面 1.1m，拉线距地面 9m、6m。

⑩ 防雷设备的性能和安装应符合 QX30 的相关要求。

4.4.2.8 维护

① 应定期（特别是恶劣天气后）对森林火险监测站进行巡查，确保设备完好，稳定运行，发现问题及时上报。

② 对森林火险监测站周围可能影响观测效果的树木，应及时进行修剪，定期清除围栏内灌木、杂草，保持太阳能面板清洁，清除雨量筒内的落叶、杂物，防止堵塞。

③ 应定期按照标定周期的要求，由生产单位或委托其他有资质的专业部门，对森林火险监测站各传感器进行校验和标定，不得使用未经标定、超过标定周期或标定不合格的

传感器。

思考题

(一) 基本概念
1. 森林火险因子
2. 火灾危险性
3. 森林火险天气等级
4. 森林火险天气评估
5. 人口密度
6. 路网密度

(二) 问答题
1. 在众多的风险的概念解释中，你比较认同哪种界定？为什么？
2. 在众多的灾害风险的概念解释中，你比较认同哪种界定？为什么？
3. 在森林火险天气指数（HTZ）的计算式 $HTZ = A + B + C + D - E$ 中，各符号代表的含义是什么？
4. 按照危险程度划分森林火险天气等级分为哪几个等级？
5. 按照易燃程度划分森林火险天气等级分为哪几个等级？
6. 按照蔓延程度划分森林火险天气等级分为哪几个等级？
7. 按照《全国森林火险区划等级》的规定，根据树种（组）燃烧类型划分标准，将优势树种（组）归并难燃、可燃和易燃三类。在三类中，以＿＿＿＿比例大于或等于＿＿＿＿%者确定树种（组）燃烧类型。若三类蓄积量比例均在＿＿＿＿%以下，则定为可燃类。
8. 按照《全国森林火险区划等级》的规定，人口密度和路网密度采用近＿＿＿＿年内最新统计数据。
9. 在什么情况下森林火险等级可提高一级？在什么情况下某区域可以直接定为Ⅰ级森林火险区？
10. 在《森林火险因子采集站建设及采集技术规范》中，对森林火险因子采集站编号是如何规定的？
11. 在《森林火险因子采集站建设及采集技术规范》中，站点基本信息采集包括哪些？
12. 在《森林火险因子采集站建设及采集技术规范》中，对1号棒、2号棒、3号棒的规格是如何规定的？
13. 在《森林火险因子采集站建设及采集技术规范》中，每日采集工作包括哪几部分内容？
14. 在《森林火险监测站技术规范》中，森林火险监测站由哪几部分组成？
15. 在《森林火险监测站技术规范》中，森林火险监测站的选址有哪些要求？
16. 在《森林火险监测站技术规范》中，森林火险监测站的维护有哪些要求？

(三) 计算题

假设经过调查统计，某省某县树种组成为混交林，混交比为3栎3软阔2冷杉2油松，软阔、冷杉的蓄积量占43%，栎和油松的蓄积量占57%；该县的人口密度为1.6人/hm²，防火期月平均气温，10.3℃，防火期月平均降水量，38.8mm，防火期月平均风速为5.6m/s，该县的路网密度为3.5m/hm²；该县的有林地、灌木林地和未成林造林地面积之和为 30.1×10^4 m²，活立木总蓄积量为 1632×10^4 m³；YGW%为72%。问：该县的森林火险等级应该确定为几级？

再假设该县管辖的林区内有一处国家自然保护区，问：该县通过哪个部门提出申报，由哪个部门审批后列入几级？

第 5 章

森林火灾扑救评估技术和方法
——灾中评估

5.1 森林火灾扑救战略、战术适用性评估

战略是研究带动全局性的指导思想；战术则是研究具体战斗的规律、形式以及组织指挥的方式方法，寻求赢得胜利的最佳方案和方法。战略战术的运用是否得当，直接关系到森林火灾扑救的成败及效率。对森林火灾扑救的战略战术适用性进行评估，有利于不断总结森林火灾扑救实战的经验教训，提高森林火灾的控制能力，最大程度减少森林火灾及其造成的人员伤亡和财产损失，保护森林资源，维护生态安全。

5.1.1 森林火灾扑救战略评估的主要内容

（1）以人为本，安全第一，科学扑救

森林火灾是一种具有很强复杂性、突发性、难控性和危险性的自然灾害。森林火灾的性质决定了扑救过程中必须"以人为本"，只有将"以人为本"作为森林火灾扑救的战略，才能有效地减轻其危害和损失，保护人民的人身安全、财产安全、森林资源安全和生态安全，维护社会稳定。此外，"以人为本"是保护扑救人员和灾区群众人身安全的体现；同时"以人为本"有助于防止政府在处置森林火灾中滥用权力，自始至终要把扑火人员和灾区群众的人身安全放在首位。

在森林火灾扑救工作中，不仅与指挥学、森林灭火技术装备、森林灭火战略战术和火场通信等学科知识密切相关，而且与数学、化学、物理、气象学、地形学、林火行为、信息技术、机械学、防火工程、运筹学、遥感技术、管理学、心理学、协同学和突变论等多学科相互交融。因此，"科学扑救"是森林火灾扑救必须遵循的一个基本原则。同时，"科学扑救"又是"以人为本"原则的基础，在复杂性、突发性、危险性和难控性都异常突出的森林火灾面前，只有做到了"科学扑救"，才能真正将"以人为本"落到实处。

(2) 统一领导、军地联动，分级负责、属地为主

火场就是战场，扑救森林火灾类似于战争中的战役。《森林防火条例》第三章县级森林火灾的扑救规定：

县级以上地方人民政府应当公布森林火警电话，建立森林防火值班制度。任何单位和个人发现森林火灾，应当立即报告。接到报告的当地人民政府或者森林防火指挥机构应当立即派人赶赴现场，调查核实，采取相应的扑救措施，并按照有关规定逐级报告上级人民政府和森林防火指挥机构。

发生条例中规定的八种森林火灾，省、自治区、直辖市人民政府森林防火指挥机构应当立即报告国家森林防火指挥机构，由国家森林防火指挥机构按照规定报告国务院，并及时通报国务院有关部门。

发生森林火灾，县级以上地方人民政府森林防火指挥机构应当按照规定立即启动森林火灾应急预案；发生重大、特别重大森林火灾，国家森林防火指挥机构应当立即启动重大、特别重大森林火灾应急预案。

扑救森林火灾应当以专业火灾扑救队伍为主要力量；组织群众扑救队伍扑救森林火灾的，不得动员残疾人、孕妇和未成年人以及其他不适宜参加森林火灾扑救的人员参加。

武装警察森林部队执行森林火灾扑救任务，应当接受火灾发生地县级以上地方人民政府森林防火指挥机构的统一指挥；执行跨省、自治区、直辖市森林火灾扑救任务的，应当接受国家森林防火指挥机构的统一指挥。

中国人民解放军执行森林火灾扑救任务的，依照《军队参加抢险救灾条例》的有关规定执行。

气象主管机构应当及时提供火灾地区天气预报和相关信息，并根据天气条件适时开展人工增雨作业。

交通运输主管部门应当优先组织运送森林火灾扑救人员和扑救物资。

通信主管部门应当组织提供应急通信保障。

民政部门应当及时设置避难场所和救灾物资供应点，紧急转移并妥善安置灾民，开展受灾群众救助工作。

公安机关应当维护治安秩序，加强治安管理。

商务、卫生等主管部门应当做好物资供应、医疗救护和卫生防疫等工作。

此外，《国家森林火灾应急预案》中对国务院、外交部、林业主管部门、专家组、信息发布部门(信息发布平台和广播、电视、报纸、互联网、手机短信等)、基层应急队伍和专业森林消防队、民兵预备役部队、公安消防部队、通信、电力、铁路、民航等行业或部门的职责和任务做出了明确的规定。

仅从参战的行业和部门看，不实行"统一领导、军地联动，分级负责、属地为主"的扑火战略，要赢得森林火灾扑救战役的胜利是不可能的。

(3) 专群结合，以专为主

《国家森林火灾应急预案》在"6.1 队伍保障"中明确规定：扑救森林火灾以专业森林消防队、武警森林部队等受过专业培训的扑火力量为主，驻军、武警其他部队、民兵、预备

役部队等扑火力量为辅，必要时可动员当地林区职工、机关干部及当地群众等力量协助扑救工作。

这是结合我国的国情作出的战略决策。随着我国国力的不断增强，这一战略将会逐渐转变为专业森林消防队扑救森林火灾。

（4）知己知彼，增强战术的针对性

① 知己　特别是指挥员要熟悉扑火任务、战术要求、队伍组成、战斗力、装备与给养、通信联络等情况。

② 知彼　熟悉敌情，即熟悉火情、林情、地形，以及气象条件等。

③ 增强战术针对性的关键　选择当地、当时最佳的灭火方法。

（5）机动灵活，集中优势兵力打歼灭战

机动灵活体现在：① 发挥指挥员的经验；② 战术的灵活应用；③ 果断行事；④ 善于捕捉有利战机：初发火、小火、弱火、逆风火、下山火、夜间的火、水湿地带的火；穿越道路、河流、阻火线、无植被的荒地、防火林带等区域的火，刚刚进入密林的火；无风、阴、雨、雾、露、霜等天气，都是有利的灭火时机。

要抓住有利战机，采用最优的森林火灾扑救战术、技术和方法，使用最适宜的、最先进的扑火装备和设备，集中战斗力最强的优势兵力打歼灭战。

（6）牺牲局部，保存全局

① 局部服从全局，一般服从重点　保护重点和顺序是：先人后物；先重点林分后一般林分。例如，火同时危及原始林、次生林、人工林、灌木林、草原、荒山荒地时，首先要保护原始林；若危及历史文物时，先保护文物后保护林子。

② 划分战略灭火地带　当扑救力量有限时，在确保扑火人员安全的前提下，可以选择有河流、道路、水湿地带、荒地等限制火灾快速蔓延的区域为牺牲的局部，先选无限制性地带为依托的区域开展扑救工作，以防森林火灾快速蔓延而失控。

③ 打控结合，以打为主　集中力量扑救火场的外围火，按照"先控制，后消灭，再巩固"的原则牺牲火场内部区域。

5.1.2　森林火灾扑救战术评估的主要内容

（1）分兵合围

具体做法："打火要打边"和"扑火队伍要扣头"，即分兵合围。

分兵合围应注意的问题：①扑打的火必须是真正的外围火；②各点上必须兵分两路打火；③各支扑火队伍必须扣头，要围得住，不能留下任何空隙；④各占据点不要选择在顺风方向，如果有产生飞火的可能，必须派相应的兵力在下风处适当的位置巡护，发现飞火立即消灭之。

（2）以打为主，打烧结合

森林火灾扑救的主要工作是利用各种扑救技术、方法、装备和设备直接灭火，但有时仅仅靠扑打是很难奏效的，这就具有充分利用林火的工具属性，打烧结合，以便提高灭火效率和效果。例如，以火灭火中的点迎面火，以及当扑火人员人身安全受到威胁时的点火解围。当然，火烧要慎重，使用不当就会"放火"，通常要求由专业人员按照用火规程进行点烧。

(3) 全线包围，重点用兵

全线包围，在安全许可下迅速从四面八方进攻，打一个漂亮的歼灭战。重点用兵，就是不要平均使用兵力，要根据火场的具体情况，如风向风速、火强度、火蔓延速度、火发展趋势、地形地势等，要分清难度，区分险情，有侧重地使用兵力。

(4) 先控制，后扑救

许多情况下，直接扑火有很多的难度和危险性，这就要求先控制住森林火灾的蔓延态势，然后再进行扑救。最常用的是在安全范围内开设阻火隔离带，待火烧到隔离带附近，火势或火蔓延速度下来之后，一举将其歼灭。例如，火烧阻火隔离带，人工开设阻火隔离带，挖阻火沟等。

(5) 攻弱避强，稳步推进

在火场有风且风向相对稳定的情况下，要避免扑打火头，先打火尾和火翼（靠近火尾、非靠近火头的侧风火），打一段清一段，巩固一段，保证不复燃。这是森林火灾扑救最常使用的一种战术。

5.2 森林火灾扑救技术、方法适用性评估

5.2.1 技术与方法的辨析

技术与方法实质上是一个同义词，给人的感觉，方法通俗一些，技术高雅一些。进入21世纪，人们越来越喜欢使用技术一词。例如，把预测方法叫做预测技术、管理方法叫做管理技术、实验方法叫做实验技术，等等。

有人说"方法(method, way, means)"一词是来源于希腊文，含有"沿着"和"道路"的意思，表示人们活动所选择的正确途径或道路。殊不知"方法"一词在我国不仅使用早，而且与希腊文"方法"一词涵义也相一致的。他们说"方法"，就是"行事之条理也"(《中文大辞典》第15册，第230页)。"法者，妙事之迹也"(《中文大辞典》第19册，第115页)。把方法看成人们巧妙办事，或有效办事应遵循的条理或轨迹、途径、线路或路线，这是何等确切的。

技术则是指在人们有目的的行动中，通过一连串有特定逻辑关系的动作来完成特定的任务。这些有特定逻辑关系的动作所形成的集合整体就称之为人们做事的一种方法。

按照这种定义，人们每一次有目的行动过程都形成一种方法。不过，人们实际语言中的方法一词大多数都经过了抽象的过程，也就是说，每一种被确认的方法都是对若干做事过程集合中的动作组合逻辑的某些共同特征的概括，具有一些共同逻辑特征的行动过程就形成了一种方法。这种概括，突出了过程中的一些特征，忽略了另外一些特征。于是，我们将方法定义如下：

在人们若干做事过程的动作集合中，若这些过程的动作逻辑具有共同特征集A，我们就说这些过程采取了方法A。

此定义也可表述为：设F是一个人们做事的过程集合，A是一个过程特性的集合，若

对任意属于 F 的 f，f 所包含的动作集的逻辑关系特征集合包含 A，则我们就说 F 集合中的过程都采用了方法 A(特例：F 只包含一个元素)。

例如，隔离带技术，至少可以包括以下几种方法：①火烧隔离(阻火)带；②人工清理、开设隔离(阻火)带；③开设、爆炸形成生土带；④人工、飞机喷洒水、化学阻火剂形成隔离(阻火)带；⑤天然屏障的加宽；⑥防火林带的清理；⑦挖隔离沟灭地下火等。

因此，把技术与方法区分开也是可以的。技术是若干种方法的集合；方法是人们做事过程中一连串动作的关联方式，一种方法就是对这种关联方式特殊性方面的一个概括。

5.2.2 森林火灾扑救技术适用性评估的主要内容

(1) 直接灭火技术

利用消防工(机)具直接扑打明火、喷(撒)土灭火和清理余火的技术。适合于打小火、中度火，如地表火，局部的冲冠火和树干火。符合下列一种或几种情况时，可采用直接灭火法：① 小火；② 火的蔓延速度慢；③ 火的温度相对较低；④ 使用的工具能够接近火缘；⑤ 为争取时间，必须迅速控制火头；⑥ 大部分火已经扑灭，只剩下几处小火或零星的余火待扑灭。

主要工(机)具包括：锹、耙、斧、刀、锯、二号工具、三号工具、扑火拍、灭火弹、灭火水枪、自压式灭火器；风力灭火机、风水灭火机、喷土机、灭火水炮、机动手抬灭火水泵、消防车等。利用航空器灭火、以火灭火或人工降水灭火等技术手段也可以归入直接灭火技术。这是使用最为普遍的灭火技术。

(2) 间接灭火技术

采用阻隔措施间接扑救森林火灾的技术。主要包括：在火线前方喷洒泡沫灭火剂或其他化学灭火药剂，建立不燃阻隔带；在火线前方，开设生土阻隔带(或清除可燃物)；在火线外围挖防火沟阻截地下火蔓延等。利用航空器喷洒建立隔离带、火烧开设隔离带等也是间接灭火技术。

当符合下列一种或几种情况时，可采用间接灭火技术：① 火场范围大，需长时间和投入相当力量进行扑救；② 火蔓延速度快，进行直接灭火可能会被火围困；③ 火的温度极高，人员及设备无法进行直接扑灭；④ 缺乏相应的工具，接近火场边缘有困难；⑤ 火场周围可燃物多，现有力量难以建立防火线；⑥ 为人员及设备安全着想，而不考虑抢时间；⑦ 缺乏足够的力量，进行直接灭火无法把握。例如，树冠火、地下火等。

与直接灭火不同，间接灭火不靠人力接触火头、火缘，而是利用设置隔离带或以火灭火等手段达到灭火的目的。这里的"间接"和"直接"是根据灭火的主要特点而划分的，不宜作机械的理解。

5.2.3 森林火灾扑救方法适用性评估的主要内容

按照前面"技术与方法的辨析"，森林火灾扑救技术可以归并为直接灭火和间接灭火，但方法就很多了。森林火灾扑救中最常用的有以下几种方法需要进行评估。

(1) 扑打法

① 扑打时将二号工具 45°斜向火焰，轻举重压，一压一拖；切忌扑火工具与火焰成

90°直上直下猛起猛落的打法，以免火星四溅。

②3~4人一组轮流沿火翼扑打，人员不足时可2人一组，1人在前扑打，1人紧随其后清理余火。

③沿火线逐段扑打，不可脱离火线去打内线火；对阳坡、陡坡的上山火，切莫迎着火头扑打，以免造成伤亡。

（2）风力灭火法

重点评估风力灭火机和风水灭火机的使用方法、技巧和适用条件；单机作业和多机（组）作业的效率等。

（3）水灭火

对常用机具适用性进行评估：灭火水枪、灭火水泵、消防车(灭火水炮)、飞机、水囊、吊桶等。

对水灭火技术及注意事项进行评估：①将水流对准火焰中心，发挥最大效能，为提高灭火效果，常在水中加入化学药剂；②从立足点开始向四周都喷水，不要只顾对准火线喷，这样可以保证扑火人员的安全；③为控制火头或为保护村屯、建筑物等，可采用喷水阻火法；④使用水罐车等设备，装水后要认真检查开关阀，以防漏水；使用水泵时要佩戴护目镜；使用移动喷水工具，要从站立点开始喷水，等火焰不复燃时再前进。

（4）土灭火

①手工工具取土时，首先选择一个靠近火线的地方，铲除上面的森林地被物，然后挖坑取土，沿火线撒土灭火。一般情况下，一个坑只能供应邻近3~6m的火线需土。

②使用喷土枪，要使支撑轮紧贴地面，站直，将工作手柄向下压，让工作构件的转子平稳垂直深入土中，开动发动机并逐步增加它的转速。

③使用喷土机、开沟机工作之前，应用油锯等将立木伐掉移开。

（5）航空灭火

重点评估航空灭火方式的适用性：机降灭火、索降灭火、吊桶灭火、飞机喷洒(水、化学水剂、粉剂)。

（6）阻火隔离带法

重点评估阻火隔离带的效果和开设时机、效率等。

（7）以火灭火法

主要包括火烧隔离带法迎面火烧法。重点评估以火灭火的使用条件、适用性、时机和效果等。

5.3 森林火灾应急预案评估

《国家森林火灾应急预案》是指导森林火灾扑救工作的纲领性文件，在前述各部分内容中已经涉及其中的一些内容，这里不再重复，仅就没有涉及，但需要进行评估的内容简单介绍。

5.3.1 《国家森林火灾应急预案》的基本框架与主要内容

预案共分为7章，分别为：总则、组织指挥体系、预警和信息报告、应急响应、后期处置、综合保障、附则。其中：

① 总则包括编制目的、编制依据、适用范围、工作原则、灾害分级共5节；
② 组织指挥体系包括森林防火指挥机构、扑火指挥、专家组共3节；
③ 预警和信息报告包括预警(3条)、信息报告共2节；
④ 应急响应包括分级响应、响应措施(9条)、国家层面应对工作(4条8项)共3节；
⑤ 后期处置包括火灾评估、工作总结、奖励与责任追究共3节；
⑥ 综合保障包括队伍保障、运输保障、航空消防飞机保障、通信与信息保障、物资保障、资金保障共6节；
⑦ 附则包括灾害分级标准、涉外森林火灾、"以上、以内、以下的含义"、预案管理与更新、预案解释、预案实施时间共6节。

5.3.2 森林火灾应急预案评估的主要内容

(1) 工作原则
① 森林火灾扑救工作有没有遵循"统一领导、军地联动，分级负责，属地为主，以人为本、科学扑救"的原则。
② 有没有"实行地方各级人民政府行政首长负责制"。
③ 森林火灾发生后，地方各级人民政府及其有关部门有没有"立即按照职责分工和相关预案开展处置工作"。
④ 有没有落实"省级人民政府是应对本行政区域重大、特别重大森林火灾的主体"。
⑤ 是否按照"根据森林火灾应对工作需要，请求国家给予必要的协调和支持"。

(2) 组织指挥体系
① 县级以上地方人民政府有没有"根据需要设立森林防火指挥机构，负责组织、协调和指导本行政区域森林防火工作"，工作实效如何？
② 扑火指挥有没有按照《国家森林火灾应急预案》的规定执行：
   a. "森林火灾扑救工作由当地森林防火指挥机构负责指挥。跨省界的重大、特别重大森林火灾扑救工作，由当地省级森林防火指挥机构分别指挥，国家森林防火指挥部负责协调、指导"；
   b. "地方森林防火指挥机构根据需要，在森林火灾现场成立前线指挥部。参加前方扑火的单位和个人要服从前线指挥部的统一指挥"；
   c. "武警森林部队执行森林火灾扑救任务，接受火灾发生地县级以上地方人民政府森林防火指挥机构的指挥；执行跨省界森林火灾扑救任务的，接受国家森林防火指挥部的统一指挥"；
   d. "军队执行森林火灾扑救任务，依照《军队参加抢险救灾条例》的有关规定执行"。
③ 有没有按照《国家森林火灾应急预案》的规定成立专家组，专家组有没有"对森林火灾应对工作提供政策、技术咨询与建议"。

(3) 预警和信息报告

① 有没有制作当地的森林火险预警信息,是不是由当地林业主管部门和气象主管部门会商后,制作森林火险预警信息。

根据森林火险等级、火行为特征和可能造成的危害程度,将森林火险预警级别划分为四个等级,由高到低依次用红色、橙色、黄色和蓝色表示。

② 森林火险预警信息的发布权是否明晰。

《国家森林火灾应急预案》"3.1.2 预警发布"中规定:

"各级林业主管部门和气象主管部门加强会商,制作森林火险预警信息,并通过预警信息发布平台和广播、电视、报纸、互联网、手机短信等渠道向涉险区域相关部门和公众发布。

必要时,国家森林防火指挥部向省级森林防火指挥机构发布预警信息,提出工作要求。"

森林防火工作实践中,一些地区为了发布森林火灾预警信息,需要层层上报申请、审批,不仅影响了森林火灾预警的时效性,而且增加了额外的工作负担,降低了森林防火的工作成效。

也有一些地区为了增强所发布森林火灾预警信息的权威性,非要以当地人民政府的名义发布,其实也没有必要。关键要加强《国家森林火灾应急预案》宣传的力度,要让有关部门和公众知道,所发布的森林火灾预警信息,并不是发布部门的,而是代表当地人民政府发布的。

③ 森林火险预警信息发布后,县级以上地方人民政府及其有关部门是否按照预警等级采取了相应的响应措施。

④ 地方各级森林防火指挥机构是否按照《国家森林火灾应急预案》的要求,及时、准确、规范地报告了森林火灾信息;有没有及时通报受威胁地区有关单位和相邻行政区域森林防火指挥机构。

(4) 应急响应

① 有没有按照《国家森林火灾应急预案》的规定启动分级响应。

初判发生一般森林火灾和较大森林火灾,由县级森林防火指挥机构负责指挥;初判发生重大、特别重大森林火灾,分别由市级、省级森林防火指挥机构负责指挥;必要时,可对指挥层级进行调整。

国家层面应对工作设定Ⅳ级、Ⅲ级、Ⅱ级、Ⅰ级四个森林火灾应急响应等级,各等级的启动条件参见《国家森林火灾应急预案》。

② 有没有落实《国家森林火灾应急预案》规定的扑救火灾、转移安置人员、救治伤员、善后处置、保护重要目标、维护社会治安、发布信息、火场清理等响应措施;各响应措施落实的情况如何。

③ 有没有按照《国家森林火灾应急预案》规定的及时启动应急响应和终止应急响应。

初判发生一般森林火灾和较大森林火灾时,县级人民政府拥有启动权;

初判发生重大森林火灾、特别重大森林火灾,启动权分别是市级人民政府、省级人民政府;

发生了下列森林火灾，国家森林防火指挥部（代表中央人民政府）拥有国家层面的应急响应的启动权：

　　a. 发生 1 人以上死亡或 3 人以上重伤，24h 尚未扑灭明火的森林火灾；
　　b. 发生在敏感时段、敏感地区，24h 尚未扑灭明火的森林火灾；
　　c. 同时发生 3 起以上危险性较大的森林火灾；
　　d. 森林火灾初判达到重大森林火灾；
　　e. 发生在敏感时段、敏感地区，48h 以上尚未扑灭明火的森林火灾。

符合下列条件之一时，只有国务院才能决定是否启动国家层面的应急响应：

　　a. 森林火灾达到特别重大森林火灾，火势持续蔓延，过火面积超过 $10 \times 10^4 \text{hm}^2$；
　　b. 国土安全和社会稳定受到严重威胁，有关行业遭受重创，经济损失特别巨大；
　　c. 发生森林火灾的省级人民政府已经没有能力和条件有效控制火场蔓延。

在森林火灾全部扑灭、火场清理验收合格、次生灾害后果基本消除后，由启动应急响应的原机构决定终止应急响应。

④ 扑救森林火灾的指挥权是否明晰。

《国家森林火灾应急预案》"2.2 扑火指挥"明确规定：

"森林火灾扑救工作由当地森林防火指挥机构负责指挥。跨省界的重大、特别重大森林火灾扑救工作，由当地省级森林防火指挥机构分别指挥，国家森林防火指挥部负责协调、指导。

地方森林防火指挥机构根据需要，在森林火灾现场成立前线指挥部。参加前方扑火的单位和个人要服从前线指挥部的统一指挥。

武警森林部队执行森林火灾扑救任务，接受火灾发生地县级以上地方人民政府森林防火指挥机构的指挥；执行跨省界森林火灾扑救任务的，接受国家森林防火指挥部的统一指挥。

军队执行森林火灾扑救任务，依照《军队参加抢险救灾条例》有关规定执行。"

《国家森林火灾应急预案》"4.1 分级响应"中规定：

"初判发生一般森林火灾和较大森林火灾，由县级森林防火指挥机构负责指挥；初判发生重大、特别重大森林火灾，分别由市级、省级森林防火指挥机构负责指挥；必要时，可对指挥层级进行调整。"

《国家森林火灾应急预案》"4.2.1 扑救火灾"中规定：

"立即就近组织基层应急队伍和专业森林消防队赶赴现场处置，力争将火灾扑灭在初起阶段。必要时，组织协调当地解放军、武警部队、民兵预备役部队、公安消防部队等救援力量，调配航空消防飞机等大型装备参与扑救。各扑火力量在前线指挥部的统一调度指挥下，明确任务分工，落实扑救责任。"

显然，地方各级人民政府虽然拥有森林火灾应急预案的领导权，但没有森林火灾扑救的指挥权。

（5）后期处置

是否按照《国家森林火灾应急预案》中规定的火灾评估、工作总结、奖励与责任追究等事项去落实；落实情况如何。

(6) 综合保障

《国家森林火灾应急预案》要求的队伍保障、运输保障、航空消防飞机保障、通信与信息保障、物资保障、资金保障等落实得如何。

(7) 附则中需要评估的内容

① 未签订双边协定的区域，发生了涉外森林火灾有没有及时上报。

当发生境外火烧入或境内火烧出情况时，已签订双边协定的按照协定执行；未签订双边协定的由国家森林防火指挥部、外交部共同研究，与相关国家联系采取相应处置措施进行扑救。

② 地方各级人民政府有没有结合当地实际制定各自的森林火灾应急预案；预案的管理是否到位；有没有及时进行更新。

《国家森林火灾应急预案》"7.4 预案管理与更新"中规定："预案实施后，国家林业局会同有关部门组织预案宣传、培训和演练，并根据实际情况，适时组织进行评估和修订。地方各级人民政府结合当地实际制定森林火灾应急预案。"

5.4 森林火灾扑救评估的指标体系

森林火灾扑救评估是一个庞大的系统工程，首先要按照第 2 章所介绍的指标体系评估法，有所选择地建立起森林火灾扑救评估的指标体系，然后运用层次分析法进行定量分析。

5.4.1 森林火灾扑救评估的一级指标

① 森林火灾扑救战略、战术，记为 A；
② 森林火灾扑救技术、方法，记为 B；
③ 森林火灾扑救的组织指挥体系，记为 C；
④ 森林火险预警信息，记为 D；
⑤ 森林火灾应急响应，记为 E；
⑥ 森林火灾应急的综合保障，记为 F；
⑦ 森林火灾应急预案的管理与更新，记为 G。

5.4.2 森林火灾扑救评估的二级指标

(1) 一级指标 A 的二级指标

选择最重要的"以人为本，安全第一，科学扑救"战略，记为 A_1（以人为本）；选择"知己知彼，增强战术的针对性"战略，记为 A_2（战术的针对性）；选择"攻弱避强，稳步推进"战术，记为 A_3（稳扎稳打战术）。

(2) 一级指标 B 的二级指标

选择直接灭火技术和间接灭火技术，分别记为 B_1（直接灭火）和 B_2（间接灭火）。

（3）一级指标 C 的二级指标

选择森林防火指挥机构的工作效能，记为 C_1（指挥机构）；选择扑火前线指挥部的工作效能，记为 C_2（前线指挥部）；选择专家组的工作效能，记为 C_3（专家组）。

（4）一级指标 D 的二级指标

选择森林火险预警信息发布的准确性，记为 D_1（信息发布）；选择森林火险预警信息上报的及时性，记为 D_2（信息上报）。

（5）一级指标 E 的二级指标

选择森林火灾应急响应启动的及时性，记为 E_1（响应启动）；选择森林火灾应急响应措施的适应性，记为 E_2（响应措施）。

（6）一级指标 F 的二级指标

选择运输、通信保障、物资保障，队伍保障，分别记为 F_1（运输通信物资保障）、F_2（队伍保障）。

（7）一级指标 G 的二级指标

选择本级地方人民政府有没有森林火灾应急预案，预案的适用性如何？记为 G_1（应急预案）；选择预案的宣传力度，记为 G_2（预案宣传）；选择预案的培训力度，记为 G_3（预案培训）；选择预案的演练效果，记为 G_4（预案演练）。

5.4.3　森林火灾扑救评估的三级指标

（1）二级指标 A_1、A_2、A_3 的三级指标

森林火灾扑救中的伤亡率，记为 A_{11}（伤亡率）；森林火灾扑救人员的个人安全装备齐备率 A_{12}（安全装备齐备率）。

扑火指挥员对扑火任务、战术要求、队伍组成、战斗力、装备与给养、通信联络等情况的熟悉程度，记为 A_{21}（知己率）；扑火指挥员对火情、林情、地形，以及气象条件等的了解程度，记为 A_{22}（知彼率）。

扑火指挥员采用战术的针对性，记为 A_{31}（战术正确率）；对火尾和火翼的判断的准确率记为 A_{32}（判断准确率）；打一段清一段，巩固一段，保证不复燃的比例，记为 A_{33}（扑灭巩固率）。

（2）二级指标 B_1、B_2 的三级指标

扑打法成功率，记为 B_{11}（扑打成功率）；风力灭火机、风水灭火机灭火成功率，记为 B_{12}（风力灭火成功率）；灭火水枪、灭火水炮、灭火水泵、消防车等灭火成功率，记为 B_{13}（水灭火成功率）；机降灭火、索降灭火、吊桶灭火、飞机喷洒灭火等成功率，记为 B_{14}（航空灭火成功率）。

阻火隔离带开设的时机准确率，记为 B_{21}（时机准确率）；阻火隔离带开设的工作效率，记为 B_{22}（工作效率）；阻火隔离带在灭火中的有效使用率，记为 B_{23}（使用率）；阻火隔离带的阻火效率，记为 B_{24}（阻火效率）。

（3）二级指标 C_1、C_2、C_3 的三级指标

当地森林防火指挥机构组成成员的人员满编率，记为 C_{11}（人员满编率）；当地森林防

火指挥机构组成成员的专业对口率，记为 C_{12}（专业对口率）；当地森林防火指挥机构组成成员的参战率，记为 C_{13}（成员参战率）。

扑火前线指挥部成员的扑火经历，记为 C_{21}（有扑火经历比率）；扑火前线指挥部成员对扑火战术、技术方法熟悉程度，记为 C_{22}（技战术掌握率）。

专家组的参与率，记为 C_{31}（专家参与率）。

(4) 二级指标 D_1、D_2 的三级指标

森林火险预警级别划分为四个等级，由高到低依次用红色、橙色、黄色和蓝色表示，确定的准确性记为 D_{11}（预警等级准确率）；森林火险预警信息发布的是否及时，记为 D_{12}（预警信息发布及时率）；森林火险预警信息发布后的响应是否及时，记为 D_{13}（预警信息响应及时率）。

各级森林防火指挥机构有没有及时向地方人民政府和上一级森林防火指挥机构报告森林火灾信息，记为 D_{21}（信息上报及时率）；森林火灾信息报告是否规范，记为 D_{22}（信息报告规范率）；有没有及时通报受威胁地区有关单位和相邻行政区域森林防火指挥机构，记为 D_{23}（信息通报率）

(5) 二级指标 E_1、E_2 的三级指标

决定启动森林火灾应急响应的机构是否准确，记为 E_{11}（响应启动准确率）；火灾发生后，基层森林防火指挥机构有没有第一时间采取措施，是否做到打早、打小、打了，记为 E_{12}（应急响应的效率）；有没有做到分级响应，记为 E_{13}（分级响应率）；分级响应是否与对应等级的启动条件相吻合，记为 E_{14}（分级响应条件吻合率）。

森林火灾扑救组织的高效性，记为 E_{21}（扑火组织效率）；救治伤、病员的及时性，记为 E_{22}（救治伤员及时率）；善后处置是否得当，记为 E_{23}（善后满意率）。

(6) 二级指标 F_1、F_2、F_3 的三级指标

运输保障，记为 F_{11}（运输保障率）；通信保障，记为 F_{12}（通信保障率）；信息保障，记为 F_{13}（信息保障率）；物资保障，记为 F_{14}（物资保障率）；物资完好情况，记为 F_{15}（物资完好率）；物资保障使用情况，记为 F_{15}（物资使用率）。

专业扑火队伍保障，记为 F_{21}（专业队伍参战率）；武警森林部队参战情况，记为 F_{22}（森林武警参战率）；半专业队伍等其他人员参战情况，记为 F_{23}（群众参战率）。

(7) 二级指标 G_1、G_2、G_3、G_4 的三级指标

本级地方人民政府有没有森林火灾应急预案，记为 G_{11}（预案完整率）；本级地方人民政府制定的森林火灾应急预案是否符合当地的实际，记为 G_{12}（预案效率）。

预案的宣传力度和普及程度，记为 G_{21}（预案宣传普及率）；预案的宣传是否满足不同类型人员的需要，记为 G_{22}（预案宣传满足率）。

预案的培训力度和普及程度，记为 G_{31}（预案培训普及率）；预案的培训是否满足不同类型人员的需要，记为 G_{32}（预案培训）

专业扑火队演练预案的次数和效果，记为 G_{41}（专业队演练满足率）；群众演练预案的次数和效果，记为 G_{42}（群众演练满足率）。

5.4.4 森林火灾扑救评估的指标体系构成

森林火灾扑救评估的指标体系构成详见表 5-1。

表 5-1　森林火灾扑救评估的指标体系构成

一级指标	二级指标	三级指标
火灾扑救战略、战术 A	以人为本 A_1	伤亡率 A_{11}
		安全装备齐备率 A_{12}
	战术的针对性 A_2	知己率 A_{21}
		知彼率 A_{22}
	稳扎稳打战术 A_3	战术正确率 A_{31}
		判断准确率 A_{32}
		扑灭巩固率 A_{33}
火灾扑救技术、方法 B	直接灭火 B_1	扑打成功率 B_{11}
		风力灭火成功率 B_{12}
		水灭火成功率 B_{13}
		航空灭火成功率 B_{14}
	间接灭火 B_2	时机准确率 B_{21}
		工作效率 B_{22}
		使用率 B_{23}
		阻火效率 B_{24}
火灾扑救组织指挥体系 C	指挥机构 C_1	人员满编率 C_{11}
		专业对口率 C_{12}
		成员参战率 C_{13}
	前线指挥部 C_2	有扑火经历比率 C_{21}
		技战术掌握率 C_{22}
	专家组 C_3	专家参与率 C_{31}
森林火险预警信息 D	信息发布 D_1	预警等级准确率 D_{11}
		预警信息发布及时率 D_{12}
		预警信息响应及时率 D_{13}
	信息上报 D_2	信息上报及时率 D_{21}
		信息报告规范率 D_{22}
		信息通报率 D_{23}
应急响应 E	响应启动 E_1	响应启动准确率 E_{11}
		应急响应的效率 E_{12}
		分级响应率 E_{13}
		分级响应条件吻合率 E_{14}
	响应措施 E_2	扑火组织效率 E_{21}
		救治伤员及时率 E_{22}
		善后满意率 E_{23}
应急的综合保障 F	运输通信物资保障 F_1	运输保障率 F_{11}
		通信保障率 F_{12}
		信息保障率 F_{13}
		物资保障率 F_{14}
		物资完好率 F_{15}
		物资使用率 F_{16}

(续)

一级指标	二级指标	三级指标
应急的综合保障 F	队伍保障 F_2	专业队伍参战率 F_{21}
		森林武警参战率 F_{22}
		群众参战率 F_{23}
应急预案的管理与更新 G	应急预案 G_1	预案完整率 G_{11}
		预案效率 G_{12}
	预案宣传 G_2	预案宣传普及率 G_{21}
		预案宣传满足率 G_{22}
	预案培训 G_3	预案培训普及率 G_{31}
		预案培训 G_{32}
	预案演练 G_4	专业队演练满足率 G_{41}
		群众演练满足率 G_{42}

5.5 森林火灾扑救评估实例

5.5.1 森林火灾扑救评估指标体系的权重赋值

利用第 2 章 2.4 林火评估方法中的专家评分法确定权值，分别确定森林火灾扑救评估指标体系中一级指标、二级指标和三级指标的权重。并满足：各级指标的总权值分别等于1。

【例5-1】假设选取 5 名专家对各级指标评分得到表 5-2 的平均权重。

表 5-2 森林火灾扑救评估的指标体系构成

一级指标	二级指标		三级指标	
	指标	权重	指标	权重
森林火灾扑救战略战术 A 0.2	以人为本 A_1	0.4	伤亡率 A_{11}	0.65
			安全装备齐备率 A_{12}	0.35
	战术针对性 A_2	0.4	知己率 A_{21}	0.25
			知彼率 A_{22}	0.75
	稳扎稳打战术 A_3	0.2	战术正确率 A_{31}	0.4
			判断准确率 A_{32}	0.2
			扑灭巩固率 A_{33}	0.4
森林火灾扑救技术方法 B 0.1	直接灭火 B_1	0.5	扑打成功率 B_{11}	0.3
			风力灭火成功率 B_{12}	0.3
			水灭火成功率 B_{13}	0.3
			航空灭火成功率 B_{14}	0.1
	间接灭火 B_2	0.5	时机准确率 B_{21}	0.3
			工作效率 B_{22}	0.1
			使用率 B_{23}	0.3
			阻火效率 B_{24}	0.3

（续）

一级指标	二级指标		三级指标	
	指标	权重	指标	权重
火灾扑救组织指挥体系 C 0.2	指挥机构 C_1	0.4	人员满编率 C_{11}	0.25
			专业对口率 C_{12}	0.5
			成员参战率 C_{13}	0.25
	前线指挥部 C_2	0.4	有扑火经历比率 C_{21}	0.5
			技战术掌握率 C_{22}	0.5
	专家组 C_3	0.2	专家参与率 C_{31}	1
森林火险预警信息 D 0.1	信息发布 D_1	0.5	预警等级准确率 D_{11}	0.4
			预警信息发布及时率 D_{12}	0.2
			预警信息响应及时率 D_{13}	0.4
	信息上报 D_2	0.5	信息上报及时率 D_{21}	0.4
			信息报告规范率 D_{22}	0.4
			信息通报率 D_{23}	0.2
森林火灾应急响应 E 0.15	响应启动 E_1	0.75	响应启动准确率 E_{11}	0.35
			应急响应的效率 E_{12}	0.2
			分级响应率 E_{13}	0.35
			分级响应条件吻合率 E_{14}	0.1
	响应措施 E_2	0.25	扑火组织效率 E_{21}	0.5
			救治伤员及时率 E_{22}	0.3
			善后满意率 E_{23}	0.2
森林火灾应急综合保障 F 0.15	运输通信物资保障 F_1	0.5	运输保障率 F_{11}	0.3
			通信保障率 F_{12}	0.1
			信息保障率 F_{13}	0.1
			物资保障率 F_{14}	0.3
			物资完好率 F_{15}	0.1
			物资使用率 F_{16}	0.1
	队伍保障 F_2	0.5	专业队伍参战率 F_{21}	0.6
			森林武警参战率 F_{22}	0.2
			群众参战率 F_{23}	0.2
森林火灾预案的管理与更新 G 0.1	应急预案 G_1	0.5	预案完整率 G_{11}	0.35
			预案效率 G_{12}	0.65
	预案宣传 G_2	0.2	预案宣传普及率 G_{21}	0.5
			预案宣传满足率 G_{22}	0.5
	预案培训 G_3	0.2	预案培训普及率 G_{31}	0.5
			预案培训 G_{32}	0.5
	预案演练 G_4	0.1	专业队演练满足率 G_{41}	0.65
			群众演练满足率 G_{42}	0.35

5.5.2 森林火灾扑救评估体系中三级指标的评分

评价森林火灾扑救的成效，对三级指标的打分是关键。这就要求打分人员要具有普遍性和代表性，不仅仅是参与森林火灾扑救的指挥员和专家打分，而且要从与扑救相关的所有层面上的人员中选出有代表性，能够客观评价他所从事工作的人员进行打分。同时，每一个三级指标的打分人员人数要适宜，不能太少，太少不具有代表性；太多虽然比较客观，但调查统计的工作量太大。通常可以结合参与森林火灾扑救人员的规模，选择 3~5 人，取其打分的平均值作为该三级指标的得分值。

【例 5-2】 假设从二级指标所涉及人员中选取调查对象，各二级指标选取 5 人，让他们对所属三级指标打分，取平均值作为各三级指标得分，结果详见表 5-3。

表 5-3 森林火灾扑救战略战术、技术方法所属三级指标的得分

三级指标	得分	三级指标	得分	三级指标	得分
伤亡率 A_{11}	98	成员参战率 C_{13}	70	运输保障率 F_{11}	65
安全装备齐备率 A_{12}	70	有扑火经历比率 C_{21}	75	通信保障率 F_{12}	60
知己率 A_{21}	90	技战术掌握率 C_{22}	70	信息保障率 F_{13}	70
知彼率 A_{22}	68	专家参与率 C_{31}	65	物资保障率 F_{14}	70
战术正确率 A_{31}	82	预警等级准确率 D_{11}	72	物资完好率 F_{15}	85
判断准确率 A_{32}	80	预警信息发布及时率 D_{12}	83	物资使用率 F_{16}	75
扑灭巩固率 A_{33}	92	预警信息响应及时率 D_{13}	90	专业队伍参战率 F_{21}	80
扑打成功率 B_{11}	62	信息上报及时率 D_{21}	75	森林武警参战率 F_{22}	70
风力灭火成功率 B_{12}	80	信息报告规范率 D_{22}	91	群众参战率 F_{23}	85
水灭火成功率 B_{13}	90	信息通报率 D_{23}	75	预案完整率 G_{11}	90
航空灭火成功率 B_{14}	75	响应启动准确率 E_{11}	80	预案效率 G_{12}	70
时机准确率 B_{21}	83	应急响应的效率 E_{12}	95	预案宣传普及率 G_{21}	60
工作效率 B_{22}	64	分级响应率 E_{13}	80	预案宣传满足率 G_{22}	60
使用率 B_{23}	72	分级响应条件吻合率 E_{14}	80	预案培训普及率 G_{31}	60
阻火效率 B_{24}	85	扑火组织效率 E_{21}	75	预案培训 G_{32}	60
人员满编率 C_{11}	90	救治伤员及时率 E_{22}	90	专业队演练满足率 G_{41}	70
专业对口率 C_{12}	70	善后满意率 E_{23}	65	群众演练满足率 G_{42}	50

5.5.3 森林火灾扑救评估体系中二级指标的评估值

在三级指标得分确定的基础上，使用下式计算二级指标的评估值：

$$P_{2j} = \sum_{i=1}^{n} F_i W_i \tag{5-1}$$

式中，P_{2j} 为二级指标的评估值（$j = A_1, A_2, \cdots; G_3, G_4$）；$n$ 为某二级指标下的三级指标的个数；F_i 为某二级指标下的第 i 个三级指标的得分；W_i 为某二级指标下的第 i 个三级指标的权重。

【例 5-3】 按照表 5-3 得出各二级指标的评估值见表 5-4。

表 5-4　森林火灾扑救二级指标的评估值

二级指标	权重	评估值	三级指标	权重	得分
以人为本 A_1	0.4	88.2	伤亡率 A_{11}	0.65	98
			安全装备齐备率 A_{12}	0.35	70
战术针对性 A_2	0.4	73.5	知己率 A_{21}	0.25	90
			知彼率 A_{22}	0.75	68
稳扎稳打战术 A_3	0.2	85.6	战术正确率 A_{31}	0.4	82
			判断准确率 A_{32}	0.2	80
			扑灭巩固率 A_{33}	0.4	92
直接灭火 B_1	0.5	77.1	扑打成功率 B_{11}	0.3	62
			风力灭火成功率 B_{12}	0.3	80
			水灭火成功率 B_{13}	0.3	90
			航空灭火成功率 B_{14}	0.1	75
间接灭火 B_2	0.5	78.4	时机准确率 B_{21}	0.3	83
			工作效率 B_{22}	0.1	64
			使用率 B_{23}	0.3	72
			阻火效率 B_{24}	0.3	85
指挥机构 C_1	0.4	75.0	人员满编率 C_{11}	0.25	90
			专业对口率 C_{12}	0.5	70
			成员参战率 C_{13}	0.25	70
前线指挥部 C_2	0.4	72.5	有扑火经历比率 C_{21}	0.5	75
			技战术掌握率 C_{22}	0.5	70
专家组 C_3	0.2	65	专家参与率 C_{31}	1	65
信息发布 D_1	0.5	81.4	预警等级准确率 D_{11}	0.4	72
			预警信息发布及时率 D_{12}	0.2	83
			预警信息响应及时率 D_{13}	0.4	90
信息上报 D_2	0.5	81.4	信息上报及时率 D_{21}	0.4	75
			信息报告规范率 D_{22}	0.4	91
			信息通报率 D_{23}	0.2	75
响应启动 E_1	0.75	83.0	响应启动准确率 E_{11}	0.35	80
			应急响应的效率 E_{12}	0.2	95
			分级响应率 E_{13}	0.35	80
			分级响应条件吻合率 E_{14}	0.1	80
响应措施 E_2	0.25	77.5	扑火组织效率 E_{21}	0.5	75
			救治伤员及时率 E_{22}	0.3	90
			善后满意率 E_{23}	0.2	65

（续）

二级指标	权重	评估值	三级指标	权重	得分
运输通信物资保障 F_1	0.5	69.5	运输保障率 F_{11}	0.3	65
			通信保障率 F_{12}	0.1	60
			信息保障率 F_{13}	0.1	70
			物资保障率 F_{14}	0.3	70
			物资完好率 F_{15}	0.1	85
			物资使用率 F_{16}	0.1	75
队伍保障 F_2	0.5	79.0	专业队伍参战率 F_{21}	0.6	80
			森林武警参战率 F_{22}	0.2	70
			群众参战率 F_{23}	0.2	85
应急预案 G_1	0.5	77.0	预案完整率 G_{11}	0.35	90
			预案效率 G_{12}	0.65	70
预案宣传 G_2	0.2	60.0	预案宣传普及率 G_{21}	0.5	60
			预案宣传满足率 G_{22}	0.5	60
预案培训 G_3	0.2	60.0	预案培训普及率 G_{31}	0.5	60
			预案培训 G_{32}	0.5	60
预案演练 G_4	0.1	63.0	专业队演练满足率 G_{41}	0.65	70
			群众演练满足率 G_{42}	0.35	50

5.5.4 森林火灾扑救评估体系中一级指标的评估值

在二级指标评估值计算的基础上，使用下式计算一级指标的评估值：

$$P_{1k} = \sum_{j=1}^{7} P_{2j} W_j \tag{5-2}$$

式中，P_{1k} 为一级指标的评估值（$k=1,2,3,4,5,6,7$）；P_{2j} 为某一级指标下的第 j 个二级指标的评估值；W_j 为某一级指标下的第 j 个二级指标的权重。

【例5-4】按照表5-4得出各一级指标的评估值见表5-5。

表5-5 森林火灾扑救一级指标的评估值

一级指标	权重	评估值	二级指标	权重	评估值
森林火灾扑救战略战术 A	0.2	81.8	以人为本 A_1	0.4	88.2
			战术针对性 A_2	0.4	73.5
			稳扎稳打战术 A_3	0.2	85.6
森林火灾扑救技术方法 B	0.1	77.8	直接灭火 B_1	0.5	77.1
			间接灭火 B_2	0.5	78.4
火灾扑救组织指挥体系 C	0.2	72.0	指挥机构 C_1	0.4	75.0
			前线指挥部 C_2	0.4	72.5
			专家组 C_3	0.2	65.0

(续)

一级指标	权重	评估值	二级指标	权重	评估值
森林火险预警信息 D	0.1	81.4	信息发布 D_1	0.5	81.4
			信息上报 D_2	0.5	81.4
森林火灾应急响应 E	0.15	81.6	响应启动 E_1	0.75	83.0
			响应措施 E_2	0.25	77.5
森林火灾应急综合保障 F	0.15	74.3	运输通信物资保障 F_1	0.5	69.5
			队伍保障 F_2	0.5	79.0
森林火灾预案的管理与更新 G	0.1	68.8	应急预案 G_1	0.5	77.0
			预案宣传 G_2	0.2	60.0
			预案培训 G_3	0.2	60.0
			预案演练 G_4	0.1	63.0

5.5.5 森林火灾扑救的综合评估值

在一级指标评估值计算的基础上，使用下式计算森林火灾扑救的综合评估值：

$$P = \sum_{j=1}^{7} P_{1k} W_k \tag{5-3}$$

式中，P 为森林火灾扑救的综合评估值；P_{1k} 为第 k 个一级指标的评估值；W_k 为第 j 个一级指标的权重。

【例 5-5】按照表 5-5 得出森林火灾扑救的综合评估值：
$P = 81.8 \times 0.2 + 77.8 \times 0.1 + 72.0 \times 0.2 + 81.4 \times 0.1 + 81.6 \times 0.15 + 74.3 \times 0.15 + 68.8 \times 0.1 = 76.9$

5.5.6 该森林火灾扑救的经验教训分析

(1) 该森林火灾扑救的整体评价

如果把森林火灾扑救评估分为优秀(85 分以上)、良好(84~75 分)、中等(74~65 分)、较差(64 分以下) 4 个等级，例 5-5 得出森林火灾扑救的综合评估值表明：本次森林火灾扑救工作良好。

整体情况良好的结论，较难以从中总结出经验教训，尚需结合一级指标、二级指标和三级指标的评估值或得分值进行细致的分析。

(2) 该森林火灾扑救一级指标的评价

同样按照优秀、良好、中等和较差 4 个等级来评价，获良好的一级指标依次为：森林火灾扑救战略战术 A(81.8 分)、森林火灾应急响应 E(81.6 分)、森林火险预警信息 D(81.4 分)、森林火灾扑救技术方法 B(77.8 分)，共 4 个一级指标；获中等的一级指标依次为：(68.8 分)，共 3 个一级指标。

可以看出，与总体评价相比较，一级指标出现了优劣分化，初步呈现了哪些方面的工作是值得肯定的，哪些方面的工作应该进一步优化和提高。当然，从总结经验教训的角度讲，还应该结合二级指标进行深入分析。

(3) 该森林火灾扑救二级指标的评价

仍然按照优秀、良好、中等和较差 4 个等级来评价，在 18 个二级指标中：

良好的二级指标依次为：以人为本 A_1（88.2 分）、稳扎稳打战术 A_3（85.6 分）、响应启动 E_1（83.0 分）、信息发布 D_1（81.4 分）、信息上报 D_2（81.4 分）、队伍保障 F_2（79.0 分）、间接灭火 B_2（78.4 分）、响应措施 E_2（77.5 分）、直接灭火 B_1（77.1 分）、应急预案 G_1（77.0 分）、指挥机构 C_1（75.0 分），共 11 个二级指标；

中等的二级指标依次为：战术针对性 A_2（73.5 分）、前线指挥部 C_2（72.5 分）、运输通信物资保障 F_1（69.5 分）、专家组 C_3（65.0 分），共 4 个二级指标；

较差的二级指标依次为：预案演练 G_4（63.0 分）、预案宣传 G_2（60.0 分）、预案培训 G_3（60.0 分），共 3 个二级指标。

4 个良好的一级指标，综合一级指标和二级指标可以看出：

森林火灾扑救战略战术的应用是最成功的，不仅它的评估值最高，而且 3 个二级指标有 2 个排在 11 个良好的二级指标的前两位，另一个二级指标虽然是中等，但也排在 4 个中等的二级指标的首位。当然，森林火灾扑救战略战术的应用中，战术针对性有待进一步提高。

森林火险预警信息和森林火灾应急响应在此次森林火灾扑救中的表现也是值得肯定的。森林火险预警信息的 2 个二级指标分列 11 个良好的二级指标的第 4 和第 5 位；森林火灾应急响应的 2 个二级指标分列 11 个良好的二级指标的第 3 和第 8 位。当然，森林火灾应急响应措施仅得 77.5 分，还有很大的提升空间。

获得良好的森林火灾扑救技术方法，虽然 2 个二级指标分列 11 个良好的二级指标的第 7 和第 9 位，但得分只有间接灭火的 78.4 分和直接灭火的 77.1 分。笔者认为，作为森林火灾扑救最为重要的指标，得分低了些，应该认真找一找原因，要重点总结差距或教训。

3 个中等的一级指标，综合一级指标和二级指标可以看出：

森林火灾应急综合保障的 2 个二级指标，虽然队伍保障跻身于 11 个良好的二级指标之列，但运输、通信、物资保障却仅列 4 个中等的二级指标的第 3 位，更何况，运输、通信、物资保障远比队伍保障对森林火灾扑救工作的影响更大。所以，重点是总结教训。

火灾扑救组织指挥体系的 3 个二级指标中，虽然指挥机构也跻身于 11 个良好的二级指标之列，但列最后一位，评估值只有 75 分，处于良好与中等的临界点。何况，与前线指挥部和专家组 2 个二级指标相比，后两者对扑救森林火灾的影响更大。因此，此次森林火灾扑救组织指挥体系不能称之为完善。

森林火灾预案的管理与更新有 4 个二级指标，尽管应急预案跻身于 11 个良好的二级指标之列，但另 3 个二级指标却全部落入较差行列。毫无疑问，森林火灾预案的管理与更新拖了此次森林火灾综合评估的后腿，应该反思。

在 4 个中等的二级指标中，战术针对性、前线指挥部、运输通信物资保障、专家组，无一不是对森林火灾扑救至关重要的。对这几个二级指标和需要森林火灾预案的管理与更新这个一级指标，应该结合三级指标进行深入分析：

战术针对性的 2 个三级指标中，知己率权重为 0.25、得 90 分，知彼率权重 0.75、得

68分。问题显而易见，战术针对性不强，主要出现在对火情、林情、地形、气象条件等不熟悉上，这是非常致命的！换言之，此次没有出现伤亡事故，以人为本得分很高不能不说带有偶然性。这个问题不解决，森林火灾扑救工作能力和水平很难提高。

前线指挥部的2个三级指标分别是有扑火经历比率和技战术掌握率，分别得75分和70分，这2个三级指标是增强战术针对性的基础，提高有扑火经历人员的比率和强化该区森林火灾扑救技战术的培训，是该区域的当务之急。

运输通信物资保障有6个三级指标：运输保障率、通信保障率、信息保障率、物资保障率、物资完好率和物资使用率，只有权重为0.1的物资完好率和物资使用率的得分达到85分和75分，其余4个三级指标的得分均在70分以下。该区的运输、通信、物资保障亟待加强。

专家组只有专家参与率1个三级指标，得分只有65分。发挥专家的经验和指导刻不容缓。

森林火灾预案的管理与更新这个一级指标有8个三级指标，预案完整率得分高达90分，只能说该区这是解决了预案的有无问题，因为其他7个三级指标的得分均在70分以下：7个三级指标70分2个、60分4个、50分1个。这种状况绝对不能继续下去！

(4) 讨论

实例中所采用的量化手段和计算方法虽然简单，但从虚拟的数据计算结果看，非常实用、合理。不仅解决了森林火灾扑救评估中许多定性指标转化为定量指标的问题，而且易操作和普及，易于被基层森林防火工作者所接受。

从上一节的分析中可以看出，仅仅就某一次森林火灾进行评估，能够总结出的经验教训是有限的。评估工作实践中，可以根据实例中提供的方法，分年度或防火期进行定期评估，在对每一起森林火灾评估的基础上，分别对同一森林防火期或同一年度中发生的森林火灾的评估结果进行比较分析，总结出的经验教训才更贴近实际，才具有更强的现实指导意义。

思考题

(一) 问答题

1. 简述森林火灾扑救战略评估的主要内容。
2. 简述森林火灾扑救战术评估的主要内容。
3. 简述森林火灾扑救技术适用性评估的主要内容。
4. 简述森林火灾扑救方法适用性评估的主要内容。
5. 简述《国家森林火灾应急预案》的基本框架与主要评估内容。
6. 简述森林火灾扑救评估的一级指标。
7. 简述森林火灾扑救评估的二级指标。

(二)计算题

假设经过调查和专家打分，得到如下数据，请对此次森林火灾扑救进行评估。

一级指标	权重	评估值	二级指标	权重	评估值	三级指标	权重	打分
技术方法 A	0.75		直接灭火 A_1	0.5		扑打成功率 A_{11}	0.3	62
						风力灭火成功率 A_{12}	0.3	80
						水灭火成功率 A_{13}	0.3	90
						航空灭火成功率 A_{14}	0.1	75
			间接灭火 A_2	0.5		时机准确率 A_{21}	0.3	83
						工作效率 A_{22}	0.1	64
						使用率 A_{23}	0.3	72
						阻火效率 A_{24}	0.3	85
指挥体系 B	0.25		指挥机构 B_1	0.4		人员满编率 B_{11}	0.25	90
						专业对口率 B_{12}	0.5	70
						成员参战率 B_{13}	0.25	70
			前线指挥部 B_2	0.4		有扑火经历比率 B_{21}	0.5	75
						技战术掌握率 B_{22}	0.5	70
			专家组 B_3	0.2		专家参与率 B_{31}	1	65

第 6 章

林火影响评估技术与方法
——灾后评估

林火是森林生态系统中最活跃的生态因子之一，不管是天然火还是人为火，当其燃烧起来之后，就会不同程度地影响到森林中的植物、动物和微生物，也会或多或少地改变承载生物生存的环境条件，甚至危及林区居民的身心健康和生命安全。

林火对森林植被及其环境的影响是多种多样的，有时是有害的，有时是有益的；有时是显著的，有时是隐蔽的；有时是短暂的，有时则是长期的。因此，从维持森林生态和谐、改善生态环境条件和保护森林资源的角度出发，对林火的影响和作用，特别是林火对森林植被和森林环境的影响进行调查和分析是十分必要的。

6.1 林火对森林资源可持续发展的影响

6.1.1 林火对单株植物的直接危害

6.1.1.1 直接危害的种类

林火直接作用于单株植物的时候，主要表现为对单株植物的直接危害，直接危害的种类可分为三类：烧毁、热害和干燥。

（1）烧毁

林火，特别是森林火灾发生后，在其蔓延和扩展的过程中，除了林地上较为干燥的凋落物（枯枝落叶）为其主要燃料来源外，与火焰直接接触的植物体如草本植物、灌木枝叶、树叶及树冠上的小枝等也是其维持燃烧的燃料来源。据调查，林火可烧毁小于1cm的活组织，尽管这部分活组织在成熟林中所占的比重不大于总生物量的10%，但在幼龄林、灌木林及生长不良的残破林中所占比例要大得多。因此，烧毁这一危害种类所造成的损失因林分而异。

(2) 热害

处于火区的植物并不会全部被烧毁，但在过火期间，植物体所接受的热能很大。由于植物对高温的耐受能力不同，造成活组织死亡的比重有很大差异。通常情况下，当瞬间温度达 50～60℃，持续 10min 以上时，就会使大多数维管束植物的正常生理活动受到破坏而导致活组织死亡。另一方面，一些新生组织在 35～40℃ 温度范围内就会受到损害。所以，当火从植物生长地块经过时，其温度远高于植物所适应的极限温度，不可避免地会使大量的植物受到热害而致死或者致伤。

(3) 干燥

火经过植物生存区域时，在烧毁、烧死或烧伤植物体的同时，使此区域内的空气温度迅速增高，而火所产生的高温空气使远离火焰的叶子、草本及未硬化的木质茎等干燥到致死含水率（大多数树种的致死含水率约为 75%）。使植物的受害程度"雪上加霜"。

在实际工作中，有时很难区分植物是由于干燥致死还是由于烧伤致死。林火对单株植物所产生的热害和干燥因植物的种类有很大的差异。

积聚有较多枯死落叶的丛生禾草常常会在被点燃后产生较高的温度，燃烧可以在 1h 之内使土壤表面造成高达 540℃ 的温度。在大型丛生禾草中，高于 95℃ 的温度持续 2h 是比较普遍的。而小型丛生禾草丛中所含的枯落物较少，火烧过程持续的时间短，在地面附近产生的温度也较低。所以，小型丛生禾草比大型丛生禾草受到的热害和干燥伤害要轻，能够在火烧后更为迅速地得以恢复。

小半灌木冷蒿的更新芽位于地面以上 5～15cm 范围之内，而小叶锦鸡儿的更新芽也多位于地面以上 20～50cm 范围之中，由于地表火的火焰高度通常达到或超过此高度，它们的更新芽会受到热害的明显伤害。

6.1.1.2 林火对树干的直接危害

火对树干的直接危害机制是使树干外部活组织死亡，主要是对韧皮部和形成层的危害。树干受危害的程度大小主要取决于韧皮部和形成层接受热量的多少。因此，树干韧皮部和形成层的保护层——树皮起着很重要的作用。当树皮很薄、传热良好时，较低的温度便能够使树木死亡；当树皮很厚时，往往外部的老树皮被烧焦，而树干的正常生理活动受到的影响并不大。例如，我国北方的落叶松基部常呈"喇叭口"状，有时基部的老树皮已经被烧焦，其下的韧皮部和形成层丝毫没有受到影响。

因此，树皮被烧焦只能表明此树曾受到过高温的作用，并不能说明树木已被烧死或烧伤，但随着树皮被烧深度及高度的增加，树木被烧伤或烧死的可能性则增大。若有树脂分泌出，说明树木明显受了内伤。受高温危害致死的韧皮部在几天内就会变色（棕色），外表树皮可能会裂开，迅速或慢慢地与内部的木质部分离，最后脱落。所以，树皮的保护作用不容忽视。除非树皮从外到里已被完全烧掉，一般来说，如果有木质部被烧焦，可以判定出早在火灾前该处就已经有了创伤。

6.1.1.3 林火对树冠的直接危害

树冠上的叶子、嫩芽、未硬化的树枝、未成熟的果实等，在林火经过时可被烧伤或受热后干燥脱水而受到危害。

树冠部分受到直接危害后的症候通常是发生颜色上的变化（尤其是树叶的颜色），最初常常为灰色，后变成黄色与棕色或带有红色。火灾过后，含树脂的叶子(如松树)几乎立刻可见到冒出的油脂；阔叶树的叶子枯萎并下垂，而针叶树的针叶则扭曲成各种不同的形状，未成熟的叶子被烧死，很快就脱落。

6.1.1.4　林火对地下植物部分的直接危害

主要危害枯枝落叶层以下，土壤有机质层中的根、地下芽和茎部分活组织。它们受危害的程度与其周围被燃烧的可燃物数量有关系。通常，矿物质土壤中的根、茎、芽受害较轻，这是由于土壤热传导能力弱，其热量能达到的土层较浅，因而深层部分的根几乎不受任何伤害。

例如，根茎型禾草通常是抗火烧的，因为其根茎位于地表2.5cm以下的土层中，并且由于地表上没有能够烧到其生长点的大量的枯死物质，在火烧过程中，即使地上部分被烧死或烧伤，从根茎上萌生的更新芽也不会受到火及其热辐射太大的伤害。

6.1.2　林火对单株植物的间接危害

林火特别是森林火灾发生后，不仅直接危害单株植物的生长与生存，而且在森林火灾过后的很长一段时间里仍会显露出其对单株植物的危害，即间接和以后显露出的危害。主要表现在以下几个方面。

(1) 机械危害

内部变腐的树木被火烧，或者树木四周的有机土壤被烧毁，火灾过后在风力的作用下都会造成树干倒折。特别是浅根性树种，四周的有机质被烧毁，在当时看来树木完好无损，好像并没有受到任何伤害，但火灾过后，当这些树木受到风力作用时，其根系的支撑作用明显减弱而造成单株甚至成片树木随风而倒伏的现象。

(2) 诱发作用

森林火灾的发生，使树木生长的环境条件急剧变化，引起树木体内生理和化学过程发生变化，就会引诱昆虫，这些昆虫不仅危害被火烧伤的树木，而且危害周围未被烧伤的树木，尤以火灾后危害树干的小蠹虫大发生的概率最大。

同时，树木的茎部受火危害后，便留下伤疤，使木腐菌与根腐菌等病菌得以入侵，无树脂树种特别是阔叶树最易受到感染。

(3) 生长量降低

由于火烧后树木叶子受到伤害，固定光能的效率降低，而导致直径生长和高生长速度减慢。通常，生长量大约降低1/3，幼龄林受到的影响较成熟林更为明显。

(4) 死亡率

森林火灾过后的较长时间内，仍可导致树木不同程度的死亡，其主要原因有：
① 树皮全部或环状脱落；
② 叶子和芽全部或大部分死亡脱落(树干和枝条能萌芽的树种除外)；
③ 叶子脱落和树皮环状脱落的综合结果。

树木的存活率除了与火的强度有关外，还与树种、单株树的生命力、立地条件、气候、林木的直径、年龄等因素有关。树龄越大，直径越大的树木越不易烧死，死亡率最高的发生在1~5年生幼树中。有人曾做过调查发现，中等强度的火烧对直径大于35cm的桉树没有什么影响。

6.1.3 林火对植物的有益影响及植物对火的适应

（1）林火与植物种子

植物种子对温度具有较强的忍耐力。草本植物的种子经 82～116℃（5min）的高温处理后仍具有萌发能力，大部分植物种子能够耐受 115～127℃（5min）的高温。有些具有厚而坚硬种皮的种子甚至能耐 140～150℃ 的高温。因此，如果植物种子被土壤埋藏，即使强度较大的火烧后，种子也不会失去生命力。森林中发生频率最高的低强度地表火，不仅不会使散落在地表及埋藏在枯枝落叶层和腐殖质层的植物种子大量致死，甚至由于火的高温处理后种子的发芽率还会增高。例如，新疆云杉林下天然更新不良，而火烧迹地更新良好，估计与此有一定关系。

除了种子对高温的耐受力有利于埋藏在土壤中的种子萌发外，火烧还能促进植物下种。有些乔木或灌木，种子成熟后并不迅速脱落，而是在植物体上宿存 2～3 年或更长时间。由于下种持续时间长而降低种子品质，鸟兽的取食等也消耗大量种子。而火烧可以加速种子脱落，从而减少损失。据调查，澳大利亚的王桉种子成熟后在两年内下落，所产生的种子大约有 30% 在树上被白鹦和鹦鹉取食，自由下落的种子只有 10% 左右能够萌发。但火烧能使王桉成熟种子一次性 100% 地散落，除了动物捕食 10% 左右，可以萌发的种子在 90% 以上。另外，在火未烧过的王桉林内萌发的幼苗，由于缺少光照、受真菌侵害以及动物取食等影响，幼苗死亡率很高。

火烧还能够促进迟开球果开裂。某些针叶树种球果具有迟开的特性，自然状态下可保持多年不开裂或使种子不能释放。例如，王桉、扭叶松、北美短叶松、云杉等树种，果实成熟后其球果并不马上开裂而释放种子，有的北美短针松球果在树上停留可达 75 年之久，其种子仍保持在球果内且仍具有生命力。而火烧则促使球果开裂，加速种子的释放，减少种子的自然损耗。

除了球果迟开之外，还有其他不能释放种子的类型，例如，有些树种的种皮坚硬（桃、核桃、杏等）、种子外层有油质（漆树等）、蜡质（乌桕树）等，这些都不利于种子萌发。而火烧后，促进了这些树种坚硬种皮的开裂，使油质、蜡质等挥发，种子得以释放和萌发。

（2）林火与植物叶子

叶子的理化性质与抗火性有很大关系。一般来说，针叶树的叶子比阔叶树叶子易燃，因为针叶中常含有大量的挥发性油类和树脂等易燃成分，而阔叶常含有大量的水分。例如，樟子松针叶油脂含量高达 12.8%，而白榆仅为 2.1%。但也有些阔叶树的叶子含有较多的挥发性油脂类，如我国南方的桉树、香樟等，樟树的挥发油含量 13.7mg/kg，是马尾松针叶 2.15mg/kg 的 5 倍多。

植物的叶子对火比较敏感。在我国北方，防火季节仍保留叶子的主要是一些常绿针叶树，如红松、樟子松、云杉、冷杉等。这些树种的叶子接触到火焰很难生存，因为这些树种叶子的致死温度远低于火焰温度。据测定，温度为 49℃ 作用 1h 针叶就会死亡；温度 54℃ 时作用几分钟叶子就会死亡；60℃ 时作用 30s 叶子就会死亡。而一般火焰的温度都在 800～1 500℃，因此，与火焰接触的叶子很少能幸免于难。但在一场林火过后，直接与火焰接触的叶子所占比例并不太大,特别是占绝对多数的地表火发生后,绝大多数的叶子只是受到火的"洗礼"而幸存下来。

据调查,有些树种的叶子在火烧后叶绿素含量增加,特别是当年新萌发的叶子其叶绿素增加更显著,受害越严重,叶绿素增加的量越多,从而增强了叶子的光合效率。这种现象可以说是植物叶子自我调节功能对火的一种适应,说明了生物适应环境的本能,也可以说是生存竞争的一种表现形式。

(3) 林火与树皮

树皮是树木的保护组织,是热的不良导体,一定程度上能起到阻隔热的作用,保护形成层和韧皮部免遭火烧时的高温烧伤。树皮抗火性主要表现在两个方面:一是树皮的厚度;二是树皮的结构。树皮越厚,结构越紧密,导热系数越小,抗火性越强,树木形成层和韧皮部受害越轻。树皮随着年龄的增加而增厚,其结构也愈紧密。因此,幼树抗火性弱,大树、老树抗火性强。

树皮的增厚除与本身的生理过程有关外,火烧能刺激树皮增厚。火的作用次数越多树皮越厚,这也可以视为树木的生理补偿作用。例如,新疆落叶松(又名西伯利亚落叶松,*Larix sibirica* Ledeb.),树干基部膨大常呈"喇叭口"状(我国北方的其他落叶松林均能见到这种现象),树皮粗糙而特厚,约占总材积的 25%~30%,这种超常现象便是由于火的频繁作用引起的。正是由于这种奇特的"外包装",使得即使较高强度的火也很难损害其外部老树皮下的形成层和韧皮部。因此,落叶松可作为我国北方针叶林区很优良的抗火树种。

(4) 火对植物开花的影响

火烧迹地上常见有大量的植物开花。调查发现,这些开花的多为单子叶植物,但也有少数双子叶植物,最常见的有禾本科、兰科、石蒜科、丁香科等。新西兰有一种高山草甸植物名叫"适雪草",火烧后不仅草丛开花的数量多,而且每一丛花序的数目也多。北美的羊草草原火烧后植物开花的数量比火烧前增加 10 倍。火烧不仅能够使植物开花的数量增加,而且有时还可改变花期,火烧能使芦笋的花期大大提前。新西兰的"适雪草"等也具有类似的现象。

火烧影响开花主要表现在以下几个方面:

① 火烧后 C/N 比增加,有利于开花;

② 火烧后,灌木、杂草及一些幼树、下木被清除,改善了林内光照条件,增加了碳水化合物的积累,同时光照的增强还可以抑制细胞分裂,促进细胞分化,有利于花原基的形成,从而增加了树木及其林冠下植物提早开花结实的能力;

③ 火烧具有增温作用,除了增加林内光照,提高林内温度外,火烧迹地上常留有大量的木炭、灰分等"黑色"物质,大量吸收太阳长波辐射,使地表增温,有利于植物提前萌发,加之火烧后土壤养分十分丰富,有利于植物快速生长发育,促使植物提早开花结实。

6.1.4 林火对植物类型的影响

(1) 喜光植物增加,耐阴植物减少

火烧后,特别是大面积或高强度的火烧使林内小环境条件发生了剧烈的变化。其中最主要的是火烧迹地上光照加强,土壤温度升高,林内空气湿度减小,有利于喜光植物的生长发育。例如，新疆云杉林较大面积的火烧后，火烧迹地上最先侵入和演替起来的是山杨和桦树为先锋树种的天然次生林，草本植物则以薹草、党参、高山羊角芹、黄芪、乳苣、多郎菊、假报春、羽衣草、悬钩子、珠芽蓼、禾本科草等数量居多。

（2）含氮植物减少，固氮植物增多

火烧后，土壤表层的有机物质被破坏，土壤中的氮素大量挥发，火烧越严重氮素的损失量越大。由于土壤中含氮量的减少，从而引起地上植物种类的变化。例如，小兴安岭红松林的皆伐迹地采用火烧清理后，第二年只在木炭上生长着两种缺氮的植物——葫芦藓和地钱。这两种植物的出现说明了土壤中含氮量非常低。

火烧后氮素大量损失，土壤中的氮又是如何恢复的呢？通常有两种主要途径：

一种是闪电高温、高压作用使空气中 N_2 与 O_2 直接化合生成 NO_2，然后生成 NO_3^-（硝态氮）。通过这种途径转化的有效氮的量少，每年每公顷大约为5kg。

另一种途径，也是火烧后土壤中氮的恢复的主要途径，是通过植物固氮。火烧后，在火烧迹地上具有固氮作用的植物大幅度增加。例如，大兴安岭比较干燥的地方火烧后豆科植物大量发生，其中胡枝子增加50%；在美国有一种美洲茶，在火烧迹地每年每公顷固氮量达250kg左右；美国赤杨在火烧迹地上每年每公顷固氮量高达300kg。通过固氮植物的种类和数量的增加，弥补了因火烧而损耗的土壤含氮量。

（3）浆果类植物增加

火烧迹地阳光充足，有利于喜光浆果植物生长。在小兴安岭林区调查发现，火烧迹地上刺玫果、悬钩子、草莓等浆果类大量发生，比未烧林内多几倍或更多。浆果植物增加的另一个主要原因是火烧迹地鸟类种群的变化，火烧迹地上鸟类的数量和种类均比火烧前林内鸟类的数量和种类多。而鸟类在林内、林缘等地吞食大量的浆果，然后飞到火烧迹地上栖息，通过粪便或食后把种子排放到火烧迹地上，而排出的种子绝大多数具有生命力，因此，火烧迹地上有大量的浆果类植物萌发育。除了灌木和草本植物外，有些浆果类的树木也具有类似的特性。

6.1.5 林火对森林群落及森林生态系统的影响

6.1.5.1 林火对森林群落空间结构的影响

森林群落的空间结构是指森林群落的三维物理实体，主要体现在森林群落在垂直方向和水平方向上的具体构成形式，即主要体现为垂直结构和水平结构两个方面。

（1）垂直结构

森林群落的垂直结构又可以称为成层现象，在一个完整的森林群落中主要有乔木层、灌木层、草本层和地被物层等四个层次构成，每个层次还可根据高度划分若干层次。通常在气候寒冷、土壤瘠薄的环境条件下，森林群落层次简单，而在温暖、湿润、土壤肥沃的立地条件下，森林群落层次复杂。

层次多的森林群落能充分利用光能，具有较强的光合效能和较高的生产力，可燃物的积累多且连续，同时由于透光性差，群落内湿度大、温度低，通常不利于林火的发生，但是，一旦起火特别是造成森林火灾后，群落的层次结构将遭到较大的破坏，特别是当地表火转变成树冠火时，群落层次结构将面临"灭顶之灾"，火灾后将由群落层次结构较单一的新群落取而代之。

层次结构较单一的森林群落，特别是单一的顶极群落，尽管群落内的环境条件适于林火的发生，林火的发生只能够较轻微地改变其层次结构，难以对其有较大的影响，特别是很少能影响到主林层，影响最大的则是草本层和地被物层。

(2) 水平结构

在森林群落内部，由于其生态特点、竞争能力以及它们生长发育、繁殖方式的差异，加上群落内主要环境因子在不同地点所起的作用的不均匀性，使得在群落内不同地点存在着一些植物或动物构成的小组合，称为"小群落"，这些小群落错综复杂地排列在一起，便形成了群落的水平结构或镶嵌性。所以，森林群落的水平结构是指其在空间的水平分化，即森林群落的镶嵌现象。

小生境的变化可以随时调节这种镶嵌现象，火烧无疑将使这种镶嵌遭到破坏，形成森林新的小群落，已不再是原群落的那种组合。当然，低强度的火改变水平结构的能力要弱一些，而高强度的火则可以大幅度地改变森林群落的水平结构。另一方面，森林群落的镶嵌性同样影响着林火的发生、蔓延和发展。易燃和难燃的森林小群落交替出现，可使林地燃烧性降低，阻止或减缓林火蔓延；而易燃的森林小群落彼此连接，则会使火险增高，有利于林火蔓延。

6.1.5.2 林火对森林群落年龄结构的影响

森林群落的年龄结构是指组成森林主要树种的林木在年龄阶段上的分配状况。由于森林的寿命和经营期较长，除人工林外，绝对同龄林是极难见到的，森林的年龄结构取决于树种的生态学特性、立地条件以及森林发生的历史过程。

在遭受高强度火烧后的火烧迹地上，一些喜光树种最先侵入，其种子小易传播，且生长快，竞争力强，常形成不稳定的同龄林。因为在此类森林演替过程中，喜光树种所形成的同龄林为耐阴树种的生长创造了条件，随着林下耐阴树种的不断发育，在森林发育的后期又常常形成喜光树种和耐阴树种共存的异龄林。因此，火烧迹地上更替的同龄林往往处于过渡阶段，缺乏稳定性，所以，常把这种喜光树种称为先锋树种，而其后侵入的耐阴树种则能形成相对稳定的森林群落。

6.1.5.3 林火对森林演替的影响模式及森林天然更新途径

林火对森林群落组成的短期和长期影响，取决于火灾对其危害的程度、范围、时间及森林植物的特点，而这些因素本身又受气候、地形及以往的历史等因素的影响。事实上，林火对森林群落的影响是变化无穷的，是复杂的。但从宏观上看，林火的影响模式大体上可分为两大类：

(1) 引起林分更替的林火影响模式

大多数中、高强度的火(灾难性的森林火灾)，包括每隔几十年至数百年才有可能发生一次的严重树冠火，由于所有森林植被彻底被摧毁，地表上大多数可燃物和大量的树冠（包括活的与死的)被烧毁；倒折的树木与火灾后的剩余可燃物使该地区在燃烧后数十年内处于高火险级状态；火灾后出现整个林分的更新及更替，林分的树种组成有可能完全改变。原来那些具有较高价值的优势树种被能适应恶劣环境的树种所替代。短期内接连发生火灾，原有的树种将由抗火树种或灌木所取代，从而引起林分更替。多数情况下由于原生群落遭到火灾的破坏而发生次生演替。例如，天山云杉林遭到中、高强度森林火灾后发生的次生演替，是由杨、桦次生林取代了天山云杉林，而要使新演替起来的杨、桦次生林恢复到火烧前的天山云杉林，其过程是漫长的。也有少数的林分遭到中、高强度的火烧后发生的是原生演替，这是由于火灾破坏程度太大，以至于原来的植被及其植被下的土壤也不复存在，形成了类似原生裸地的条件。据研究表明，长白山的植被就是两千多年前的一次火山爆发后经原生演替而来的。还有美国的红云杉，强烈树冠火发生的区域，其演替也是开始于近乎原生的裸地上。

（2）对林分起维持作用的林火影响模式

大多数短期内（2~25年）多次发生的低、中强度火，只有少量至中等数量的地表可燃物被消耗，火险暂时减低；次要树种开始更新，侵入树种使原有树种发生了少许变化，但生态系统的构成基本上较一致，特别是群落中的优势树种仍居优势地位占据着主林层。

某些低强度、小面积的小火或局部高强度火的作用，还有利于改善森林更新条件，有利于幼苗幼树的生长发育，使森林生态系统朝着稳定协调的方向演替。例如，新疆落叶松林下低强度火烧后，并不影响落叶松的优势地位，同时还获得了天然更新的有利条件，增加了该森林生态系统的稳定性。

6.1.5.4 林火与森林的天然更新

火作为一个活跃的生态因子经常作用于森林生态系统，不论是引起林分更替的林火影响模式，还是对林分起维持作用的林火影响模式，在林火过后，或多或少都存在更新问题、火烧后的更新方式主要包括以下几种：

（1）萌生树种的萌芽（萌蘖）更新

萌生树种具有较强的萌芽（萌蘖）能力，火烧刺激了其萌生能力，火烧后萌生出的树木株数较火烧前的数量要多，而且主要树种组成有可能与树种萌芽能力成比例地发生变化。对枝条萌生能力强的灌木、喜光小乔木等，火烧后的生长也较火烧前占优。具有萌蘖能力较强的树种，其根蘖能够在土层下贮藏多年，火烧之后为这些根蘖萌发创造了良好条件，因此，火烧后根蘖苗的数量较火烧前增加显著。

北京林业大学罗菊春教授等调查了大兴安岭森林火灾对天然更新的影响后指出，重度火烧是促使白桦、山杨萌生的良好条件，只要有了杨、桦母株，就会产生大量萌生条。白桦林在重度火烧后，会在当年与第二年很快形成一代新林。所调查的21块白桦林标准地525个样方的统计表明，每公顷白桦萌芽丛数达5 061丛，株数达68 650株，频度达90%以上，1年的高生长平均达50cm，2~3年即可郁闭成林。山杨林被重度火烧后，类似白桦，能产生大量的根蘖苗，每公顷苗条达5万~7万株，频度100%，多数苗高50cm以上，少部分可长到1m高。事实说明，白桦、山杨被烧得越重，萌生苗越多越好。

即使是生长在荒漠中的胡杨林，火烧也能促进萌芽（萌蘖）更新。据《新疆森林》所载，当地下水位较高，土层含水量的林分，火灾频率不高，胡杨还能萌发，根蘖更新较好，详见表6-1。

表 6-1　胡杨林火烧迹地更新

地点	地下水位（m）	林龄	更新林龄	调查株数	根蘖株数	萌芽株数	更新率（%）	备注
塔里木河新其满南岸	1.5	9	3	54	33	10	79.6	11块样地
轮台桑塔木林场	3~4	12	4	6 153		5 439	88.4	3块样地
泊得阔尔	3~4	12	4	2 300		1 060	46.1	4块样地

（2）实生苗更新

成熟林下枯枝落叶层及土壤层中埋藏大量种子，有些由于得不到足够的水分不能萌发；有些由于达不到萌发温度被冷藏；有些由于受其他物质的抑制被压抑；有些具有种子晚熟、球果迟开、果皮或种皮质地致密坚硬或其他保存种子生命力的机制。而适度火烧改变了长期"被压迫"的种子萌发的不利条件，消除了种子萌发的限制因子，使"被压迫"的种子"解放"出来。如一些豆科植物和各种各样其种子被啮齿动物贮藏的树种种子。因此，幼苗数量与在火烧后具有生命力种子的数量成正比，与火烧迹地附近的天然下种能力成正比。例如，天山云杉林下更新不良，但火烧迹地上更新却良好。调查表明，云杉林几乎都是由林火（天然火）发生后，毁灭了上层的成、过熟林，首先侵入杨、桦树等先锋树种，然后在其林中孕育云杉幼苗，成长壮大后又淘汰了杨、桦树，恢复了固有天山云杉的面貌。

此外，天山云杉还具有不经过阔叶林阶段而自行繁殖的能力，但这种现象很少见，仅限于种源丰富的局部重度火烧地段。1979年6月，新疆农业大学师生在实习林场3林班6小班对一片面积约3hm²的幼林进行了调查。标准地位于海拔2 250m的中山带上部，西北坡，平均坡度10°，南与西侧有良好的云杉林墙，40年前（至调查时）火烧后残存的少量云杉目前生长健壮，都起到了天然下种的作用。地形稍凹陷，又有西南方向云杉林的遮阴，较为荫蔽。四周和火烧迹地上并无阔叶树混生，密集生长的云杉幼林已形成。3块0.8hm²的标准地调查结果详见表6-2。

表 6-2　火烧后天山云杉天然幼林调查

标准地号	高度级	平均胸径（cm）	平均树高（m）	平均冠幅（m）	平均年龄	株数（株）	
						标准地	每公顷
1	6m以上	6.6	7.1	1.91	39.3	249	3 113
	3~6m	4.1	4.4	1.34	31.2	209	2 613
	1.5~3m	1.5	1.5	0.98	21.9	353	4 413
	1.5m以下	0.4	1.4	0.43	20.0	358	4 475
	合计					1 169	14 614
2	6m以上	7.2	7.6	2.35		177	2 213
	3~6m	4.2	2.2	1.49		60	750
	1.5~3m	2.1	2.4	0.99		153	1 913
	1.5m以下		1.1	0.61		21	236
	合计					411	5 112

(续)

标准地号	高度级	平均胸径（cm）	平均树高（m）	平均冠幅（m）	平均年龄	株数（株）	
						标准地	每公顷
3	6m 以上	7.4	7.7	2.36	35.3	237	2 963
	3~6m	3.3	4.2	1.36	28.4	239	2 987
	1.5~3m	1.6	2.4	0.97	24.1	579	7 238
	1.5m 以下	0.4	0.2	0.54	20.0	434	5 437
	合　计					1 490	18 625

从表 6-2 可以看出，这片幼林密度很大，更新 40 年后，每公顷株数仍达 5 000~19 000株，并处于强烈的分化和自然稀疏的过程中。

当火烧面积大，针、阔叶树种种源缺少的条件下，上述天山云杉天然更新过程很难实现，将可能退化为草地或荒地。

6.1.5.5　林火对物种多样性的影响

生态学上的物种多样性由 Fisher，Corbet 和 Williams（1943 年）首先提出，已成为现代生态学维护和追求的目标。物种多样性能够表述生物群落和生态系统的结构复杂性。Fister 等首次使用的物种多样性，指的是群落中物种的数目和每一个物种的个体数目。后来不同的学者赋予它不同的含义，但目前生态学家趋向把多样性理解为："群落中种群和（其个体分配）均匀度综合起来的一个单一统计量"（Pielo，1969）。如果一个群落由很多物种组成，且各组成物种的个体数目比较均匀，此群落的多样性指数则高；反之则低。

高强度的火作用于森林生态系统，不仅烧毁了大量的物种，而且破坏了森林环境的多样性，从而使物种的多样性明显减少。如美国红云杉林发生强烈森林火灾后，几乎所有的生物消亡，而发生近乎从裸地开始的原生演替。

相反，有时林火的作用不仅没有使森林生态系统的物种多样性减少，反而使其有所增加。这种林火多是小面积或较低强度的火，小的林火没有烧毁原有的物种，而且增加了环境的多样性，一些新的植物种类得以侵入和一些新的动物迁入的同时，又增加了森林生态系统物种的多样性。例如，草类—新疆落叶松林经低强度火烧后，出现了杨、桦、落叶松、云杉幼苗侵入的现象，丰富了这一类型森林群落火烧迹地上乔木树种的种类。

6.1.5.6　林火对森林生态系统稳定性的影响

任何一个生态系统、最重要的特性之一是它的固有稳定性。Oriams（1975）指出，稳定性的概念通常是指系统保持平衡点或干扰后恢复到平衡状态的趋势。

林火发生必然影响到森林生态系统稳定性。不同种类的林火，不同强度的林火，施于森林生态系统不同压力的作用时，森林生态系统的稳定性将作出不同的反应：

① 从森林生态系统的恒定性看，林火的发生必然会影响到物种数量、群落生活型结构、自然环境特点等；

② 从森林生态系统的持续性看，林火的发生可以使群落中长期占优势的种群失去优势，甚至消失；

③ 从森林生态系统的抗性看，抗火性强的树种，林火频繁发生反而使其抗火性更强；抗火性弱的树种，则毁灭了系统抵制或维持原有结构和功能免受外界破坏的能力；

④ 从森林生态系统的弹性来看，高强度的林火则会使系统恢复和继续运行的能力丧失，而高强度的火引起了林分更替，超出了系统的伸缩范围，新系统的伸缩性则较原系统低得多；低、中强度的火有利于自我更新，增强了系统的伸缩性。

6.1.5.7 林火对森林生态系统能流、物流的影响

森林生态系统的平衡与稳定，其重要标志之一是能量和物质的收支接近平衡。若输入大于输出，系统内部物质库存将逐渐增加，生物量不断提高，生物种群及个体数量相应增加，系统趋于稳定；如果输入小于输出，则系统内部库存量逐渐减少，某些生物种群迁出或消亡，使系统失调或最后崩溃。

林火能加速或间断森林生态系统的物质转化和能量流动，但是，这种加速或间断是否有利于生态系统的平衡与稳定，主要看火作用的性质。加速不一定有利，间断不一定无利。高强度的火能毁灭几乎所有生物，一方面生态系统的食物链(网)解体，能流受阻；另一方面将生态系统所贮存的大量能量在短时间内释放，加速了物质转化。但这种间断或加速都使系统的输出大于输入，不利于生态系统的平衡与稳定。相反，如果对正在受病虫侵害的林分施以火烧处理，烧掉了地表枯枝落叶层，不仅加速了物质循环速率，有利于林木生长发育，而且烧掉了病虫害滋生蔓延的基地，阻断了部分能流，改变了食物链(网)结构，有效地防治了病虫害的危害，从而有利于系统的平衡和稳定。

通常，低强度或小面积的林火不仅不会削弱森林减缓地表径流、涵养水源、保持水土等功能，不会使生态系统的能流、物流受阻，而且能加速养分物质的循环和能量的合理流动，有利于森林的生长发育，有利于森林生态系统的和谐和稳定。但高强度的林火(特别是森林火灾)则相反。

6.2 林火对森林环境及局部环境的影响

6.2.1 森林环境及其特点

森林环境是人类自然环境中生物环境的重要组成部分，它是指以森林生物为主体与一定地理条件结合而形成的具有一定特性和发挥独特作用的地域空间。

森林环境除了具有环境的一般特性外，还具有以下明显的特点：

(1) 森林环境的整体性

组成森林环境的各要素相互依存，相互制约，密不可分，一旦某一要素发生变化必将引起其他要素的相应变化，甚至导致从一种森林环境过渡到另一种森林环境。

(2) 森林环境的多样性

在森林环境中，不仅生存着多种多样的乔木、灌木、草本植物、动物、微生物，而且具有为生物生存提供条件的不同气候、土壤等。森林环境的多样性表现在生物多样性、景观多样性、环境多样性、人文多样性和生产利用多样性等多方面。

(3) 森林环境的时空性

不同时间和不同空间结合形成不同功能、不同结构和类型的森林环境；不同的地理位置和条件会形成不同的森林环境；同一地理位置的不同海拔、不同的土壤和立地条件也会

形成不同的森林环境。森林环境这种时空变化极为明显。

(4) 森林环境的有限性

森林及其环境都是在一定的光、热、水、土、气等条件下形成的，在地球上的分布区域是极其有限的，绝大部分区域都不可能有森林出现。尽管森林资源是可再生的，但由于人类不合理的干预和过度开发利用，森林资源遭到了很大的破坏，不仅使森林环境恶化，而且使全球环境不断恶化，已经开始影响到了人类的生存。

(5) 森林环境的可塑性

森林环境和森林生态系统一样，有一定的阈值和弹性，对外部的干扰能够通过内部结构和功能的调整实现自我调节，我们将森林环境的这种自我调节能力称为森林环境的可塑性。

(6) 森林环境的公益性

森林环境是自然界最重要的生物库、能源库、基因库、CO_2贮存库、O_2生成库、绿色水库、天然抗污染的净化器，不仅对自然界中的大气圈、水圈、土壤圈和生物圈有着极其重要的良好作用，而且它造福于人类，具有鲜明的公益性特点。

6.2.2 林火对光和温度的影响

来自太阳辐射的光和热造就了下垫面性质各异的大气环境，火也是光源和热源，林火的发生必将局部地影响林火发生区域的大气环境。

林火对光的影响有直接影响和间接影响。直接影响是森林燃烧所产生的烟雾使直射光少，散射光多，光照时数减少，极大地降低了大气的能见度，给查看火情、扑火组织和指挥、灭火行动等带来困难，也给航空和公路交通等带来不便。间接影响是林火增加了远离火焰的植物的光照，对早春植物提前萌发及某些喜光林木的生长、开花、结实有利。

林火本身又是高温体，在直接杀死、杀伤植物细胞、植物有机体、动物、昆虫、微生物的同时，又能直接增加土壤温度和周围空气温度，从而间接影响土壤的理化性质和土壤生物。火烧后使林木稀疏，光照增强，林内温度增加。火烧迹地残留的黑色物质(木炭、灰分)，大量吸收太阳长波辐射，热量增加，可使植物提前 7~10d 萌发，有利于食草动物的繁衍。

6.2.3 林火对水分的影响

在生态系统中，水和火有着密切的关系。火烧对水的影响是间接的。主要表现在火烧后植被、地被物、土壤以及生态环境的改变而影响水分循环过程、水质乃至水生生物等方面。

火烧后，植物冠层的截留作用锐减或消失。火烧破坏了地被物层，破坏了土壤良好的通透结构，使水分渗透能力和持水、保水能力均下降。火烧对积雪的影响主要取决于火的强度和火烧面积。高强度小面积火烧、低强度大面积火烧均可增加积雪。高强度大面积火烧则会减少积雪。低强度小面积火烧对积雪没有影响。但火烧迹地上留下来的许多黑色物质(炭、灰分及熏黑的树干)大量吸收长波辐射，使火烧迹地的温度升高，可使积雪提前融化，促使植物的生长期提前。

火烧还对下游水域产生影响，主要表现在河流泥沙淤积量与火烧面积呈指数关系增加；河流的年流量增加，洪峰期提前，且来势更加凶猛；河流的浑浊度增加，水质降低；下游河流水中化学组成的变化明显，其中氮、磷、钾、钙、镁、钠等化学物质的变化尤为明显，氮元素的浓度最多可增加10倍，氮元素的输送量也常常呈数十倍增加。火烧后，河水生态环境改变，也会影响到某些水生生物的生存，其中对鱼类的影响较大。

6.2.4 林火对空气的影响

森林燃烧所产生烟雾的成分主要是二氧化碳（CO_2）和水蒸气。这两种物质占所有烟雾的90%~95%。另外，还有一氧化碳（CO）和碳氢化合物、硫化物、氮氧化物及微粒物质等，占5%~10%。

（1）CO_2

森林燃烧的过程中会增加大气中的CO_2含量，影响空气的质量。当空气中CO_2的含量达到0.05%时，人的呼吸就会感觉不适；达到4%时，人就会头晕、耳鸣、呕吐等；超过10%时，人就会窒息死亡。但森林燃烧是在开放系统下进行的，由于风的作用使局部浓度较大的CO_2迅速扩散，一般不会给人类的生存环境带来严重危害。

CO_2对空气是污染物质，对植物来说则是光合作用的主要原料。热带森林每年每公顷固碳量达10~20t，温带森林每年每公顷固碳量也达到2~4t。空气中CO_2正常的含量约0.03%，森林燃烧时释放的CO_2量是相当大的，每吨森林可燃物可产生825~1450kg的CO_2，所以，也有人说林火的发生对周围的林分起到了"二氧化碳施肥"的作用。

（2）CO

CO是燃烧所产生的重要空气污染物质，直接危害人体及某些动植物。燃烧时CO的浓度与距离火场的远近有关。火焰附近的CO浓度为0.02%（这是完全燃烧，不完全燃烧释放的浓度要大得多），而距火场30m处，CO浓度降到0.001%。当空气中的CO浓度为0.002%~0.008%时，会使人的血红蛋白（红细胞）失去携带O_2的功能，造成人体组织缺氧；当CO浓度达到0.2%时，可引起急性中毒，使人在几分钟内死亡。林火中，燃烧1t可燃物可产生10~330kg的CO，因此，野外扑火人员要十分小心CO中毒。

（3）硫化物

硫化物主要指SO_2（二氧化硫）、SO_3（三氧化硫）、H_2SO_4（硫酸）及H_2S（硫化氢）等有毒物质，是空气污染的主要成分之一。森林可燃物燃烧后所释放SO_2的量足以对动植物产生危害。但是，火烧后SO_2的浓度常在风等的作用下大大下降。

（4）O_3（臭氧）

通常状况下，空气中O_3含量为3×10^{-8}，且主要分布在20~25km高空的大气层中。森林火灾的烟雾中O_3的浓度达10^{-7}；针叶林采伐剩余物火烧烟雾中O_3的浓度高达9×10^{-7}。O_3是光气（光化学烟雾）的主要成分之一，能对植物造成严重的危害。

（5）含氮化合物

空气中含有大量的N_2，无论对植物还是对人类N_2均没有危害。但是，当空气中的氮被转化为氮氧化物（NO_x）时，其危害作用显著增加。NO_2一般在1540℃的高温条件下才能产生，除了闪电外，森林火灾很少能达到如此高的温度。因此，森林火灾很少能引起 NO_2 的产生，但如果有游离氢基存在，即使温度很低也可形成 NO_2。

(6) 微粒物质

微粒物质是指烟雾、烟灰、焦油、尘埃和挥发性有机物质的混合物。每燃烧 1t 森林可燃物可产生 2～90kg 这类微粒物质，它们不仅会使林火燃烧区附近的能见度降低，而且会对附近的居民和动物的呼吸道产生较强的刺激。

烟雾对植物的影响主要取决于烟雾笼罩的时间长短和有害物质的多少。烟雾笼罩时间越长，有害物质含量越多，危害则越严重。有害物质少时，可降低植物光合作用效率，含量大时则可造成植物急性中毒和组织坏死。

6.2.5 林火对森林土壤的影响

林火对森林土壤理化性质的影响主要取决于土壤类型、土壤含水率、火强度、火烧持续时间以及火烧后降水时间和降水强度等。

(1) 林火对土壤物理性质的影响

土壤含水率影响土壤的比热和热导率，从而影响土壤热量传递的数量和速度。除了黏土以外，土壤含水率越大，吸收的热量越多，越能迅速地把热量从表层向下层传递，这样会延缓土壤表面温度的上升。土壤表层的枯枝落叶层及腐殖层的含水率甚至比土壤本身的含水率还重要。如果枯枝落叶层与腐殖质层之间的水分梯度大，即使表层的枯枝落叶燃烧，下层的腐殖质甚至半分解的枯枝落叶也不会燃烧。

火烧后，由于地表枯枝落叶层、腐殖质层被烧掉，灌木及林冠层被破坏，太阳辐射增加，加之火烧迹地上残留有黑色物质(灰分、木炭等)大量吸收长波辐射，从而使土壤温度升高。在冷湿生态条件下，土壤温度增加，有利于加速腐殖质的分解，提高土壤肥力；有利于早春植物的萌发，增加草食性动物的食源。

中、低强度的火烧不会直接影响土壤的结构，只有严重的火烧才会使土壤有机质、根系、原生动物及微生物等烧死或烧毁，无机土壤裸露，再经雨水冲刷，土壤团粒结构解体，土壤孔隙度下降，土壤板结。火烧越频繁，土壤板结现象越严重。土壤结构的破坏直接影响土壤的通透性和肥力。

火烧后，随着植被盖度的减少，坡度对土壤侵蚀的作用尤为显著。高强度的火烧会增加土壤侵蚀，低强度火烧对土壤侵蚀影响则很小。同时，如果火烧后紧接着有降水，特别是高强度的降水，发生土壤侵蚀的可能性就很大。因为降水是土壤侵蚀的原动力，降水量大、降水强度大的地区，火烧后土壤侵蚀严重。

(2) 火对土壤化学性质的影响

土壤的酸碱性和物质循环是土壤化学性质的主要特性。火烧后土壤 pH 值增加，增加的幅度主要取决于林火发生前可燃物的负荷量、火强度、原来土壤的 pH 值和降水量。低强度的计划火烧一般不会引起土壤 pH 值的大幅度增加。大多数针叶树土壤 pH 值的适宜范围是 3.7～4.5，而阔叶树的适宜范围是 5.5～6.9。从这个角度讲，火烧后阔叶树 pH 值增加也有其土壤基础。

火烧对土壤有机质的影响主要依赖于火的强度。高强度火烧使土壤有机质几乎全部破坏，从而引起土壤物理、化学乃至生物过程的改变。低强度的火烧虽然使土壤表层有机质减少，但下层土壤有机质含量将增加。因此，低强度火烧后有机质发生了再分配，而不是单纯地减少。

火烧还会影响土壤中的养分循环。高强度火烧后，干燥立地条件下氮损失为67%，而湿润条件下则为25%。低强度的计划火烧土壤中氮有增加的趋势，这是因为火烧后虽然地表枯枝落叶层被烧掉，有一些氮的损失，但是火烧后改变了土壤环境，特别是土壤pH值的增加，提高了土壤固氮能力。火烧后地被物等可燃物中的磷以细灰颗粒形式而大量损失，但是，火烧后土壤中的速效磷是增加的。大量研究表明，火烧后土壤的速效钾含量增加，钙和镁的含量也有所增加。也有研究表明，这些阳离子变化不大或有下降的趋势。下降的原因可能是由于火烧后土壤有机质含量大幅度下降，阳离子交换能力降低所致。

（3）林火对土壤微生物的影响

林火对土壤微生物的影响主要表现在两个方面：一是火作为高温体直接作用于土壤微生物，使其致死，大多数微生物种群数量及活动显著下降，尤其是对上层土壤的微生物影响最大；二是火烧后改变了土壤的理化性质，间接对其产生影响。火烧后土壤的pH值增加使某些细菌种群数量增加。

火的强度、土壤通透性、土壤pH值、土壤温度以及土壤中可利用营养等的变化均影响土壤微生物的种类及种群数量。

（4）林火在改善土壤环境中的作用

在冷湿条件下，很多有机质不能被分解利用，土壤肥力低。采用火烧能增加温度及土壤微生物的活动，加速有机质的矿化过程，提高森林生产力。对于一些不易分解的枯枝落叶，可采用定期火烧加速其有机质的矿质化过程。用火改善土壤环境是切实可行的措施之一。我国南方某些地区的炼山造林就是利用火作为改良土壤的一种手段。

6.2.6 林火对森林环境及局部环境影响的野外观测方法

林火的发生具有很强的难预料性，人们不可能像其他研究一样事先选择好观测点和观测项目，等待着拟定好的观测项目的出现，例如，在研究森林环境时，人们只要选择好森林类型及其林分条件，确定好拟观测的森林环境要素，便可以定点定时进行观测，取得相应的观测数据。而林火对森林环境影响观测则不同，人们不可能事先选择好观测点等待林火的发生，所以，常根据研究目的做以下两种选择：

定点连续观测：如果要研究林火的长期影响，便可以参照其他研究观测方法进行，如森林小气候观测，农田小气候观测等。这类观测可以选择已经发生林火的森林区域和没有发生林火的同类型的森林区域作对比，分别建立固定的观测站（点）。目前这类专门用于研究林火影响的观测站（点）还没有。

不定点临时观测：适于研究林火的近期影响。通常的做法是，什么地方发生了林火，就在什么区域选择观测点进行一次性或短期观测。

根据林火对森林环境影响野外调查方法的特点，可分为以下几种：

6.2.6.1 流动观测法

流动观测在其他调查研究中通常是为了补充定点观测的不足，或者用于普查，或者用于对定点观测的扩充。但是,在林火对森林环境影响的野外调查中,流动观测是使用频率很高的一种观测方法。

不论是从选择观测点的角度,还是从观测本身,流动观测都具有便捷、高工效、易操作、能真实反映林火的影响等优点。特别是在同一个火烧迹地上林火造成许多差异明显的小区域,流动观测就可以区分出它们之间的差别。

通常的做法是,在火烧迹地上根据林分类型、林分特点、火烧状况等分别选择观测点,观测完规定的项目后,继续选择其他观测点。流动观测既不确定观测地点,也不确定观测时间,完全根据火烧迹地的实际状况来选择,只要某一个小区域和前面观测的小区域所代表的类型(林分和林火的各方面)不同,该小区域就可以作为一个新的观测点。在某一个观测点上既可以根据需要对观测项目仅观测一次,也可以根据需要对观测项目观测多次,甚至可以在短期内定点定时观测。

所以,在流动观测的过程中,观测的地点、时间和次数等都具有较大的随意性,它对数据分析的方法和手段要求较高,可能产生误差的因素也较多,不仅观测上会产生误差,分析方法也会产生误差,有时,如果选择的分析方法不当,产生的误差可能会很大。为了减少误差,增加可比性,应该在观测的时间标准、仪器的安放标准、观测的次数等方面求得相对一致。例如,某项目的观测时间间隔可以相同,或者相对时间周期对应(如两个观测点在前后两天的同一时段观测);仪器安放的高度、方位相同;同一个项目在不同观测点的观测次数相等。同时要求多选择几种方法进行比较印证。

6.2.6.2 对比观测法

对比观测法通常是在类似的条件下,设置两个及两个以上的观测点,同时对某一个或某几个指标进行观察、测定。不仅在林火对森林环境影响的野外调查中使用频率很高,而且是整个生物学界野外实验(观测)最常用的一种方法之一。

例如,林内和林外对比,不同森林类型对比,过火区域与非过火区域对比等。对比观测地点的选择取决于观测目的;林火对森林环境影响观测项目的确定又取决于火烧强度、火烧对林下植物的干扰程度、对林分郁闭度的改变、对林分结构的影响程度等;同时还要考虑海拔、坡向、坡位、森林立地条件等与林火的共同作用。尽管需要考虑的因素很多,但最核心的是观测的目的。通常根据观测的目的不同,对比观测设计的比较方案也有所不同,林火野外观测方案可从以下几个方面设计:

(1) 观测地点的"一一对比"

这种对比观测又可分为"火烧迹地内外对比"和"火烧迹地内部对比"。

火烧迹地内外对比,首先在火烧迹地上先确定好观测地点,对该观测点的林分状况作出估计,并设计好观测的项目,然后在火烧迹地外寻找一个林分状况与该观测点接近的观测点,作为对比。这种对比观测的侧重点是:通过森林环境的对比观测,期望分离出"林火的作用"大小。

火烧迹地内部对比,首先在火烧迹地上先确定好第一个观测地点,对该观测点的林分状况作出估计,并设计好观测的项目,然后仍然在火烧迹地上(别处,与第一个观测点有一定的距离)寻找一个林分状况与第一个观测点接近的观测点,作为对比。这种对比观测的含义类似于实验设计中的"重复",它的侧重点是:通过森林环境的对比观测,期望分离出"林分对林火的响应"的差别。

(2) 观测地点的"一对多"对比

与"一一对比"一样,"一对多"对比观测也可分为"火烧迹地内外对比"和"火烧迹地内部对比"。在自然界要找到"林分状况"或"火烧干扰程度"完全相同的两个区域是不可能的,在"一一对比"进行观测点选择时也只能力求接近,进行"一对多"对比观测设计时,"多"所体现的是"差异的细化",或者说是主要指标相同的前提下,次要指标的细化;也可以说是对一级指标求同的前提下,对二级指标求异("多"的各观测点之间)。

(3) 观测地点的"多对多"

观测地点的"多对多"可以看成"一对一"和"一对多"的综合或叠加,在确定"多对多"观测点时,要特别注意观测项目的可比性,要力求简化观测项目,避免贪大求全的倾向。

与观测地点的"一对一""一对多""多对多"选择观测点一样,也可以用观测"项目"去置换"地点"进行类似的设计,这里就不再赘述。

6.2.6.3 梯度观测法

森林生态系统是陆地生态系统中空间最庞大、结构最复杂的生态系统,简单的"点"状观测,其代表性不是很强。例如,森林的层次结构,即使作简单的划分,就可以分为乔木层、灌木层、草本植物层、枯枝落叶层、腐殖质层、土壤层等。如果要细分的话,上述每个层次又可分出若干层次。林火发生后,由于火的类型、火行为、林分及其环境对林火影响的响应等方面均存在很大的差异,"点"状的观测已经远远不能满足需要,梯度观测法便成为林火影响,特别是对森林环境影响野外观测不可或缺的方法和手段。

梯度观测法可以分为水平梯度观测和垂直梯度观测。

水平梯度观测点的布设自林缘开始,向林内每隔一定距离间隔设置一个观测点,在各个观测点上同一时刻观测相同的观测项目。

垂直梯度观测则是选择垂直方向上层次分明且完整的观测点,在这个观测点的各个层次上同一时刻观测相同的观测项目。

在实践中,常常把水平观测和垂直观测结合起来布点,当然,这首先要有足够的人力和观测仪器作保障。

6.2.6.4 平行观测

平行观测指的是在森林环境观测的同时,对林分的其他因素也进行观测,如结合标准地调查林分的郁闭度、树高、胸径、生物量、可燃物负荷量等,即观测林火对森林环境影响的同时做标准地调查。

需要说明的是,以上几种观测方法之间是相互联系的,每种方法可以单独使用,也可以几种方法结合在一起使用。

6.2.7 林火对森林环境及局部环境影响的观测与评价基本因子(指标)

(1) 气压

气压观测是测定作用在单位面积上的大气压力。以 hPa(百帕)为单位,常保留 1 位小数。测定气压的仪器主要用动槽式(福丁式)和定槽式(寇乌式)水银气压表,野外也常用空盒气压表。

(2) 风

空气的水平运动称为风。野外可以在不同高度上分别观测风向和风速。

风向是指风的来向，常用 8 个方位或 16 个方位表示。

风速是指空气所经过的距离与经过该距离所需时间的比值。单位为 m/s，定时观测取整数，自记记录取 1 位小数。

风向与风速野外观测常用的仪器是(三杯)轻便风向风速表。

(3) 空气的温度和湿度

空气温度简称气温，表示空气冷热程度的物理量。单位为℃，保留 1 位小数。

空气的湿度简称湿度，是表示空气中水汽含量和潮湿程度的物理量。使用最频繁的是相对湿度，单位为百分数(%)，取整数。

气温和湿度观测的都是离地面 1.5m 高度处的温度和湿度。野外最常用的观测仪器有两种：一种是通风干湿表；另一种是温湿度计(表)。

通过通风干湿表可以直接读取气温，而使用通风干湿表观测湿度，则是通过分别读取通风干湿表上的干球温度和湿球温度之后，利用公式计算相对湿度，或者利用气象数表直接查算相对湿度。

使用温湿度计(表)可以从相应的刻度盘上直接读取气温和相对湿度。

有时野外也使用简易或便携百叶箱，百叶箱中除了干、湿球玻璃温度表之外，还有最低温度表和最高温度表。最高温度表安置在百叶箱内支架下横梁的上面一对弧钩上，感应部分向东稍向下倾斜，约高出干湿球温度表球部 3cm。最低温度表水平地安置在支架下横梁的下面一对弧钩上，感应部分向东，低于最高温度表 1cm。

观测时间：每天 20：00 观测 1 次最低和最高温度。气温和湿度的基本观测时间每天定时在 2：00、8：00、14：00、20：00(或者后 3 次)。观测的定时间隔和次数可以根据研究目的进行加密、调整。

如果没有特殊的要求，使用通风干湿表和温湿度表可在 20cm、50cm、150cm 三个高度上观测、读数。如果要观测垂直方向上温度、湿度梯度，则可以根据研究目的来确定高度及间隔距离。

(4) 地温

地面和地中不同深度的土壤温度统称为地温。单位为℃，读数保留 1 位小数。

地面温度是指直接与土壤表面接触的温度表所指示的温度，使用 3 只玻璃温度表，安放顺序自北向南平行、整齐、依次摆放地面(又称 0cm 温度表)、地面最低和地面最高温度表，感应部位朝东，间隔 5cm，感应部分和表身埋入土中一半。

地中土壤温度包括浅层地温和较深层地温。

浅层地温包括离地面 5cm、10cm、15cm、20cm 四个层次的温度。使用曲管地温表，在地面最低温度表的西侧约 20cm 处开始，按照 5cm、10cm、15cm、20cm 温度表的顺序，由东向西排成一排，间隔 10cm，感应部分朝北，感应部分与地面的距离分别为 5cm、10cm、15cm、20cm。

安装曲管地温表的方法：挖一段东西长 40cm 的沟，北壁垂直，南壁挖成与地面成 45°的斜坡面，沟底为阶梯形，由东向西逐渐加深，每阶距离地面垂直深分别为 5cm、10cm、

15cm、20cm。沟坡和沟底的土要压紧，安放时使表身背部和感应部分的底部与土层紧贴，各地温表的深度、角度和距离均符合要求后再用土填平，适当压实，使表身与土壤间不留空隙。安装时动作应轻巧和缓，以免损坏温度表。

较深层地温包括 40cm、80cm、160cm、320cm 四个层次的温度。使用直管地温表，由东向西整齐地排成一行，各深度温度表的间隔为 50cm，安装时应先用土钻钻好不同深度的圆形孔，然后按深度要求放入各个直管地温表。较深层地温在林火对森林环境影响中使用的并不多。

各地温表的观测顺序是：0cm 温度表、地面最低、地面最高、5cm、10cm、15cm、20cm、40cm、80cm、160cm、320cm。每次定时观测都要进行地面温度和地中 5~40cm 地温的观测，而 80cm、160cm、320cm 的温度仅在每天 14:00 观测 1 次即可。

6.3 森林资源损失评估

6.3.1 森林火灾直接损失评估方法

（1）木材损失计算

$$S_V = MP_m - P_0 \tag{6-1}$$

式中，S_V 为木材损失额（元）；M 为过火木材蓄积（m³）；P_m 为木材市场价格（元/m³）；P_0 为残值（元）。

（2）固定资产损失计算

$$S_G = P_C(1 - P_Z n)P_H \tag{6-2}$$

式中，S_G 为固定资产损失额（元）；P_C 为重置价值（元）；P_Z 为年平均折旧率（%）；n 为已使用年限；P_H 为烧毁率。

（3）流动资产损失计算

流动资产按照不同流动资产的种类分别计算。

$$S_L = LP_g - P_0 \tag{6-3}$$

式中，S_L 为流动资产损失额（元）；L 为流动资产数量（kg 或台）；P_g 为购入价（元/kg 或台）；P_0 为残值（元）。

（4）非木质产品损失计算

非木质产品损失金额分别按照不同品种和不同的现行市场价格计算。

$$S_F = FP_F \tag{6-4}$$

式中，S_F 为非木质产品损失额（元）；F 为林副产品损失数量（kg）；P_F 为市场平均现价（元）。

（5）农牧产品损失计算

农牧产品损失分别按照农产品、农作物、畜禽损失累计计算。

$$S_N = N_C P_{NC} + N_Z P_{NZ} + X_Q P_{XQ} \tag{6-5}$$

式中，S_N 为农牧产品损失额（元）；N_C 为农产品损失数量（kg）；P_{NC} 为农产品市场平均现价(元/kg); N_Z 为农作物损失面积(hm^2); P_{NZ} 为农作物生产成本(元/hm^2); X_Q 为畜禽损失数量(头或只); P_{XQ} 为畜禽市场平均现价(元/头或只)。

(6) 森林火灾扑救费用计算

$$P = \sum_{i=1}^{n} P_i \qquad (6\text{-}6)$$

式中, P 为森林火灾扑救的总费用(万元); P_i 为扑救森林火灾支付的某项费用(万元), 具体如下(注意折算成万元):

① 飞机、船、车、马租金, 交通费等费用总和, 用 P_1 表示:
P_1 = 飞行时间(h) × 飞行费(元/h) + 船舶租用时间(h) × 租赁费(元/h) + 行车时间(d) × 租赁费(元/d) + 马租用时间(d) × 租赁费(元/d);

② 燃料、材料费用的总和, 用 P_2 表示:
P_2 = 燃料消耗量(kg) × 现行价格(元/kg) + 材料消耗量 × 现行价格;

③ 森林火灾扑救人员的工资、伙食费等费用总和, 用 P_3 表示:
P_3 = 扑火人数(人) × 日工资(元/d) × 扑火天数(d) + 扑火人数(人) × 日伙食补助(元/d) × 扑火天数(d);

④ 消耗的器材、装备、机具等费用总和, 用 P_4 表示:
P_4 = 消耗器材(台或件) × 现行价格(元/台或件) × (1 − 年平均折旧率 × 已使用年限) + 消耗装备(台或件) × 现行价格(元/台或件) × (1 − 年平均折旧率 × 已使用年限) + 消耗机具(台或件) × 现行价格(元/台或件) × (1 − 年平均折旧率 × 已使用年限);

⑤ 扑救森林火灾的组织管理费用, 用 P_5 表示:
P_5 = 通信费(元/d) × 扑火天数(d) + 其他(元);

⑥ 其他因扑救森林火灾所支付的费用, 如人工增雨费用等, 用 P_6 表示。

(7) 人员伤亡损失计算

人员伤亡额按照轻伤、重伤和伤亡三类分别进行计算。

① 轻伤费用 按照医疗费、误工费、护理费、交通费、住宿费、住院伙食补助费、必要的营养费等累计;

② 重伤费用 按照医疗费、误工费、护理费、交通费、住宿费、住院伙食补助费、残疾赔偿金、残疾辅助器具费、康复费、后续治疗费、被抚养人生活费等累计;

③ 伤亡费用 按照医疗费、误工费、护理费、交通费、住宿费、住院伙食补助费、丧葬费、伤亡补偿费、被抚养人生活费, 亲属办理丧事支出的交通费、住宿费、误工费等累计。

具体损失费用参考《最高人民法院关于审理人身损害赔偿案件适用法律若干问题的解释》《工伤保险条例》《企业职工伤亡事故分类》(GB 6441—1986)等确定。

(8) 居民财产损失计算

具有参照《火灾损失计算标准》(GA 185—2014)计算。

(9) 野生动物损失计算

野生动物损失(元) = 烧死的数量(头或只) × 价格(元/头或只) − 残值(元)

6.3.2 森林火灾间接损失评估方法

(1) 三停损失计算

停工、停(减)产和停业损失累计计算。

停工损失(元) = 停工人数(人) × 天数(d) × 日均工资总额[元/(人·d)];

停(减)产损失(元) = 产品数量(件/d) × 停(减)产时间(d) × 产品出厂价(元/件);

停业损失(元) = 停工人数(人) × 天数(d) × 日均工资总额[元/(人·d)];

有关停(减)产时间的确定:对于生产部门停(减)产时间是指停止生产时间;对于商业部门停(减)产时间是指停止营业(销售时间);对于能源生产(供应)部门停(减)产时间是指停止能源生产或供应的时间。

(2) 灾后处理费用计算

$$Q = \sum_{i=1}^{n} Q_i \tag{6-7}$$

式中,Q 为灾后处理总费用(万元);Q_i 为灾后处理的某项费用(万元)。

通常包括:火烧迹地即火场清理费用,按照清理火场的实际费用计算;安置灾民的费用,按照安置所需的实际费用计算;火烧迹地恢复费用,按照所需的实际费用计算;处理火灾产生的一些有毒物质对环境污染的支出费用,按照所需的实际费用计算;其他灾后处理费用。

(3) 森林生态价值损失计算

参照"2.4.6 资源资产相关的评估方法服务功能评估指标体系",结合《森林生态系统服务功能评估规范》(LY/T 1721—2008)计算森林生态价值损失。

6.4 区域森林火灾危害程度评估

森林火灾发生次数和受害森林面积是我国目前评价其危害程度和考核森林防火部门管理水平的主要指标。但仅仅用发生次数和受害面积进行评价不仅局限性很大,而且也有失客观。只有选择适当的评价指标和方法,对森林火灾危害程度进行客观分析,各省(自治区、直辖市)森林防火管理部门才能科学决策,合理使用有限的人力、物力和财力,将森林火灾的危害降到最低。

6.4.1 评价区域森林火灾危害程度的单一指标

(1) 林火次数比率

$$林火次数比率(\%) = \frac{某省(自治区、直辖市)年均森林火灾次数(起)}{全国年均森林火灾次数(起)} \times 100$$

记为:

$$P_n(\%) = \frac{F_{d_n}}{F_{c_n}} \times 100 \tag{6-8}$$

式中,P_n 为林火次数比率(%);F_{d_n} 为省(自治区、直辖市)年均森林火灾次数;F_{c_n} 为全国年均森林火灾次数。

我国森林分布很不均匀,且森林火灾受气候影响很大,用次数评价某地森林火灾危害程度和林火管理水平有失公允。此指标以全国年均森林火灾次数为基数,可以反映某区域森林火灾发生的频繁程度,弥补了使用发生次数比较区域之间森林火灾危害大小的不足。林火次数比率的数值越大,说明该省(自治区、直辖市)森林火灾发生次数在全国所占比重越大。此指标所反映的是适于发生森林火灾的区域性特点。

(2) 森林燃烧率

$$森林燃烧率(‰) = \frac{某省(自治区、直辖市)年均受害森林面积(\times 10^4 hm^2)}{该省(自治区、直辖市)森林面积(\times 10^4 hm^2)} \times 1\,000$$

记为:
$$R_f(‰) = \frac{A_{c_a}}{A_f} \times 1\,000 \tag{6-9}$$

式中,R_f 为森林燃烧率(‰);A_f 为森林面积(hm^2);A_{c_a} 为受害森林面积。

我国森林分布很不均匀,仅使用受害森林面积不便于比较区域的森林火灾危害程度。此指标以管辖区内森林面积作为基数,可以较客观地比较区域间森林火灾的危害程度。

(3) 森林受害面积比率

$$森林受害面积比率(‰) = \frac{某省(自治区、直辖市)年均受害森林面积(\times 10^4 hm^2)}{全国年均受害森林面积(\times 10^4 hm^2)} \times 1\,000$$

记为:
$$R_{c_a}(‰) = \frac{D_{c_a}}{C_{c_a}} \times 1\,000 \tag{6-10}$$

式中,R_{c_a} 为森林受害面积比率(‰);D_{c_a} 为省(自治区、直辖市)年均受害森林面积(hm^2);C_{c_a} 为全国年均受害森林面积(hm^2)。

森林受害面积比率反映的是森林火灾的区域性特点。把各省(自治区、直辖市)的森林火灾危害与全国平均水平相比较,统一了比较基准,便于区域之间的比较。与林火次数比率类似,其数值越大,说明该省(自治区、直辖市)森林受害面积在全国所占比重越大。

(4) 每起森林火灾平均受害面积

$$\frac{每起火灾平均受害}{森林面积(hm^2/起)} = \frac{某省(自治区、直辖市)年度(或年平均)受害森林面积总和(hm^2)}{该省(自治区、直辖市)年度(或年平均)森林火灾总次数(起)}$$

记为:
$$M_{c_a} = \frac{D_{c_a}}{Y_{c_a}} \tag{6-11}$$

式中,M_{c_a} 为每起火灾平均受害森林面积(hm^2/起);D_{c_a} 为某省(自治区、直辖市)年度(或年均)受害森林面积总和(hm^2);Y_{c_a} 为某省(自治区、直辖市)年度(或年均)森林火灾总次数(起)。

我国森林火灾分布的特点之一是:我国南方森林火灾发生次数多,但每起森林火灾的过火、受害、成灾面积小,而我国北方则相反。此指标可以较好地反映这一特点。从这一特点出发,为避免计算结果数值过小,P_M 的单位可以转换为 hm^2/起。

(5) 森林火灾发生次数变异系数

森林火灾发生的次数不仅存在着地域上的差异,而且由于受到气候因素、林情、社情、管理水平等多种因素的影响,在同一个省(自治区、直辖市)不同年份之间也会出现很大的差异。

如果森林火灾发生次数的数据序列足够长的话,通过变异系数的比较,还可以较好地分析不同时间段(某个时期)的差异,从而比较林火管理水平是否有所提高。

$$\text{林火次数变异系数}(\%) = \frac{\text{某省(自治区、直辖市)年度森林火灾总次数序列的标准差}}{\text{该省(自治区、直辖市)年度区间森林火灾次数平均值}} \times 100$$

记为:
$$V_n(\%) = \frac{\delta_n}{M_n} \times 100 \tag{6-12}$$

式中,V_n 为林火次数变异系数(%);S_n 为某省(自治区、直辖市)年度森林火灾总次数序列的标准差;M_n 为某省(自治区、直辖市)年度区间森林火灾次数平均值。

(6)受害森林面积变异系数

$$\text{受害森林面积变异系数}(\%) = \frac{\text{某省(自治区、直辖市)年度受害森林总面积序列的标准差}}{\text{该省(自治区、直辖市)年度区间受害森林总面积平均值}} \times 100$$

记为:
$$V_{c_a}(\%) = \frac{S_{c_a}}{M_{c_a}} \times 100 \tag{6-13}$$

式中,V_{c_a} 为受害森林面积变异系数(%);S_{c_a} 某省(自治区、直辖市)年度受害森林总面积序列的标准差;M_{c_a} 该省(自治区、直辖市)年度区间受害森林总面积平均值。

受害森林面积的变异系数,可以较好地反映某区域的森林火灾控制能力。如果一个区域的变异系数大,说明该区域的森林防火管理水平是不稳定的,森林火灾的控制能力较弱。特别是对两个时期进行比较时,如果前一个时期的变异系数大,后一个时期的变异系数小,则表明后一个时期的管理水平提高了,对森林火灾的控制能力有所提高。

6.4.2 评价区域森林火灾危害程度单一指标的应用实例

(1)数据来源

为了使森林资源数据与森林火灾数据在时间上一致,本文使用的各省(自治区、直辖市)有林地面积为全国第六次森林资源清查数据,1998—2008年的森林火灾统计资料由国家森林防火指挥部办公室提供。本文不涉及台湾、香港、澳门等区域的森林资源和森林火灾数据。

(2)单一指标的计算结果与分析

我国各省(自治区、直辖市)森林火灾危害程度单一指标计算结果详见表6-3。

表6-3 我国各省(自治区、直辖市)森林火灾危害程度各评价指标计算结果

省(自治区、直辖市)	P_n(%)		R_f(‰)		R_{c_a}(‰)		M_{c_a}(hm²/起)		V_n(%)		V_{c_a}(%)		排序极差
	数值	排序	数值	排序	数值	排序	数值	排序	数值	排序	数值	排序	
全国	100.00	—	0.79	—	1 000	—	14.90	—	31.23	—	107.62	—	—
北京	0.12	28	0.08	19	0.21	28	2.60	18	91.65	2	107.64	9	26
天津	0.15	27	0.09	18	0.06	30	0.62	30	84.76	4	187.61	2	28
河北	0.89	19	0.03	25	0.83	24	1.38	26	104.30	1	106.12	10	25
山西	0.38	23	0.37	8	5.49	12	21.78	3	78.65	6	90.74	14	20

(续)

省(自治区、直辖市)	P_n(%) 数值	排序	R_f(‰) 数值	排序	R_{c_a}(‰) 数值	排序	M_{c_a}(hm²/起) 数值	排序	V_n(%) 数值	排序	V_{c_a}(%) 数值	排序	排序极差
内蒙古	1.23	18	1.08	2	160.11	2	194.47	2	40.84	26	169.02	3	24
辽宁	2.00	12	0.04	24	1.42	20	1.06	27	40.32	27	41.26	29	17
吉林	0.69	21	0.02	28	0.86	22	1.87	21	57.88	11	87.56	15	17
黑龙江	1.58	15	4.35	1	564.53	1	533.20	1	46.01	18	148.77	5	17
上海	0.00	31	0.00	31	0.00	31	0.10	31	0.00	31	0.00	31	0
江苏	1.29	17	0.15	14	0.84	23	0.97	28	52.67	13	91.60	13	15
浙江	6.42	5	0.76	5	30.40	6	7.05	8	43.40	20	67.29	24	19
安徽	1.78	14	0.14	17	3.35	14	2.81	17	59.83	9	79.92	19	10
福建	5.24	8	0.82	4	45.12	4	12.84	4	62.73	8	87.23	16	12
江西	5.26	7	0.49	7	33.11	5	9.38	5	58.72	10	71.59	21	16
山东	0.77	20	0.06	22	0.89	21	1.71	23	46.66	17	61.12	25	8
河南	4.89	9	0.15	16	2.87	15	0.87	29	89.52	3	75.80	20	26
湖北	6.98	3	0.29	10	10.26	11	2.19	19	50.38	16	51.48	28	25
湖南	21.95	1	0.92	3	57.31	3	3.89	15	68.55	7	69.90	22	21
广东	2.71	11	0.25	12	15.06	10	8.29	7	54.99	12	85.27	18	11
广西	6.81	4	0.26	11	18.60	7	4.07	14	42.76	23	56.99	26	22
海南	1.48	16	0.15	15	1.79	19	1.80	22	43.24	21	56.35	27	12
四川	3.05	10	0.32	9	4.20	13	2.05	20	42.37	25	101.18	12	16
贵州	15.00	2	0.16	13	16.45	9	1.63	24	43.14	22	39.31	30	28
云南	6.04	6	0.60	6	18.13	8	4.47	13	39.06	28	110.17	8	22
西藏	0.16	26	0.01	30	0.76	25	6.92	9	31.35	29	85.46	17	21
重庆	1.83	13	0.02	27	1.80	18	1.46	25	27.30	30	69.00	23	17
陕西	0.62	22	0.05	23	2.38	16	5.75	10	51.29	15	156.38	4	19
甘肃	0.17	25	0.03	26	0.58	26	5.11	11	51.56	14	265.83	1	25
青海	0.08	30	0.01	29	0.29	27	5.65	11	42.49	24	103.89	11	18
宁夏	0.08	29	0.06	21	0.18	29	3.28	16	83.49	5	112.33	7	24
新疆	0.36	24	0.06	20	2.24	17	9.22	6	44.63	19	124.59	6	18

注：不含台湾、香港、澳门及有林岛屿。

由表 6-3 可知，就 P_n 而言，排在前 10 位的除了湖北和河南外，其余 8 个均为西南和南方的省(自治区、直辖市)，而就 R_f、R_{c_a} 和 M_{c_a} 看，黑龙江和内蒙古的排序分别由 P_n 的第 15 位和第 18 位跃升至第 1 位和第 2 位，很好地表达了"我国南方森林火灾发生次数多，但每起森林火灾的过火、受害、成灾面积小，而我国北方则相反"这一特点。同样，一些森林火灾很少及森林分布在边远山区的省(自治区、直辖市)的 V_n 和 V_{c_a} 分别排在了前列(上海没有森林火灾除外)这一结果表明，V_n 和 V_{c_a} 也较好地反映出了不同区域林火管理水平的差异。

由表6-3不难看出,尽管单一指标能够从某个侧面反映出某区域的森林火灾危害程度,在一定程度上解决了仅仅用次数和面积评价一个区域森林火灾危害程度的问题,但评价的结果仍然不尽理想,例如,前面提到的内蒙古P_n为第18位列江苏(第17位)之后,而较能反映危害程度的R_{c_a}和M_{c_a},内蒙古高居第2位,江苏则分别居第23位和第28位。因此,拟合一个综合指标评价某区域的森林火灾危害程度非常必要和重要。

6.4.3 森林火灾危害程度综合指标的拟定及实例

(1) 综合指标公式

单一指标解决了评价指标的基准(比较的对象)问题,但指标计算结果的数值特性差异很大,值域差别也很大,拟合综合指标时,各指标值的权重较难确定。表6-4中各指标的"排序"值有一个共同的特点:单一指标的期望排序值越大越好,即排序值越小,该区的森林火灾危害越严重、火灾次数及其危害的变异越大,这是森林防火工作中不希望看到的局面。理论上可以将各指标的排序值相加,和值越小表明该区域的森林火灾危害越严重。但是,2个变异指标不仅受自然因子的影响,而且受人为因素(管理水平)的影响更大,简单的加和只能弱化其他几个指标的客观性;若不考虑变异指标,等于剔除了自然因子所引起的森林火灾危害程度的波动。为此,拟定如下指标来评价区域森林火灾的危害程度。

$$CI = \frac{3P'_n + 8(R'_f + R'_{c_a} + M'_{c_a}) + 2(V'_n + V'_{c_a})}{31} \tag{6-14}$$

式中,CI为森林火灾危害程度综合指标,取comprehensive index的首字母;P'_n、R'_f、R'_{c_a}、M'_{c_a}、V'_n、V'_{c_a}分别为各单一指标的排序值;分子的数字为该指标排序值所占比重;分母为31个省(自治区、直辖市)。

(2) 综合指标应用实例

表6-4 我国各省(自治区、直辖市)森林火灾危害程度排序结果

省(自治区、直辖市)	CI值	排序	危害程度分级
黑龙江	3.71	1	重灾区
内蒙古	5.16	2	重灾区
福建	5.42	3	重灾区
江西	7.06	4	重灾区
湖南	7.39	5	重灾区
浙江	8.23	6	重灾区
山西	9.45	7	重灾区
云南	9.87	8	重灾区
广东	10.48	9	重灾区
广西	11.81	10	重灾区
湖北	13.45	11	中度
四川	14.19	12	中度
新疆	15.03	13	中度

(续)

省(自治区、直辖市)	CI 值	排序	危害程度分级
贵州	15.42	14	中度
安徽	15.55	15	中度
陕西	16.00	16	中度
河南	17.84	17	中度
海南	19.10	18	中度
甘肃	19.90	19	轻度
江苏	20.10	20	轻度
北京	20.19	21	轻度
宁夏	20.61	22	轻度
山东	21.68	23	轻度
河北	21.90	24	轻度
西藏	22.00	25	轻度
吉林	22.03	26	轻度
天津	22.16	27	轻度
青海	22.45	28	轻度
重庆	22.74	29	轻度
辽宁	23.10	30	轻度
上海	31.00	31	轻度

注：不含台湾、香港、澳门及有林岛屿。

将 31 个省(自治区、直辖市)的 CI 值视为 31 个样本进行假设检验(T 检验)，在 99% 的可靠性下得出平均值的置信区间为：(12.65, 19.29)。将 CI 值落入此区间的省(自治区、直辖市)视为森林火灾"中度"危害区；低于此区间的视为"重灾区"；高于此区间的视为"轻度"危害区。结果见表 6-4。

(3) 结果分析

① 尽管单一指标均能从某一个方面评价区域森林火灾的危害程度，但各指标值之间有较大的差异，不便于从整体上评价，综合指标 CI 则能够从整体上评价区域森林火灾的危害程度。结果表明，我国森林火灾的重灾区主要分布在：东北的黑龙江和内蒙古，东南的浙江、福建、江西、湖南和广东，西南的广西和云南，以及与内蒙古交界的山西。这一结果与我国森林火灾的实际高度吻合。

与云南交界的四川虽然被划入了中度危害区，但其 CI 值与置信区间的下限仅仅相差 1.54；而与湖南和江西交界的湖北其 CI 值与置信区间的下限仅仅相差 0.80，从安全防火的角度将这 2 个省列入森林火灾重灾区是可行的。

从区域上看，我国森林火灾的重灾区集中在东北、东南和西南，这一结果与我国森林火灾的实际高度吻合。

② 与黑龙江和内蒙古交界的吉林落入了森林火灾轻灾区，这一结果更进一步地说明了综合指标的合理性。因为，吉林连续 30 年无重大森林防火的成绩得益于该省对森林火灾预防工作的高度重视，使该省成为全国森林火灾预防的样板。

③ 本文综合指标中的权重是根据表 6-3 的单一指标值多次试算得出，难免有失客观，表 6-4 中的排序结果不宜直接用于森林防火工作实践，需要在实践中进一步检验和完善。

④ CI 也可以用于各省（自治区、直辖市）评价所属县级单位森林火灾危害程度，以便更好地指导基层的森林防火工作。以县为单位进行森林火灾危害程度评价时，列入重灾区的南方各省 P'_n 的权重应大于 R'_f、R'_{c_a}、M'_{c_a}，中度和轻度危害区的各省 P'_n 的权重可与 R'_f、R'_{c_a}、M'_{c_a} 持平。V'_n、V'_{c_a} 的权重不宜过大，以 2 或 3 为宜。

思考题

（一）基本概念

1. 林火次数比率
2. 森林燃烧率
3. 森林受害面积比率
4. 每起森林火灾平均受害面积
5. 森林火灾发生次数变异系数
6. 受害森林面积变异系数

（二）问答题

1. 简述林火对单株植物的直接危害。
2. 简述林火对单株植物的间接危害。
3. 简述林火对森林演替的影响模式。
4. 简述森林燃烧所产生烟雾的成分。
5. 简述林火对森林土壤的影响。
6. 简述林火对森林环境及局部环境影响的野外观测方法。
7. 简述林火对森林环境及局部环境影响的观测与评价基本因子。
8. 森林火灾所造成的木材损失如何计算？
9. 森林火灾扑救费用如何计算？
10. 扑火人员伤亡损失如何计算？
11. 林火次数比率解决了区域森林火灾危害程度评估中的什么问题？
12. 森林燃烧率解决了区域森林火灾危害程度评估中的什么问题？
13. 森林受害面积比率解决了区域森林火灾危害程度评估中的什么问题？
14. 每起森林火灾平均受害面积解决了区域森林火灾危害程度评估中的什么问题？
15. 森林火灾发生次数变异系数解决了区域森林火灾危害程度评估中的什么问题？
16. 受害森林面积变异系数解决了区域森林火灾危害程度评估中的什么问题？
17. 区域森林火灾危害程度评估的综合指标公式？公式中各符号的含义？

（三）计算分析题

假设某市下辖 15 个县，调查统计了 15 个县近 30 年的森林火灾发生次数和受害森林面积，并统计了 15 个县最近一期森林资源普查的森林面积，通过计算得出如下结果：

某市 15 个县森林火灾危害程度各评价指标计算结果

指标 县	P_n (%)		R_f (‰)		R_{c_a} (‰)		M_{c_a} (hm²/起)		V_n (%)		V_{c_a} (%)		排序 极差
	数值	排序	数值	排序	数值	排序	数值	排序	数值	排序	数值	排序	
县 1	29.00	—	0.79	—	220.00	—	14.90	—	31.23	—	107.62	—	—
县 2	0.12	28	0.08	19	133.88	28	2.60	18	91.65	2	107.64	9	26

（续）

指标 县	P_n(%)		R_f(‰)		R_{c_a}(‰)		M_{c_a}(hm²/起)		V_n(%)		V_{c_a}(%)		排序 极差
	数值	排序	数值	排序	数值	排序	数值	排序	数值	排序	数值	排序	
县3	5.15	27	0.09	18	0.06	30	0.62	30	84.76	4	187.61	2	28
县4	0.89	19	0.03	25	0.83	24	1.38	26	104.30	1	106.12	10	25
县5	0.38	23	0.37	8	5.49	12	21.78	3	78.65	6	90.74	14	20
县6	1.23	18	1.08	2	160.11	2	194.47	2	40.84	26	169.02	3	24
县7	12.00	12	0.04	24	1.42	20	1.06	27	40.32	27	41.26	29	17
县8	0.69	21	0.02	28	0.86	22	1.87	21	57.88	11	87.56	15	17
县9	21.55	15	4.35	1	364.53	1	533.20	1	46.01	18	148.77	5	17
县10	0.00	31	0.00	31	0.00	31	0.10	31	0.00	31	0.00	31	0
县11	10.29	17	0.15	14	0.84	23	0.97	28	52.67	13	91.60	13	15
县12	6.42	5	0.76	5	30.40	6	7.05	8	43.40	20	67.29	24	19
县13	1.78	14	0.14	17	3.35	14	2.81	17	59.83	9	79.92	19	10
县14	5.24	8	0.82	4	45.12	4	12.84	4	62.73	8	87.23	16	12
县15	5.26	7	0.49	7	33.11	5	9.38	5	58.72	10	71.59	21	16
合计或平均	100.00	—	0.61	—	1 000.00	—	53.57	—	56.87	—	96.26	—	—

请使用综合指标评估15个县的森林火灾危害程度。

第7章 小型无人机在林火调查与评估中的应用

7.1 国内外小型无人机发展与现状

无人机(unmanned aerial vehicle,UAV)是无人驾驶飞行器的简称,是一种机上无人驾驶、通过无线电遥控或程序控制自动飞行、具有一定的任务执行能力、可重复使用的飞行器。无人机通常不是指所有的无人驾驶的航空器和航天器,如卫星、气球尽管无人操纵,但并不是无人机,导弹、制导炮弹也不属于无人机。

目前,用于执行森林防火任务的无人机只有小型无人机,可分为固定翼小型无人机和多旋翼小型无人机。

7.1.1 固定翼小型无人机

固定翼小型无人机具有飞行效率高、飞行速度快、飞行距离远、系统结构简单、质量轻、成本与使用费低等优点。固定翼小型无人机通常大量采用 MEMS 技术,同时又具有一定的负载能力和抗风能力,质量在几千克以内,单人携带方便,成本低,灵活机动,在民用和军事方面均具有很大的实用价值。例如,在军事上,它们可以配备到排、班,完成侦察、监视、战场评估、核—生—化探测等任务;在民用方面,它们可以用于森林防火、气象环境监测、城市交通、农业病虫害观察、灾情巡视等。

美国洛克希德·马丁公司早在 2001 年就研发了便携式战力保护空中侦察系统(FPASS),该系统包含 6 架"沙漠之鹰"固定翼小型无人机(图 7-1)。"沙漠之鹰"无人机翼展 1.32m,长 0.86m,采用电机驱动,续航时间为 1 h,最高速度达 92 km/h,起飞质量 3.2 kg,飞行半径约为 11 km。机身材料采用比聚苯乙烯泡沫塑料更持久耐用的聚丙烯泡沫塑料。在机头和机尾下部覆有凯夫拉合成纤维,便于机腹着陆回收。该无人机由两人使用橡皮筋弹射起飞,然后通过 GPS 导航自主飞行。该无人机的任务载荷是置于机身内的彩色摄像机(日间用)或红外摄像机(夜间用),通过机身下部的开槽观测地面。该机可在预设的可疑地点上空盘旋,以采集图像,也可以在飞行过程中确定可疑地点。

图 7-1 "沙漠之鹰"无人机

美国 MLB 公司开发的"蝙蝠"无人机(图 7-2)主要用于空中交通监控及安全监视。机身由复合材料、碳纤维和铝合金构成,飞行器为后推式发动机布置,便于在机头安装传感器,翼展为 1.83 m,最大总质量为 6.8 kg,负载能力为 1.8 kg。采用 23cc 两冲程汽油发动机,飞行速度 40~80 km/h,续航时间为 2.5 h,飞行范围为 9.65 km。任务载荷为装在机身下三轴增稳平台上的 CCD 彩色摄像机,摄像机具有 45°的前视角。采用 72 MHz、8 通

图 7-2 "蝙蝠"无人机

道脉冲编码调制遥控器实现遥控操作。MLB 蝙蝠发射系统为车载橡皮筋动力弹射装置,当发射车加速到合适的速度时,弹射出飞行器,在遥控操作下升到预定高度,然后可切换到 GPS 导航飞行。回收时可采用 GPS 导航自动着陆,也可手控操作着陆。

图 7-3 "大乌鸦"无人机

而在实际运用中最成功的是美国加利福尼亚宇航环境公司研发生产的 RQ-11"大乌鸦"无人机(图 7-3),该型无人机是"指针"无人机的缩小型,供部队排级单位使用,用于战地侦查,士兵直接用手投掷起飞,每套系统包括 1 个地面控制中心和 3 架无人机。大乌鸦无人机全重仅 2kg,可连续飞行 80min。机身由凯夫拉纤维制造,具有很好的防弹能力。该机便于携带,操作简单,不需要跑道或柔软的着陆

场,采用直接坠落的方式着陆。依靠锂电池提供动力,飞行时很安静,在战场上作用巨大。本文将以此型无人机作为参考,设计一款可用于森林防火的固定翼小型无人机。

国外除了美国,以色列的无人机发展也较为迅速。Casper 200 微型无人机由以色列 Top I Vision 公司研制,其翼展 2m,长 1.3 m,质量 2.3kg。机翼展弦比为 1:15,适于低速飞行。由电机驱动,飞行速度为 21~80 km/h,最大爬升速度为 7 m/s,飞行高度为 70~250 m。任务载荷为 3 轴稳定 25 倍光学变焦日用摄像机 Lev-2,质量 800g。通过手掷起飞后朝预设的航点飞行,飞行控制器中实现了独有的避障算法。机身由复合材料制成,机翼结构独特,可以有效吸收着陆时的冲击力,故可在低速情况下进行软着陆,适于各种复杂地形。该机可在野外由单兵不需要任何工具完成组装并进行操作。

以色列航空航天(IAI)公司的"鸟眼 500"(BirdEye 500,图 7-4)为背包式超小型固定翼无人机,其翼展为 2m,长 1.6m,起飞质量 5kg。采用电机驱动,飞行速度为 45~85km/h,续航时间为 60min,飞行范围为 10km,飞行高度 150m。负载为 850g 的可转动视频摄像机,可装备于营、连级实

图 7-4 "鸟眼 500"无人机

现实时监控、侦察,也可用于火灾监控、交通监视等。采用弹射或手掷起飞。整套系统包括三架"鸟眼"和一个地面控制站,可装在两个标准包内携带至野外,由两个士兵在几分钟内完成装配并操作。

国内针对固定翼小型无人机也开展了很多研究,南京航空航天大学为南京森林警察学院研制的"云雀"无人机(图 7-5),是一款用于森林防火的小型无人机,该机采用大展弦比直机翼和"V"字形尾翼,可携带高清摄像机任务载荷,在对森林进行巡视的同时可拍摄森林高清视频图像以供林火分析,已经多次成功飞行。

7.1.2 多旋翼小型无人机

图 7-5 "云雀"无人机

随着嵌入式处理器、微传感器技术和控制理论的发展和成熟,多旋翼小型无人机逐步向高效、多功能化方向发展,并广泛应用于军事、民用以及科学研究等多个领域。

相对于固定翼小型无人机,多旋翼无人机能够垂直起降、自由悬停,可适应于各种速度及各种飞行剖面航路的飞行状况。它具有如下几个特点:

① 体积小、重量轻、隐蔽性好，适合多平台，多空间使用，可以在地面灵活垂直起降，不需要弹射器、发射架进行发射；

② 飞行高度低，机动性很强，可执行特种任务，多旋翼小型无人机飞行高度为几米到几百米，飞行速度为每秒几米到几十米，便于在复杂环境下使用，可以对细小环节进行侦察；

③ 结构简单，成本低，安全性好，多旋翼小型无人机可以提供准确实时的目标探测信息，成本较低，拆卸方便，且易于维护。

美国 Draganfly 公司研制的多旋翼无人机产品具有代表性。该公司研制的八旋翼无人机 Draganflyer X8（图 7-6）是一款世界著名的航拍无人机，将四个反向旋转偏移对安装在四个碳纤维管的端部，采用转子偏移的布局消除效率损失，使转矩得以补偿。Draganflyer X8 采用碳纤维和高性能塑料作为机体材料，其机载电子设备可以控制 8 个电机的转速。另外，还使用了 3 个压电晶体陀螺仪进行姿态增稳控制。Draganflyer X8 自重 1.7kg，载重为 0.8kg，可以携带 Canon EOS 5D Mark Ⅱ 相机进行航拍，最长飞行时间可达 20min。

图 7-6　Draganflyer X8 无人机

图 7-7　Droidworx Octorotor 无人机

卡内基·梅隆大学机器人研究所的 J. Haines 等博士研制的 Droidworx Octorotor 八旋翼无人机采用"米"字形布局，如图 7-7 所示。机体材料采用高强度塑料和碳纤维管，且放置电机的八根碳纤维管长度相同。机体下方的载物平台用来放置摄像机，可以进行航拍。

无人机在民用领域的应用主要包括地球物理勘探、航空摄影、灾情监测和海岸缉私等。

7.1.3　小型无人机在森林防火中的应用概况

7.1.3.1　小型无人机在森林防火中的应用领域

（1）灾前监视

通过对无人机进行预设航线，利用无人机系统进行森林日常巡视，实现林火的及时发现，达到监测巡护区域有没有火的目的。与传统方法相比无人机具有不受地形地貌影响，视野宽广不存在死角，投入成本低，工作效率高等优势。

（2）灾中控制

通过无人机系统搭载红外和可见光摄像机，将火点、火线显示在地面站的数字地图上，进行精确的火点、火线定位，为地面扑火人员第一时间提供火场 GPS 坐标。同时，通过小型无人机提供的森林火场图像，扑火指挥员可以直观地判断林火如何蔓延，可以作为扑火指挥辅助决策的重要依据。

(3) 灾后调查与评估

通过设定无人机飞行航线，对重点区域进行监控防止余火复燃，灾后调查与定损，通过将航拍成果数据进行后期处理可以更为准确地核定灾害损失。无人机森林防火方案具有探察效率高、降低人为因素导致的定损结果误差等优点。

小型无人机在森林防火方面具备其独特的优势：受命于任何时候，不需强调起降气象及起降场地，启动迅速，快速定位起火点，及时把握森林灭火有效时机，没有人员安全的风险，灭火探测效率高，防止救火人员的伤亡，简便操作，易于维护，成本低，可以执行夜航任务，以及低能见度飞行条件下执行任务等优势。国内外也初步探索了将无人机用于森林防火可能性，如 NASA 艾姆斯中心研制了无人机用 AIRDAS（机载红外灾害评估系统）组件，齐齐哈尔大学的李春林等研制了林火监测无人飞艇。

7.1.3.2 卫星、有人机和无人机应用于林火监测的优缺点比较

卫星遥感是开展林火监测和获取火场信息的重要手段之一。20 世纪 80 年代开始，欧美国家先后开始应用卫星林火监测手段，美国基于 NOAA/VHRR 和 EOS/MODIS 系列卫星的遥感影像数据进行林火监测与识别，世界各国也得到这些卫星的服务，如提供数据。21 世纪初，我国发射的北斗卫星已经在各领域和各行业得到应用。我国利用卫星遥感监测森林火灾的任务由国家林业局森林防火预警监测信息中心承担。其优点是便于得到较全面的火场描述，特别是大尺度的火线描述，并且具有多谱段观测手段。但这种观测不能获得局部数据，而且数据更新周期长（卫星重访时间通常为 0.5h 到数十小时甚至数月），难以实现实时观测。另外，在云层、烟雾等复杂干扰下，特别是对于林下火点、火线的识别，以及火线定位问题亟待进一步研究解决。

有人驾驶飞行器机载监测，可以依靠人的认知和判断能力进行智能巡航，特别是有利于在复杂情况下进行火场、火线的识别和监测。航程远、滞空时间长、检测范围大，载荷大，便于搭载大型的检测设备，通信能力强；但使用成本高，在某些区域进入危险大等缺点，特别是重大森林火灾发生时，进入火场监测的难度大。此外，我国仅有南、北方两个航空护林飞机，不仅任务区域大、飞机少，而且飞行的线路、时长等也受诸多因素限制，一般只有重大森林火灾才出动有人驾驶飞机进行有限的火场监测。

小型无人机（UAV）具有成本低，实时性好，易于推广使用，符合国情，可实现高、中、低空的火场监测，维护操作简单，能进行快速巡查和实时监测。特别是中低空的实时视频采集和红外成像，对火场监测及救援指挥具有很高的应用价值。小型 UAV 与卫星和有人驾驶飞行器相比，优缺点分析如下：

卫星优点：覆盖范围广，载荷能力强；光谱丰富（多光谱或高光谱），机载处理能力强。缺点：实时性差（过顶周期长，时间采用密度低），费用高，灵活性差。

有人驾驶飞行器优点：覆盖范围灵活，留空时间中等，载荷能力强。缺点：实时性较好，费用高，灵活性高于卫星但低于 UAV，飞行平稳性好于 UAV 但不如卫星。

小型 UAV 优点：部署灵活，成本低，实时性好。缺点：留空时间短，飞行平稳性差，覆盖范围小（视野较小）森林防火无人机的应用重点要解决以下问题：尽早监测地面巡护无法顾及的偏远地区发生的林火，及时把握重大森林火灾现场的动态信息，发出火情警报，

将自然环境和经济损失降至最低,可避免飞机夜间无法巡航、由于能见度降低观察员无法详细观察的情况的发生。

7.1.3.3　小型无人机应用于森林防火需要解决的几个问题

（1）自主飞控和遥控问题

火场地形往往相当复杂,小型无人机用于火场监测,需要解决在复杂地形上空飞行的相关飞行控制问题,诸如飞行姿态的保持、导航(航路设计)、地形规避等自主飞行控制和通过通信信道接收遥控指令进行飞行姿态和飞行路径的控制。小型无人机飞控还需要对自身飞行位置(包括高度)进行实时定位。

（2）图像传输问题

用于火场监测的小型无人机,一方面需要接收遥控指令;另一方面需要下传包括视频、图像和定位坐标等监测信息。

（3）载荷问题

要求的轻型火场监测设备,并且由于小型无人机处于较高速的运动之中,为获取较高质量的火场图像等信息,对监测设备的数据采集速度有一定的要求。小型无人机的载荷与飞行时长是一对矛盾体,载荷大,时长就短。

（4）对机载设备的特殊要求

小型无人机成本低廉,携带和操作便捷,因此易于推广。但是小型无人机载荷小,对机载设备的体积和重量有较严格的限制。

7.1.4　小型无人机的发展趋势

（1）平台技术

包括机体、控制和推进等内容。未来小型无人机将采用扭曲蒙皮(一种生物高聚合物,抗拉强度是钢的2倍,比碳复合材料轻25%)、自修复或再生式复合材料,使结构损坏后能够再生。随着相关技术的攻克,无人机将达到高级别自主能力。

（2）材料技术

为了尽量降低小型无人机的重量,并使其能够承受一定的过载,其制造材料应当具有较高的强度密度比。为适应机腹着陆对地形条件的要求,材料应具有较好的弹性和柔韧性,以吸收冲击。目前,固定翼小型无人机中常用的材料有轻木、碳纤维、塑料、轻合金、蒙皮、泡沫及复合材料等。使用的材料不同将直接影响固定翼小型无人机总体结构和回收方式。小型无人机的研制为新型高强度、低密度、高柔韧性材料的研究提供了技术创新的舞台。

（3）结构设计

合理的结构设计是保证小型无人机满足各种性能要求的前提。结构设计包括总体布局设计、静强度、刚度、可靠性、结构优化设计等内容,其中不但要考虑如何使无人机变得更轻,还要考虑无人机的稳定性、机动性、抗风性等。为满足小型无人机的各种新的应用需求,结构设计还要考虑结构的可达性、易拆装性等。为使无人机便于拆卸、携带,并能在野外场合下由单人方便地组装,结构设计要提高其易拆装性。结构设计的简单化、模块化、成组化等可为拆装提供方便。

(4) 传感器技术

传感器是小型无人机实现自主飞行和完成空中任务的基础。根据使用目的不同，传感器可分为飞行状态传感器和任务传感器两类。飞行状态传感器主要测量飞行器的位置、姿态、线速度、角速度、气流角等与飞行状态有关的数据。多传感器信息融合是目前传感器应用的一个关键研究方向，它通过对多传感器以及观察信息的合理支配和使用，并根据一定的准则进行组合和判断，进行有效的数据采集和控制，从而可以获得比单一传感器更准确的信息。多传感器技术的应用，将使小型无人机更好地实现自主飞行，完成飞行任务。

(5) 飞控导航技术

小型无人机经常在视距外飞行，因而自主飞控导航是其关键技术之一。飞控导航的目的是通过控制无人机的姿态和轨迹来完成各种飞行任务。计算机技术的飞速发展为应用各种新型控制理论和控制算法、实现复杂而完善的飞行控制功能提供了可能。在飞控与导航方面主要的研究方向包括无人机系统建模、智能控制与导航方法、基于故障检测与诊断的可重构控制系统、多无人机系统的集群控制、编队飞行等。

(6) 通信技术

数据链路传输速率与小型无人机的通信能力有直接关系。激光通信的数据传输率比射频数据传输率高 2~5 个量级，但必须突破激光链路能够被捕获和维持的关键技术，包括先进的指示、捕获和跟踪技术。射频数据链具有较好的全天候适应能力。建立以网络为中心的通信系统，系统要有足够的容量、可靠性、稳定性、强大的互操作性和联通性。

(7) 有效载荷技术

应用于无人机的有效载荷包括通用传感器(光电、雷达、信号、气象、生化)、中继(通信、导航)、武器和货物，以及它们的组合。一般有效载荷占总重的 10%~20%。无人机系统任务的完成依赖于传感器，为达到好的效果相关的关键技术还需继续突破。将无人机作为空中通信节点(CAN)，能增强战场间通信系统和战术通信系统的容量和连通性。

小型无人机发展是航空航天领域的一个重要方向，在民用研究中也将发挥其巨大作用，目前小型无人机在林业中的应用尚处于初始阶段，随着无人机在林业领域应用的不断拓展，将为我国林业尤其是森林防火事业做出巨大贡献。

7.2 小型无人机图像采集与传输技术

小型无人机作为现有林火监测手段的有力补充，已经显示出其他手段无法比拟的优越性。在林火的监测、预防、扑救、灾后评估等方面应用成败的关键是图像采集的质量和传输技术的适用性。

7.2.1 图像采集装置简介

以南京航空航天大学为南京森林警察学院研制的两架六旋翼小型无人机所搭载的图像采集设备为例。

(1) ZSY – SKY EYE(天空之眼)系列光电吊舱

① Sky Eye – 2E 内搭载了一台可见光的 SONY 工业级高清摄像机(20 倍光学变焦,图 7-8),可见光部分使得无人机在几百米空中可拉近,细致地观察林区情况。

② Sky Eye – 1RE 内搭载了一台 FIIR 640×480 的热成像仪(图 7-9),适合夜间无光环境下使用,在全黑、浓雾、浓烟中可探测热体影像,适合警方在夜间或恶劣环境下的影像取证,搭载的三轴机械增稳云台确保图像质量稳定清晰,云台下端带有激光照射,可给激光制导武器引导打击。

图 7-8 20 倍光学变焦可见光 SONY 工业级高清摄像机　　　图 7-9 FIIR 640×480 的热成像仪

③ Sky Eye – 2E 内还能够同时搭载了一台可见光的 SONY 工业级高清摄像机(10 倍光学变焦)和一台 FIIR640×480 的热成像仪。可见光部分使得无人机在几百米空中可拉近看清火场的细致情况。搭载的热成像仪,可在夜间巡查可疑的人和物,在全黑、浓雾、浓烟中可探测热体影像,以及极端环境下进行监控。

热成像仪能够分辨出极小温度差,ZSY 开发的软件部分能够提供高温报警和最高温区跟踪功能(该功能适合电力巡线和森林防火任务)。

(2) 云台的设计与应用

为了确保图像质量稳定清晰,南京森林警察学院的两款小型无人机均搭载了三轴机械增稳云台(图 7-10),设计采用三自由度云台,下端带有激光照射,军事上可给激光制导武器引导打击。

① 云台控制原理　三自由度云台转动与控制原理如图 7-11 所示。

② 三自由度云台的增稳技术与特点

a. 高精度航姿解算技术:突破了航姿解算技术的高刷新率、高精度、高可靠性,解算精度达到 0.02°,刷新率达到 500Hz,能够保证云台三个方向旋转 360°姿态输出稳定可靠。

b. 精确控制技术:通过航姿解算技术和电机驱动方案,设计出先进的控制算法使云

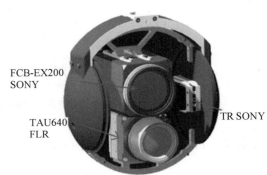

图 7-10　三轴机械增稳云台

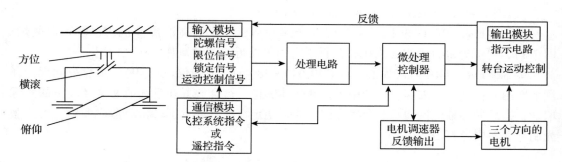

图 7-11 三自由度云台转动与控制原理

台增稳性能达到亚像素级别。

c. 电机驱动技术：设计出一套低成本、大扭矩、高精度的无刷电机驱动方案。较市面上现有驱动方案成本降低 50%，并支持挂载大尺寸、大重量的专业摄像设备。

d. 云台隔振技术：不同于市面上普遍采用的拉伸式隔振球方案，本项目提出了一套挤压式隔振球方案，该方案阻尼大、使用寿命长、可靠性高。

③ 小型无人机林火监测图像采集系统工作原理如图 7-12 所示。

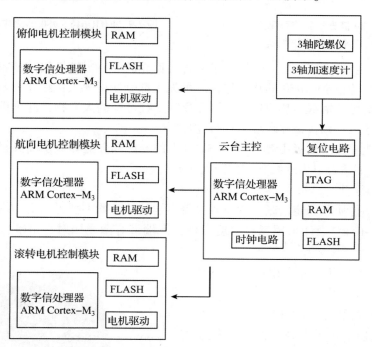

图 7-12 小型无人机林火监测图像采集系统工作原理

7.2.2 图像采集与传输技术

可见光图像传输技术同热红外图像传输技术原理一样。

（1）微型便携式高清无线图像实时传输系统解决方案

南京森林警察学院的两款小型无人机采用的微型便携式高清无线图像实时传输系统，是采用新一代广播级高清晰度图像实时传输系统。采用当前领先的 COFDM 调制技术，并结合国外先进的分集接收技术，克服了模拟技术和常规调制技术下图像传输多径反射及遮挡所带来的困扰，实现在非视距的情况下，高速运动拍摄并实时传输高质量图像。微型、体积小（烟盒般大小），易于携带，特别适合于复杂环境下使用，常用于近距离无线图像传输、空中中远距离无线图像传输用途。对于特殊传输：可用于轻型无人机、旋翼机、微型无人机、飞艇等采集拍摄；对于常规地面传输：可用于近距离有遮挡物非视距作业或空旷可视作业等无线视频、图像传输。

运用高效压缩数字视频编码标准，清晰度达到全高清 HD1080P 画质，分辨率达到（1920×1080 兼容 1080I、720P、480P 及标清），支持数字接口及模拟接口；有数字高清 HD-SDI 输入接口，有模拟音视频接口 CVBS 复合输入、并嵌入全新 CVBS 2.5 接口标准，双模拟接口供用户选择；具有画质细腻、成色优秀、丰富的颜色调控能力等高清画质特点。

（2）传输距离

两款小型无人机采用无线数字信息传输技术。传输距离主要取决于机载传输模块的传输功率大小，本系统采用 2W 较大功率的微型信息传输模块，提高了机载信息传输能力。视频图像采用 H.264 标准方式（也称 H.264/MPEG-4 AVC），是由国际电信联盟（ITU-T）所制定的新一代的视频压缩格式。H.264 最具价值的部分无疑是更高的数据压缩比。在同等的图像质量条件下，H.264 的数据压缩比能比当前 DVD 系统中使用的 MPEG-2 高 2~3 倍，比 MPEG-4 高 1.5~2 倍。正因为如此，经过 H.264 压缩的视频数据，在网络传输过程中所需要的带宽更少，也更加经济。在 MPEG-2 需要 6Mbps 的传输速率匹配时，H.264 只需要 1~2Mbps 的传输速率，并且采用硬件压缩模式，因而大大提高了解码速度。

同时，地面可采用定向增益天线，所以可进一步提高传输距离。本系统使用普通天线的传输距离为 5km，使用定向增益天线的传输距离为 10km。

（3）图像质量

与目前市场普遍使用的分辨率相同。可见光图像，采用高分辨率微型摄像机（1920×1028）；热成像图像，采用微型热成像夜视摄像仪（640×480），但图像存在受 UAV 动力系统的干扰噪声。

7.3 小型无人机图像识别与处理技术

目前就森林火灾图像识别这一领域，国内外大量科研机构以及高校开展了很多研究。他们采用了多种方法对遥感图像、红外图像以及监控图像进行检测，本节仅介绍几种最新的图像识别与处理技术。

7.3.1 ENVI 图像处理

7.3.1.1 ENVI 图像处理软件简介

ENVI(The Environment for Visualizing Images) 由美国遥感领域的科学家采用 IDL 开发的一套功能强大的遥感图像处理软件。它是快速、便捷、准确地从地理空间影像中提取信息的首屈一指的软件解决方案，提供了先进的、人性化的使用工具，方便用户读取、准备、探测、分析和共享影像中的信息。

ENVI 包含齐全的遥感影像处理功能：常规处理、几何校正、定标、波段运算、分类、对比增强、滤波、变换、边缘检测及制图、多光谱分析、高光谱分析、雷达分析、地形地貌分析、矢量应用、神经网络分析、区域分析、GPS 连接、正射影像图生成、三维图像生成、丰富的可供二次开发调用的函数库、制图、数据输入/输出等功能组成了图像处理软件中非常全面的系统，并可以加注汉字。

ENVI 具有对遥感影像进行配准和正射校正的功能，可以给影像添加地图投影，并与各种 GIS 数据套合。ENVI 的矢量工具可以进行屏幕数字化、栅格和矢量叠合，建立新的矢量层、编辑点、线、多边形数据，缓冲区分析，创建并编辑属性并进行相关矢量层的属性查询。

ENVI 能够充分提取图像信息，具备全套完整的遥感影像处理工具，能够进行文件处理、图像增强、掩膜、预处理、图像计算和统计，完整的分类及后处理工具，以及图像变换和滤波工具、图像镶嵌、融合等功能。ENVI 遥感影像处理软件具有丰富完备的投影软件包，可支持各种投影类型。同时，ENVI 还创造性地将一些高光谱数据处理方法用于多光谱影像处理，可更有效地进行知识分类、土地利用动态监测，已经广泛应用于科研、环境保护、气象、石油矿产勘探、农业、林业、医学、国防和安全、地球科学、公用设施管理、遥感工程、水利、海洋、测绘勘察和城市与区域规划等行业。

总之，ENVI 是一款功能非常强大的遥感图像处理软件。

7.3.1.2 基于 ENVI 的小型无人机森林火灾视频截图的图像识别技术

采用引进的 ENVI 软件中的图像预处理、分割和特征提取等技术手段，很好地将森林火灾图像中的火焰识别、提取出来，并确定了火灾的移动方向。

(1) 火焰图像预处理

通过比较图像灰度化与几种滤波去噪方法，发现使用图像灰度化的预处理方法能够得到较好的结果。在对几种图像分割的方法的比较中，得出使用颜色分割的方法能够更好地分割火焰。

① 图像灰度化　灰度图像是由单个的值去表示一个像素的图像，表示颜色的深度。灰度图像与彩色图像不同，在计算机存储时不需要分别存储 RGB 或 HIS 的值，占据的存储空间比较少。对彩色图像进行处理，由于携带的信息太多计算量也非常大，而这些信息很多是不需要的。在计算机中，灰度图像能够更好地进行存储传输，对灰度图像进行运算时计算量也比较少，所以为了处理的方便，一般要把彩色图像通过某些方法变成灰度图像，再用计算机进行之后的操作。

首先，作灰度直方图(图 7-13)，并均衡化(图 7-14)。

其次，作灰度变换(图7-15)。

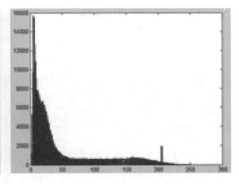

图 7-13　灰度直方图

图 7-14　直方图均衡化　　　　　　图 7-15　灰度变换

图 7-16　均值滤波

图 7-17　中值滤波　　　　　　图 7-18　高斯滤波

② 火灾图像滤波处理　详见图 7-16 ~ 图 7-18。

由于拍摄的火焰图像噪声并不明显，以及火焰颜色突出，灰度化预处理只要注意权值的合理选取，之后再使用高斯滤波器，得到的图像更加平滑，边缘更加明显。

③ 火焰图像分割　详见图 7-19 ~ 图 7-24。

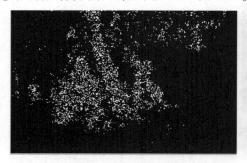
图 7-19　Roberts 算子（边缘）检测

图 7-20　Sobel 算子（边缘）检测

图 7-21　Prewitt 算子（边缘）检测

图 7-22　Laplace 算子（边缘）检测

图 7-23　Canny 算子（边缘）检测

图 7-24　LOG 算子（边缘）检测

比较发现，Canny 算子比较适用于火灾图像中火焰的边缘提取。

火灾图像的分割，可以用到的阈值分割方法有：直方图法、最大熵法和最大类间方差法等。最大类间方差法又称 otsu 法，先利用最小二乘法的思想选择阈值对图像二值化处理，使图像背景和目标两部分之间总体的差别最大，可以得到最优的分割结果。详见图 7-25 ~ 图 7-29。

图 7-25　灰度图

图 7-26　二值化的图像

图 7-27　otsu 法分割图像

图 7-28　二值化分割的图像

图 7-29　otsu 法分割图像

阈值分割法是传统的方法，直观、计算简单，又很稳定，在图像分割应用最广泛。

利用颜色空间能够比较完整地将火焰分割出来，也很清晰，分割的效果比较好。详见图 7-30、图 7-31。

图 7-30　原图像　　　　　　　　图 7-31　利用颜色空间分割后图像

（2）火焰图像特征分析与提取

在火灾图像特征提取中，主要研究图像的形状特征、颜色特征和纹理特征，分别用三种特征进行火灾图像的火焰提取，并将得到的效果进行比较。比较发现，由于火焰燃烧的位置、障碍物、烟雾的影响，提取要选择不同的特征，才能达到最优的效果。

① 形状特征分析与提取　描述形状特征可以使用基于整个区域和基于区域的边界两种方法来进行。图像的区域特征主要针对整个形状的区域，而边界特征则更关注区域外边界的轮廓（边缘，图7-32）。

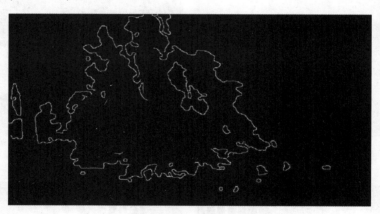

图 7-32　提取边缘结果

② 颜色特征分析与提取　颜色特征是一种基于全局的特征，既不受图像平移变化的影响，也能够在图像旋转后保持不变，其性质非常稳定。描述图像时需要利用一定的算法表达颜色特征；还要考虑不同图像之间颜色上的相似性，选择合适的颜色表达。不同火焰会呈现不同的颜色，描述火灾图像，一般可以通过颜色直方图、颜色矩、颜色集和颜色聚合向量等手段进行。详见图7-33～图7-38。

③ 纹理特征分析与提取（图7-38）　颜色特征提取效果并不好，通过改用纹理特征得到的结果好很多。由于火焰和烟雾的纹理不同，纹理特征提取中被除去了，颜色特征提取则无法剔除烟雾的纹理。

森林火灾图像处理中，可以将形状特征、颜色特征和纹理特征的提取结合使用。

第 7 章　小型无人机在林火调查与评估中的应用 ·195·

图 7-33　原图(一)　　　　　　　　图 7-34　颜色提取(一)

图 7-35　原图(二)　　　　　　　　图 7-36　颜色提取(二)

(a)　　　　　　　　　　　　　　　(b)

图 7-37　不适合用颜色特征提取

图 7-38　利用纹理特征提取图像

7.3.1.3 ENVI 图像处理软件对"小型无人机林火监测与扑救指挥关键技术引进"项目的技术支撑

① ENVI 主要是针对卫星遥感数据处理开发的软件平台，对于卫星遥感数据提供了几乎所有的主要处理手段，但对小型无人机的支持不足。在基于小型无人机平台的林火监测应用中，ENVI 主要提供了图像配准、拼接和图像镶嵌等功能。

② ENVI 除了提供图像—图像配准和图像—地图配准外，同时提供系统校正和非系统校正。但对 UAV 平台目前所需要的是非系统校正。ENVI 提供的系统校正有基于 RPC 文件图像正射校正，提供的非系统校正有几何校正和正射校正等。ENVI 提供的遥感图像校正和配准主要是针对卫星平台的，具体如下：

ENVI 正射校正，采用严格轨道模型（pushbroom sensor）和 RPC 有理多项式系数（rational polynomial coefficient），包括 ALOS/PRISM、ASTER、IKONOS、OrbView-3、QuickBird、SPOT1-5、CARTOSAT-1（P5）、FORMOSAT-2、WorldView-1、GeoEye-1、KOMPSAT-2 等校正模型。还可以根据地面控制点（ground control point，GCP）或者外方位元素（XS, YS, ZS, Omega, Phi, and Kappa）建立 RPC 文件，校正一般的推扫式卫星传感器、框幅式航空相片和数码航空相片。当获得的卫星数据提供的是轨道参数，诸如 ALOS PRISM and AVINIR，ASTER, CARTOSAT-1, IKONOS, IRS-C, MOMS, QuickBird, WorldView-1 等，也可以利用这个功能来生成 RPC 文件做正射校正。目前 ENVI 尚不支持 UAV 图像的正射校正，但 ENVI 的图像配准、校正和拼接的方法仍然是值得借鉴的。

7.3.2 Enso MOSAIC UAV 无人机航空摄影测量软件简介

（1）Enso MOSAIC UAV 软件

Enso MOSAIC UAV 软件是芬兰 MosaicMill 有限公司开发的针对无人机航空摄影测量图像的处理软件，用于对 UAV 拍摄的热红外图像进行快速的无缝拼接，并进行坐标标定的技术已成熟，而国内尚没有成熟的用于火场信息处理的软件。它能处理、生成高清晰度、大覆盖面积的多光谱正射影像。

该软件专门针对无人机影像重叠度不够规则，像幅较小，相片数量多，倾角过大且倾斜方向没有规律，航摄区域地形起伏大，高程变化显著等特点，支持非量测相机的畸变差改正，能够应急反应快速生成影像图，以及高效完成 UAV 遥感影像从空三到各种国家标准比例尺的任务。

该软件中的 Enso MOSAIC 3D 是一款专门用于通过航空摄影航片获取三维立体数据，处理通过机载雷达采集处理大量 XYZ 点云数据的数字摄影测量软件。通过接受系统的设置，Enso MOSAIC 3D 可以自动将 3D 数据转换到用户的 GIS 数据库中。数据库的连接可用于所有主要的 GIS 产品。

（2）Enso MOSAIC UAV 软件对"小型无人机林火监测与扑救指挥关键技术引进"项目的技术支撑

① Enso MOSAIC UAV 是针对 UAV 图像处理需求开发的综合型航测软件，不如 ENVI 流行，但对 UAV 的支持是其主要特点。该软件用于林火监测提供基于自定义 GCPs 的几何校正和正射校正、拼接等，可以无形变的正射图块生成，也可以提供基于 UAV 的三维测

量(地形、堆垛等),在150~200m飞行高度,最高可以得到5cm分辨率。

② Enso MOSAIC UAV 要求输入任意常用格式 UAV 影像、用 RapidCal 计算和估算的相机姿态(用于系统校正)和取自任何自动驾驶模型的飞行日志(通过 UAV2EM filter,将任意 UAV 飞行日志导入 EnsoMOSAIC)。由此可见 EnsoMOSAIC UAV 仍然是采用了传统的基于拍摄平台姿态参数的系统校正和基于 GCPs 的非系统校正,并获得高校正精度的、经过正射校正、具有坐标标注、无缝拼接的图像(图块),该图像可以直接用于 GIS。

7.3.3 ENVI 和 Enso MOSAIC UAV 在小型无人机林火监测图像处理中的技术借鉴

7.3.3.1 ENVI 和 Enso MOSAIC UAV 软件的主要技术原理分析

(1) 基于地面控制点(Ground Control Points,GCPs)的方法

ENVI 和 Enso MOSAIC UAV 在进行 UAV 图像的配准、校正和图像拼接均采用基于 GCPs 的算法,仅对卫星影像利用其自带的 RPC 文件进行系统校正(当提供卫星的轨道参数时,ENVI 亦可自定义 RPC 文件)。

对于 UAV 进行系统校正是有困难的,主要是相机及其载具平台的姿态参数很难与拍摄精确同步地获取。ENVI 和 Enso MOSAIC UAV 都采用 GCPs 作为配准、校正和拼接的基准。其中 ENVI 提供了人机交互式的 GCPs 选择,即通过全分辨率图像和可缩放的窗口选择 GCPs,从而进行图像—图像和图像—地图配准。

ENVI 和 Enso MOSAIC UAV 都提供一系列 GCP 操作,包括:选择、管理、保存和索引等。这种手工选择的 GCPs,通常是自然地形标志物(道路交叉点)或设定标记物(地标)等,包括了像元、亚像元的 GCPs 选择。基于 GCPs 方法的优缺点:

优点:误差易控制,精度高,算法简单。缺点:① 对大面积均匀纹理的森林不易找到自然控制点,需要人工预设,投入大,实现比较困难;② 校正精度高度依赖于控制点的布设和布设密度;③ 对非线性形变,需要加大 GCPs 数量。

(2) 校正算法

以 RPC 文件和 GCP 为参考点,ENVI 采用了传统的重采样(最近邻、双线性和立方体卷积算法)、缩放、平移,多项式函数和德洛内三角测量(RST)方法进行系统和非系统校正,并采用 RST 误差计算,快速评价配准、校正和拼接精度。

上述校正算法对线性和变形小的情况效果较好,对非线性大偏差变形就需要大量增加 GCP 以保证校正精度。

7.3.3.2 ENVI 和 Enso MOSAIC UAV 软件的主要技术借鉴

(1) ENVI 的 GCPs 交互式操作和管理

ENVI 对 GCPs 的选取、管理提供了丰富的操作支持,尤其是像元和亚像元的 GCPs 选取,为"小型无人机林火监测与扑救指挥关键技术引进"项目自主软件中的多尺度 GCPs 的生成所借鉴。

(2) 基于 GCPs 的各类校正算法和误差计算和误差控制策略

ENVI 和 EnsoMOSAIC UAV 所提供的传统的校正算法思想为开发自主软件所借鉴,并针对小型无人机实际获取的图像特点,"小型无人机林火监测与扑救指挥关键技术引进"项

目在此基础上提出了新的算法。

(3) ENVI 和 Enso MOSAIC UAV 的图像拼接和 3D 建模算法

Enso MOSAIC UAV 和 ENVI 提供的图像拼接均以 GCPs 为基准点。ENVI 在拼接边界提供了羽化功能，实现无缝拼接。"小型无人机林火监测与扑救指挥关键技术引进"项目借鉴该算法，自主软件提出了自动多匹配可控制点（Match Control Pint，MCPs）生成和多分辨率下拼接的算法，拼接质量进一步提高，并借鉴相关算法思想在图像拼接的基础上实现了 3D 重建。

(4) ENVI 目标识别中背景处理的 MNF 变换

UAV 环境对红外热成像设备有很大的干扰，ENVI 基于高光谱数据的目标识别方法中的背景处理方法，被"小型无人机林火监测与扑救指挥关键技术引进"项目借鉴，进行 UAV 载具的红外热成像数据预处理，得到了较好的效果。

7.4 小型无人机倾斜摄影测量与三维建模技术

7.4.1 倾斜摄影测量概况

倾斜摄影技术是国际测绘领域近些年发展起来的一项高新技术，通过在同一飞行平台上搭载多台传感器，同时从垂直、4 个侧视等 5 个不同角度采集影像，将用户引入了符合人眼视觉的真实直观世界，有效弥补了传统正射影像只能从垂直角度拍摄地物的局限。拍摄相片时，同时记录一些其他的姿态数据，比如航速、航向、航高、纵向重叠和旁向重叠等信息，然后对倾斜影像进行后处理。

1860 年，James Wallace Black 在美国波士顿上空获得了世界上第一张倾斜影像。1930 年，美国地质调查局（USGS）和美国陆军工程兵部队（U. S. Army Corps of Engineers）开始使用 Fairchild T–3A 五镜头倾斜相机开展制图、监视和侦察工作。20 世纪初至 20 世纪末，倾斜摄影和倾斜影像主要用于军事目的。

随着倾斜摄影平台和传感器硬件的精度和集成度不断提高，摄影测量和三维计算机视觉领域涌现出许多新理论和新方法，使倾斜摄影测量技术逐渐走向实用。与常规航空摄影相比，倾斜摄影的优势在于能够获得地物的立面影像，使影像解译变得更简单、更直观。目前，倾斜摄影测量技术已被广泛用于测绘与城市三维建模、城市规划与管理、智慧旅游和突发事件应急响应等众多领域。

倾斜摄影测量技术并且可以应用到小型无人机上，小型无人机倾斜摄影技术通过超低空倾斜摄影，从一个垂直和四个 45°倾斜的方向获取高清立体影像数据，并多角度采集信息，配合控制点或影像 POS 信息，影像上每个点都会有三维坐标，基于影像数据可对任意点线面进行量测，获取厘米级的测量精度并自动生成三维地理信息模型，快速获取地理信息；影像中包含丰富的真实环境信息，可对影像信息进一步处理，具有低成本、高效率、精度高、操作方便等优点，极大优化测绘内、外业的并行工作，较为圆满地解决了天气或人工等外因造成的作业延误。

7.4.2 小型无人机倾斜摄影测量系统构成

7.4.2.1 飞行平台

小型无人机是搭载倾斜摄影测量仪器的飞行平台。倾斜摄影测量对小型无人机的要求更高,应该在载重、巡航速度、实用升限、续航时间、安全性和抗风等级等方面做出限定。例如:① 小型无人机最低载重要大于2kg;② 多旋翼无人机巡航速度大于6m/s,固定翼无人机巡航速度大于10m/s;③ 电池动力续航时间大于30 min,内燃机动力续航时间大于1h;④ 抗风性要求不低于4级;⑤ 无人机实用升限能达到1 000m以上等。

7.4.2.2 飞控和航线设计

小型无人机倾斜摄影测量既可以由飞手操控飞行,也可以预先在地面站上规划好路径(航线)实现自主飞行。航线设计应该考虑以下几个方面。

(1) 航摄高度的确定

小型无人机倾斜摄影的飞行高度是航线设计的基础。航摄高度需要根据任务要求选择合适的地面分辨率,然后结合倾斜相机的性能,按照式(7-1)计算。

$$H = fGSD/\alpha \tag{7-1}$$

式中,H 为航摄高度(m);f 为镜头焦距(mm);α 为像元尺寸(mm);GSD 为地面分辨率(m)。

(2) 航摄重叠度的设置

低空数字航空摄影规范规定"航向重叠度一般应为60%~80%,最小不小于53%;旁向重叠度一般应为15%~60%,最小不小于8%"。在小型无人机倾斜摄影时,旁向重叠度是明显不够的。可以区分为地物稀少区域和地物密集区域两种情况来考虑。

① 地物稀少区域 考虑到航摄时的俯仰、侧倾影响,作业时在地形地物高差比较小的测区,航向、旁向重叠度建议最低不小于70%。

② 地物密集区域 遮挡问题非常严重。航线重叠度设计不足、航摄时没有从相关地物上空飞过,都会造成模型几何结构的黏连。为提高影像采集质量,影像重叠度最多可设计为80%~90%。当高大地物的高度大于航摄高度的1/4时,可以采取增加影像重叠度和交叉飞行增加冗余观测的方法进行解决。

影像重叠度与影像数据量密切相关。影像重叠度越高,相同区域数据量就越大,数据处理的效率就越低。所以在进行航线设计时还要兼顾二者之间的平衡。

(3) 区域覆盖设计

"航向覆盖超出摄区边界线应不少于两条基线。旁向覆盖超出摄区边界线一般不少于像幅的50%",这是原规范的规定,但在小型无人机倾斜摄影时是明显不够的。考虑到测区的高差等情况,可以按照式(7-2)来计算航线外扩的宽度

$$L = H_1 \tan\theta + (H_2 - H_3) + L_1 \tag{7-2}$$

式中,L 为外扩距离;H_1 为相对航高;θ 为相机倾斜角;H_2 为摄影基准面高度;H_3 为测区边缘最低点高度;L_1 为半个像幅对应的水平距离。

7.4.2.3 核心硬件

核心硬件是传感器(多头相机、GPS定位装置获取曝光瞬间的三个线元素 x,y,z),

又称倾斜航空摄影相机，以及姿态定位系统（记录相机曝光瞬间的姿态，三个角元素 φ，ω，κ）。目前市面常见的倾斜航空摄影相机包括 SWDC – 5、Leica RCD30 Oblique、UltraCam Osprey 和 A3 Edge 等，如图 7-39 所示。

(a) SWDC-5　　(b) Leica RCD30 Oblique

(c) UltraCam Osprey Mark 3　　(d) A3 Edge

图 7-39　常见的倾斜航空摄影相机

典型的倾斜摄影系统相机安置方式采用 Maltese 十字（Maltese – cross），如图 7-40 所示。可以看出，Maltese 十字由一个垂直相机和 4 个 45°倾斜相机构成，摄影系统一次曝光获得具有一定重叠度的 5 张照片，大大增加了影像的获取效率。

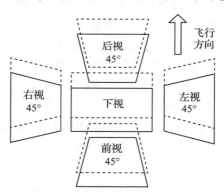

图 7-40　Maltese 十字相机安置示意

7.4.3　小型无人机倾斜摄影测量的过程

倾斜摄影的航线可以在当地遥感数据或者地图数据的基础上，采用专用航迹规划软件进行飞行路线的模拟。其航高主要根据比例尺和采用的镜头分辨率决定。航线设计参照前述内容。航迹规划软件生成一个具体的飞行计划方案，该方案包含飞机的航速和航线坐标及各个相机的曝光点的 GPS 坐标位置。实际飞行中，各个相机根据对应的曝光点坐标自动进行曝光拍摄。

获取数据后，首先要检查获取的影像质量，对不合格的区域进行补飞，直到满足要求；其次进行匀光匀色处理，飞行过程中存在时间和空间上的差异，影像之间存在色偏，需要进行匀光匀色处理；再次进行几何校正、同名点匹配、区域网联合平差，最后将平差后的数据（三个坐标信息及三个方向角信息）赋予每张倾斜影像，使得它们具有在虚拟三维空间中的位置和姿态数据，至此倾斜影像即可进行实时量测，每张斜片上的每个像素对应真实的地理坐标位置。

7.4.4 小型无人机倾斜摄影测量的特点

（1）反映地物周边真实情况

相对于正射影像，倾斜影像能让用户从多个角度观察地物，更加真实地反映地物的实际情况，极大地弥补了基于正射影像应用的不足。

（2）倾斜影像可实现单张影像量测

通过配套软件的应用，可直接基于成果影像进行包括高度、长度、面积、角度、坡度等的量测，扩展了倾斜摄影技术在行业中的应用。

（3）建筑物侧面纹理可采集

针对各种三维数字城市应用，利用航空摄影大规模成图的特点，加上从倾斜影像批量提取及贴纹理的方式，能够有效地降低城市三维建模成本。

（4）数据量小易于网络发布

相对于三维 GIS 技术应用庞大的三维数据，倾斜摄影技术的数据量要小得多，其影像的数据格式可采用成熟的技术快速进行网络发布，实现共享应用。

7.4.5 小型无人机倾斜摄影测量与三维建模的关键技术

在获取数据后，倾斜摄影测量通过对倾斜影像、POS 数据和地面控制点数据进行一系列的摄影测量处理以获取测区的数字表面模型。常见的倾斜摄影测量软件系统包括 ContextCapture、PhotoScan 和 Pix4Dmapper。其具体技术流程如图 7-41 所示。

倾斜摄影测量与三维建模的关键技术包括数据预处理、影像匹配、影像定向、密集匹配和表面模型构建 5 个部分。

（1）数据预处理

在数据获取阶段，利用倾斜摄影系统获取测区的倾斜影像，利用飞行平台搭载的 POS 系统获取摄影系统的位置和姿态，在选定的坐标系下测量地面控制点的坐标。摄影测量需要在三维直角坐标系下进行计算，因此需要将 POS 数据变换到选定的测量坐标系下，通过对航空影像进行增强处理可以使影像中地物的纹理细节更为突出，增强处理后的影像也可以改善三维模型的视觉效果。

（2）多视影像匹配

影像匹配是倾斜摄影测量的核心问题之一，多视影像具有分辨率高、时间周期短、覆盖范围大等特点。因此，如何在匹配过程中要充分考虑如何快速准确获取多视影像上的同名点坐标，并剔除冗余信息，进而获取地物的三维信息是匹配的关键。由于单独使用一种

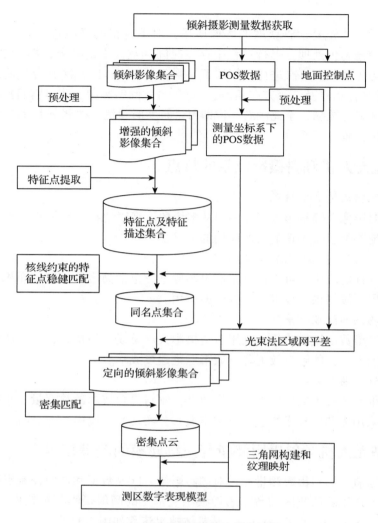

图 7-41 倾斜摄影测量的技术流程

匹配策略或匹配基元很难获取建模需要的同名像点,并鉴于近年来计算机视觉发展的快速发展,随之而流行起来的多基元、多视影像匹配技术逐渐成为人们研究的重点。目前在该领域的研究已取得一定的进展,例如自动识别与提取建筑物的侧面信息。

影像匹配为影像定向提供同名点坐标观测值,其精度很大程度上决定了摄影测量最终成果的精度,而影像匹配的速度是影响倾斜摄影测量效率的重要因素。因此,精确且高效的影像匹配构成了倾斜摄影测量的重要研究内容。

常规航测仅采集下视影像,良好的飞行控制能够保证较小的尺度、视角和转角变化,因此同名点的点位可以预测。从这些前提条件出发,早期的影像匹配方法在常规航测处理中能够取得比较理想的匹配效果,而倾斜影像的尺度、视角和转角变化较大,利用传统航测影像匹配方法难以实现影像的稳健匹配。

SIFT(scale-invariant feature transform)是一种检测局部特征的算法,该算法通过求一幅图中的特征点及其有关 scale 和 orientation 的描述子得到特征并进行图像特征点匹配,获得了良好效果。SIFT 算子可以从影像中提取大量尺度和旋转不变的特征点,而特征点对仿射变换和光照变化具有良好的适应性,因此被广泛用于摄影测量和三维计算机视觉。SIFT 算子能够提取特征点的位置、尺度及特征点所在邻域的特征描述,SIFT 特征描述以 128 维向量表达,用于对特征点进行匹配。特征描述向量的匹配可采用最近邻搜索算法实现,也可使用 Hash 算法实现(Hash 主要用于信息安全领域中加密算法,它把一些不同长度的信息转化成杂乱的 128 位的编码,这些编码值称为 Hash 值。也可以说,Hash 就是找到一种数据内容和数据存放地址之间的映射关系)。

基于最近邻搜索的影像匹配结果通常存在误匹配,将误匹配同名点的坐标观测值引入平差计算将引起空三精度的下降,甚至导致影像定向不收敛。一对真实的同名点应严格满足核线约束,利用少量同名点观测值可以解算表达核线约束的基础矩阵。因此,利用核线约束可剔除大部分误匹配的特征点,从而在很大程度上解决了影像的稳健匹配问题。

SIFT 算子并不具备仿射变换不变性,倾斜影像较大的视角变化使得基于 SIFT 算子的影像匹配精度出现下降,因而出现了许多改进方法。例如,PCA – SIFT 法(主成分分析 principal component analysis, PCA)对邻域梯度导数向量进行降维处理,并将降维结果作为邻域特征描述,实验结果显示使用该方法所得邻域特征描述具有更强的区分度,对仿射变换也具有更好的适应性。

随着多处理器并行特别是图形处理单元技术的不断进步,对影像匹配进行并行化可以大大缩短匹配时间。

(3) 影像定向

影像定向的目的是解算整个测区全部影像的摄影位置和姿态,同时求解影像同名点的地面测量坐标。

在影像稳健匹配的基础上,利用基于代数方程解的相对定向方法可以求解大视角变化下影像的相对位置和姿态。尽管利用核线约束条件可以剔除大部分误匹配的特征点,但不能完全清除误匹配。在相对定向和自由网构建的过程中,基于重投影误差、光束交会角和冗余度等约束条件可以进一步过滤不可靠的同名点,从而得到较精确的同名点观测值。

倾斜摄影系统通常需要配备高精度的 POS 系统以获取影像的外方位元素,精确的 POS 数据可作为观测值参与影像定向。尽管 POS 数据的精度较以往已有了很大改进,但不依赖地面控制点的大比例尺航空摄影测量依然十分少见。

(4) 密集匹配

密集匹配是在影像定向的基础上求解密集同名像点的过程。在倾斜摄影引入摄影测量前,密集匹配主要用于计算测区的数字高程模型,通过逐像素匹配,能够获得与航测影像具有相同地面采样距离的数字高程模型。随着倾斜摄影引入摄影测量,密集匹配被应用于倾斜影像,通过对相邻影像进行密集匹配可以获得视差图,利用视差图可以计算像点的深度,进而获得地物的三维点云。

按照匹配策略可以将密集匹配方法分为局部方法和全局方法。

局部匹配方法基于预先设定的匹配窗口搜索待匹配影像的局部区域,利用影像相关方法计算视差,这类匹配算法包括差异平方和、归一化交叉相关和差异绝对值和等方法。局部匹配方法暗含了影像局部区域光滑的假设,然而由于匹配窗口不能保证与影像中线条的边缘对齐,因此对对象表面不连续的边界区域重建结果不佳。

全局匹配方法将立体匹配转化为像素标记问题。从统计学的角度可以将这类方法看作贝叶斯统计推断,即在给定影像观测和有关场景结构先验假设的条件下推断视差图。假设一个像素的标记仅与其近邻像素有关,则像素标记问题就可利用马尔可夫随机场建模。

(5)表面模型构建

倾斜影像经过密集匹配后可以得到测区地物密集点云,基于点云数据可以建立测区内地物的真三维数字表面模型(digital surface model,DSM)。表面模型构建通常包括三角网构建和纹理映射,经过学者们的多年研究,基于三维三角网的数字表面模型建模算法已经比较成熟。其中,泊松表面重建被广泛应用于三维表面模型的构建。

三角网构建完成后,表面模型需要通过纹理映射建立彩色纹理图像与三角网结构的对应关系。经过影像定向后,影像与三维模型的相对几何关系已经确定,将构成三角网的每个三角形投影至对应的影像上即可实现模型的纹理映射。

7.4.6 小型无人机倾斜摄影测量与三维建模展望

目前,以下几个领域的应用可供利用和森林防火借鉴。

(1)三维城市建模

利用小型无人机倾斜摄影系统将拍摄采集到的图片利用软件生成点云去建造模型,与以往的传统移动测量方式相比,无人机搭载的倾斜摄影测量系统的效率更高,结果更精准,该倾斜摄影系统以无人机为载体,从空间三维数据采集出发,成为构建城市三维模型较为快捷的方法。

(2)3D地形及图纸生成

小型无人机倾斜摄影测量系统将拍摄采集到的地形、地貌图片和地理信息直接导入专业的处理软件,即可通过软件精密的算法一键快速生成3D模型,再将3D模型以任何格式直接导出,放入图纸软件即可形成图纸。

(3)快速土方测量计算

小型无人机倾斜摄影测量系统将采集到的土方影像数据导入专业软件进行自动生成计算结果,可根据快速精准采集到的成果影像对土方进行长度、面积、高度、角度、坡度等相关的数据。

(4)反映地物周边情况

倾斜摄影测量系统配置了五个高清摄像头,相对于传统的正射影像,根据测量系统输出的影像,倾斜摄影系统能让用户从多个角度清晰地观察地物,更加真实地反映地物的实际情况,极大地改善了传统正射影像应用中的不足。

(5)应急测绘保障

发生地震、山体滑坡、泥石流等自然灾害后,为及时获取灾区可量测三维数据,不能按照传统的作业方式进行控制测量,可通过在Google地图读取坐标、手持GPS测量、RTK测量等方式快速获取灾区少量控制点,生成灾区真三维模型,为灾后救援提供帮助。

7.5 小型无人机在林火调查与评估中的应用展望

林火调查与评估涉及内容繁杂，采集的数据工作量大，时效性强，常规的调查方法难以满足其需求。因此，未来小型无人机在林火调查与评估中的应用前景非常广阔。

7.5.1 灾前的预警与动态监测

小型无人机可监测森林中的可燃物状况，包括可燃物的类型、载量、湿度变化等。对可燃物进行预警和动态监测，匹配搭载温湿度传感器以获取林区的气象资料，能监测林区的可疑火源等。这些信息都将有效地提高森林火险预测预报的准确性。特别是小型无人机搭载多光谱、高光谱设备，对森林植被、森林火险等级实施动态监测。

目前，林火监测手段主要有卫星遥感、地面瞭望塔、护林员巡护和飞机巡护等。卫星遥感监测林火覆盖面积大，但受自身轨道周期和天气影响，实时性和分辨率欠佳。防火瞭望塔监测林火的实时性最好，但每个塔的覆盖范围有限，若形成网络需要人员和设备成本极大，且近地面受地形影响大，有视觉盲点。人工地面巡护工作量大，由于人员处于森林底层，视线遮挡严重，观察范围有限，效率较低。飞机巡护实时性和适应性俱佳，但其保有和使用成本高，难以大规模、常态化运行。多数林区只能在重点防火时期租用飞机开展相关护林作业。

小型无人机是现有森林火灾监测手段的有力补充，可开展全方位监控，弥补护林员、瞭望塔的缺陷，能够在早期及时发现林火隐患，且运行成本低、机动灵活。小型无人机林火监测系统还有助于提高森林火情的监测、预警能力和森林安全管理工作的自动化、信息化水平。

护林员定位管理系统与小型无人机匹配及衔接能够提高巡护效率，护林员可根据巡护现场发生的情况启动一键报警，回传现场照片和视频到指挥中心，防火指挥部门即可按照就近、快速原则处置火情，这样方便、简洁和高效，为森林防火"打早、打小、打了"提供技术支撑。

2006年10月，在加利福尼亚州，美国航空航天局（NASA）和林务局利用"牵牛星（Altair）"无人机进行林火监测，标志着美国联邦航空局（FAA）首次准许在国家空域内应用民用无人机。现在，技术发达的国家无人机已普遍应用到森林防火等领域。

我国无人机在森林火灾中的应用还处于起步阶段，2013年6月3日，在内蒙古大兴安岭林区根河航空护林站，Z5型无人直升机首航成功，这也是我国中型无人机首次应用于林业系统。

使用小型无人机有助于森林消防"预防为主，积极消灭"工作方针的贯彻实施，能够实现森林火灾的早发现、早预警、早准备、早应对，将其所造成的损失降到最低。小型无人机还能够实现监控中小尺度的火灾，弥补卫星林火监测及航空护林的死角，特别是在重点火险区的防火紧要期能够实时监控火源，预防火灾。

7.5.2 灾中的火行为动态监测

火场监测是获得准确的林火蔓延预测的重要条件；实现自适应林火蔓延预测，是林火扑救指挥的重要信息来源。火场监测可以通过空中和地面两种方式进行。地面观测容易获得火场微气候数据，但观测范围有限，且受地形地貌的限制，要全面获得整个火场的信息难度很大。因此，空中监测手段备受人们的关注。

卫星遥感是目前获取火场信息的重要手段之一。优点是便于得到比较全面的火场描述，特别是大尺度上的火线描述，并且具有多谱段观测手段。但这种观测不能获得局部微气候数据(风速、风向、局部温度等)，而且数据更新周期长(重访时间通常为 0.5h 到数十小时甚至数月)，难以实现实时观测。另外，在云层、烟雾等复杂干扰下的火线识别，特别是对于林下火线的识别，以及火线定位问题仍需要进一步研究解决。

有人驾驶飞机机载监测可以依靠人的认知和判断能力进行智能巡航，特别是有利于在复杂情况下进行火场、火线的识别和监测。航程远、滞空时间长，检测范围大，载荷大，便于搭载大型的检测设备，通信能力强。但有使用成本高，在某些区域进入危险大，很多情况不具备飞机安全飞行的条件等缺点。特别是重大森林火灾发生时，进入火场监测的难度大。

小型无人机具有成本低，实时性好，易于推广使用，符合国情，可实现高中低空的火场监测，维护操作简单，能进行快速巡查和实时监测。特别是中低空的实时视频采集和红外成像，对火场监测及救援指挥具有很高的应用价值。

小型无人机搭载可见光、热红外相机可识别林火，借助无人机定位技术可实现智能化无人机林火识别并精确定位。小型无人机遥感的高清图像有利于更好地监视人员无法抵达区域的灾情发展，制定有效的应急预案。当火灾现场环境风险过大时，无人机可在最短时间内、最大限度地接近现场，提供最直接、最真实的数据，以便制订应急作战方案。

小型无人机可在空中全天候执行林区监测任务，便于及时发现火情，定位火场，及时采取行动，扑灭初期火灾。无人机在实时林火监测中可及时监控火行为的发展，如大火中可能出现的特殊火行为，利用摄像系统(加装热传感器)跟踪、测量对流柱(大小、形状及温度的梯度变化等)；测算飞火飞迁的距离、预防飞火的危害；在特殊地形(陡峭或盆状峡谷)，可及时关注火旋风的形态、转速和运动轨迹；跟踪火爆的形成；测算高温热流的迁移等。

小型无人机还能够实现动态监测，辅助科学扑救指挥。在火场上空进行火情态势观察，将火场资料及时反馈给扑救指挥部门，使其能够迅速有效地组织和部署队伍进行灭火，提高作战效率，并根据火场图像资料提供撤离路径，及时通知消防人员撤离危险地区，避免救火人员伤亡，体现了"以人为本，科学扑救"的理念。

通过小型无人机的火场实时动态监控，能及时预警，调整扑火战术，减少人员伤亡，安全灭火。无人机结合 GPS 和微波测距的森林着火点定位方法，能迅速、准确、自动判断森林着火位置，便于决策和指挥扑救。能及时、动态监测火灾变化，结合现有植被图和地形图能预测林火蔓延方向和强度，合理评估灭火力量和效果。能实时监控生土隔离带的开设长度、宽度和进度并评估阻火效果。

7.5.3 灾后的损失评估

小型无人机可及时传输火灾现场的影像、图片，对比火灾前后的相关影像，参考评估技术标准，能更准确地评估火灾性质，划分火灾类型。能合理评估一般、较大、重大、特别重大森林火灾的火灾损失(烧毁木、烧死木、烧伤木)，以及过火森林面积、对森林植被的影响及火后植被的恢复、灾后火烧迹地处理的效果等。

小型无人机能连续获取高分辨率图像，结合样地调查可更精确地评估灾后的直接经济损失和间接经济损失，辅助认定起火点和查找起火原因，为森林火灾案件处置提供科学依据。

小型无人机配备相关装置能够准确、实时地监测火烧前的可燃物状态，结合当地的天气状况，及时开展计划烧除。在炼山造林、火烧改良牧场等计划烧除工作时，能及时跟踪火烧状态，监控火行为发展态势，评估火行为、余火的清理和火烧效果(花脸率等)评估等。也能评估森林火灾后雨季对火烧迹地的影响(水土流失、泥石流、病虫害、植被更新及外来物种入侵的影响)等。

余火探测对森林火灾灾后清理工作至关重要，世界上有许多损失巨大的重大火灾都是由于小火之后的余火未彻底扑灭，造成死灰复燃。小型无人机加装红外扫描装置，扫描扑救工作结束后的火场，可探测并彻底清理余火。

通过多时段、多架次的无人机监测，能够更好地评估火灾的影响，能够跟踪森林火灾与景观动态变化，为景观研究提供中小尺度格局、动态变化的跟踪、监测。

7.5.4 小型无人机在林火调查与评估中的应用需要解决的问题

(1) 适应性问题

研制高性能、能主动适应复杂火场状况，克服火场综合症状(高温、烟雾干扰、风变化、乱流或湍流、小地形影响等)，具有高海拔适航性、数据实时传输的小型无人机；开发能适合各种地形，包括典型的低海拔东北丘陵林区，华北一般山地林区，以及高山林区，尤其是具有山高谷深、小气候变化快、森林植被丰富等特征的高寒、高海拔林区，能充分发挥其灵活、机动、实时传输火场动态变化参数特征的小型无人机；开发适用于高原地区载重量大的小型无人机。

(2) 升降技术问题

解决好升降技术难点，降低大型无人机对升降平台的要求，提高飞行控制技术，提升抗风性能，保证山区飞行的稳定性。保证飞行器的安全应急返航，保证网络传输的稳定性，及时存储监测图像和数据。

(3) 续航时间问题

延长小型无人机系统的续航时间，提高巡航速度、巡航距离，大幅降低使用成本。提高小型无人机的安全可靠性，在意外情况下避免机身及其设备起火，让小型无人机能大规模用于林区作业。提升小型无人机在森林火情监控、指挥、救援中的综合应用技术。加强航时改造，提升火情探测软件的功能。提高后勤装备保障水平。

(4) 空中管制问题

在相应空域内安装必要的显示和识别装置，解决小型无人机的防撞、异地起降和迫降等难题,用其他技术来实现空域内的探测和主动规避。在政策方面,应积极吸取国内外经验,在确保地面人员安全的情况下,进一步加快并明确中低空无人遥感业务飞行的指导性法规、健全飞行保障从业人员的职业能力评价体系和监管体制机制。

(5) 自主飞控和遥控

火场地形往往相当复杂,因此,小型无人机用于火场监测,需要解决在复杂地形上空飞行的相关飞行控制问题,诸如飞行姿态的保持、导航(航路设计)、地形规避等自主飞行控制和通过通信信道接收遥控指令进行飞行姿态和飞行路径的控制。

小型无人机飞控还需要对自身飞行位置(包括高度)进行实时定位,这通常采用卫星定位模块实现。

(6) 通信问题

火场监测的小型无人机一方面需要接收遥控指令;另一方面需要下传包括视频、图像和定位坐标等监测信息。不同的监测要求和监测信息需要不同的带宽。目前主要有三类通信方式:

① 无线电专用通信　可实现较宽的带宽,适合于大数据量的实时视频传输,但通信距离受限;

② 采用公共移动通信信道　在移动通信基站信号覆盖范围内带宽能得到很好的保证,但受限于移动通信基站的布设范围,而恰恰这点在林火发生的野外往往难以保障;

③ 采用卫星通信信道　通信范围和带宽均不受限制,但使用成本较高,且机载通信终端体积较大。利用我国北斗卫星的短报文通信方式,使用成本低,符合机载要求。但短报文通信密度较低,只适合传递坐标信息或矢量信息。对于火场(火线描述)则需要机载计算机预先完成信息的提取(如获得矢量化的火线描述)。

(7) 轻巧的火场监测系统需要解决的问题

需要解决符合小型无人机载荷要求的轻小型火场监测设备。另外,由于小型无人机处于较高速的运动之中,为获取较高质量的火场图像等信息,对监测设备的数据采集速度有一定的要求。

(8) 火线识别和火线坐标标定问题

需要一方面对火场监测获得的图像与已知地形数据进行配准;另一方面需要识别出火线。通过定位数据、火场监测信息和已知地形数据配准的基础上,获得火线位置的描述。

(9) 小型无人机对机载设备的特殊要求

小型无人机成本低廉,携带和操作便捷,因此易于推广。上述关键技术和问题,国内和国外相比有很大差距,特别是美国产小型无人机载的 M7600 pro 红外热像仪含电池重量 1.5kg,性能优于国内同类产品;芬兰 MosaicMill 有限公司的 EnsoMOSAIC UAV 图像处理软件,用于对无人机拍摄的热红外图像进行快速的无缝拼接,并进行坐标标定的技术已成熟,而国内尚没有成熟的用于火场信息处理的软件。因此,结合国内研究基础,研发我国的小型无人机在林火调查与评估中的实用技术非常紧迫和必要。

思考题

(一) 基本概念

1. 无人机　　　　　　2. UAV　　　　　　3. ENVI
4. GCPs　　　　　　　5. MCPs　　　　　　6. 倾斜摄影技术

(二) 问答题

1. 固定翼小型无人机的特点是什么？
2. 多旋翼小型无人机的特点是什么？
3. 简述小型无人机在森林防火中的应用领域。
4. 小型无人机的发展应从哪几个方面对技术进行优化？
5. ENVI 图像处理软件具有哪些特点？
6. Enso MOSAIC UAV 软件具有哪些特点？
7. 小型无人机倾斜摄影的飞行高度如何确定？
8. 小型无人机倾斜摄影的区域覆盖设计依据的公式是什么？公式中符号都有何含义？
9. 简述小型无人机在林火调查与评估中的应用前景。
10. 小型无人机在林火调查与评估中的应用需要解决哪些问题？

第8章

高光谱遥感技术在林火调查与评估中的应用

遥感顾名思义就是"遥远的感知",通常是指在航天或航空平台上对地球系统或其他天体进行特定电磁波谱段的成像观测,进而获取被观测对象多方面特征信息的技术。现代遥感技术最早产生于20世纪60年代,以数字化成像方式为特征,随后成为一门新兴的交叉科学技术得到了迅猛发展。研究发现,光谱往往在很大程度上表征了地物的本征特性。高光谱分辨率遥感(hyperspectral remote sensing),是用很窄而连续的光谱通道对地物持续遥感成像的技术。在可见光到短波红外波段其光谱分辨率高达纳米(nm)数量级,光谱分辨率在 $10^{-1}\lambda$ 数量级称为多光谱,在 $10^{-2}\lambda$ 数量级称为高光谱,在 $10^{-3}\lambda$ 数量级称为超光谱,通常具有波段多的特点,光谱通道数多达数十数、百个,甚至上千个,而且各光谱通道间往往是连续的,因此高光谱遥感又通常被称为成像光谱遥感。高光谱分辨率遥感在电磁波谱的可见光、近红外、中红外和热红外波段范围内,获取许多非常窄的光谱连续的影像数据。其成像光谱仪可以收集到上百个非常窄的光谱波段信息。

8.1 高光谱遥感技术的研究进展与应用

8.1.1 高光谱遥感技术概况

随着成像技术的发展,高光谱成像仪已经成为许多应用中非常重要的数据源,包括医疗和健康应用、植被生态、大气环境、地质矿产、海洋、军事等领域应用。高光谱遥感起源于20世纪80年代,成像光谱仪可获取连续的几十至几百个光谱通道获取地物辐射信息,在取得地物空间图像同时,每个像元都能够得到一条包含地物诊断性光谱特征的连续光谱曲线。

世界高光谱遥感技术的发展只有20多年的历程,中国的高光谱遥感发展并不落后于国际水平,在中国科学院、国家自然科学基金委员会的支持下,通过863计划和国家攻关计划，中国科学院遥感应用研究所与上海技术物理研究所等单位紧密协作，相继研制了一系列高光谱遥感设备，开展了大量的技术试验和应用基础研究，不仅在国内结合国家需求取得了很好的应用效益，而且开展了多项国际合作，走向世界，开创了以中国高光谱技术支持中国科学家与国外发达国家科学家合作研究的先河，并进一步推动了高光谱遥感的发展。

与其他光谱成像一样，高光谱成像收集和处理来自整个电磁频谱的信息。高光谱成像的目标是获取场景图像中每个像素的光谱，目的是找到对象，识别材料或检测过程。有两个光谱成像器的一般分支。推式扫帚扫描仪和随时间读取图像的相关扫帚扫描仪以及使用凝视阵列在实例中生成图像的快照超光谱成像。

鉴于人眼在大多数三个波段（长波长—感知为红色，中波长—感知为绿色，短波长—感知为蓝色）中看到可见光的颜色，光谱成像将光谱划分为更多的波段。这种将图像划分为条带的技术可以扩展到可见范围之外。在高光谱成像中，记录的光谱具有良好的波长分辨率并且覆盖很宽范围的波长。高光谱成像测量连续谱带，而不是测量间隔光谱带的多光谱成像。工程师为天文学、农业、生物医学、地球科学、物理学和监测应用等建立了高光谱传感器和处理系统。高光谱传感器使用大部分电磁频谱来观察物体。某些物体在电磁波谱中留下独特的"指纹"。这些"指纹"被称为光谱特征，可识别组成被扫描物体的材料。例如，石油的光谱特征有助于地质学家发现新的油田。

美国成像光谱技术在20世纪80年代初期取得了突破性进展，随着AIS和AVIRIS的相继问世，成像光谱技术与成像雷达技术并列成为自遥感技术问世以来的最重大的两项技术突破。成像光谱技术的出现完善了光学遥感影像从黑白全色影像经由多光谱到高光谱的全部影像信息链。形象地说，高光谱传感器将信息收集为一组"图像"，每个图像表示电磁谱的窄波长范围，也称为光谱带。这些"图像"被组合以形成用于处理和分析的三维(x, y, λ)高光谱数据立方体，其中x和y表示场景的两个空间维度，λ表示光谱维度（包括波长）。

从技术上讲，传感器采样高光谱立方体有4种方式：空间扫描、光谱扫描、快照成像和空间光谱扫描。高光谱立方体由美国宇航局的机载可见光/红外成像光谱仪（Airborne Visible/Infrared Imaging Spectrometer，AVIRIS）等机载传感器或美国宇航局的高光谱仪器Hyperion等EO-1卫星产生。但是，对于许多开发和验证研究，使用手持传感器。

这些传感器的精确度通常是以光谱分辨率进行测量的，光谱分辨率是所捕获光谱的每个频带的宽度。如果扫描仪检测到大量相当窄的频带，即使只能在少数像素中捕获，也可以识别物体。然而，空间分辨率是光谱分辨率的一个因素。如果像素太大，则多个对象被捕获在相同的像素中并变得难以识别。如果像素太小，则由每个传感器单元捕获的能量较低，并且降低的信噪比会降低所测量特征的可靠性。高光谱图像的采集和处理也被称为成像光谱学，或者参考高光谱立方体，被称为3D光谱学。

高光谱成像是通常称为光谱成像或光谱分析的一类技术的一部分。高光谱成像与多光谱成像有关。超光谱和多光谱之间的区别有时是基于任意"波段数"或测量类型，具体取决于适合的目的。多光谱成像处理离散和稍窄波段的若干图像。"离散且稍窄"是区分可见波长的多光谱成像与彩色摄影的区别。多光谱传感器可能具有覆盖从可见光到长波红外光谱的许多波段。多光谱图像不会产生物体的"光谱"。Landsat 是多光谱成像的一个很好的例子。

8.1.2 高光谱遥感技术应用简介

高光谱遥感用于各种应用。尽管最初是为采矿和地质学开发的（高光谱成像识别各种矿物的能力使其成为采矿和石油工业的理想选择，它可以用于寻找矿石和石油），现在已经传播进入像生态和监视一样广泛的领域，以及历史手稿研究，例如阿基米德帕利姆普斯特的成像，这项技术正在不断向公众开放。美国宇航局和美国地质勘探局等组织都有各种矿物和光谱特征的目录，并将它们在网上发布，以方便研究人员使用。在较小的范围内，近红外高光谱成像可以用来快速监测杀虫剂对个体种子的应用，以控制最佳剂量和均匀覆盖的质量。

虽然获取高光谱图像的成本通常较高，但对于特定作物和特定气候，高光谱遥感的使用正在增加，用于监测作物的发育和健康状况。在澳大利亚，正在使用成像光谱仪检测葡萄品种并开发疾病暴发的早期预警系统。此外，正在进行的工作是利用高光谱数据来检测植物的化学成分，可用于检测灌溉系统中小麦的养分和水分状况。在较小的范围内，近红外高光谱成像可以用于快速监测农药对个体种子的应用，以控制最佳剂量和均匀覆盖的质量。农业中的另一个应用是检测复合饲料中的动物蛋白以避免牛海绵状脑病（BSE），也称为疯牛病。已经完成了不同的研究来提出用于参考检测方法的替代工具（经典显微镜）。第一种替代方法是近红外显微镜（NIR），它结合了显微镜和 NIR 的优点。

高光谱成像在军事监视中特别有用，因为军事实体为避免空中监视而采取的对策。在法国革命战争期间，法国士兵使用系留气球侦察部队运动，进行空中监视。从那时起，士兵们不仅学会了从肉眼视觉上隐藏起来，而且还掩盖了他们的热信号以混合进入环境并避免被红外扫描。驱动高光谱监视的想法是高光谱扫描从大部分光谱中提取信息，使得任何给定物体在扫描的许多波段中的至少少数波段中应该具有独特的光谱特征。来自 NSWDG 的海豹突击队于 2011 年 5 月杀死了乌萨马·本·拉登，在巴基斯坦阿伯塔巴德对乌萨马·本·拉登的大院进行袭击（海王星的行动）时使用了这项技术。传统商业上获得热红外高光谱成像系统需要液氮或氦气冷却，这使得它们在大多数监视应用中不切实际。2010 年，Specim 推出了一款热红外高光谱相机，可用于室外监视和无人机应用，无需太阳或月亮等外部光源。

中国高光谱遥感技术从 20 世纪 80 年代以来，经过几代人的不懈努力，始终保持与国际同步发展的步伐。然而，其应用范围的广度和应用层次的深度还都存在明显差距。尤其在高光谱遥感应用模型方面，过于依靠地面反射率数据。然而从航天卫星或航空高光谱遥感数据到地面反射率数据，需要经历从原始数据到表观反射率、再到地面反射率的复杂过程，涉及遥感器定标、大气校正等一系列复杂处理过程，特别是大气校正有时候还需要同步的观测数据，这种数据处理的复杂性使得众多应用者对高光谱遥感技术望而却步，其结果是极大阻碍了高光谱遥感应用拓展。那么，如何降低高光谱遥感的数据获取、处理、信息提取与应用等方面的门槛，便成为高光谱遥感的前沿科学问题。

8.2 高光谱遥感数据的特点、获取与成像模拟

8.2.1 高光谱遥感数据的特点

高光谱数据具有波段数多、波段宽度窄、数据量庞大等特点，无论是星载、机载还是地面高光谱数据的获取始终是一个难题。目前还没有业务化的星载高光谱传感器，机载高光谱也面临着几何与辐射校正困难等问题，实用化的系统也不多见，地面成像光谱系统在经过近20年的发展，目前有着长足的进步。同其他常用的遥感手段相比，成像光谱仪获得的数据具有以下特点：

（1）多波段、波段宽度窄、光谱分辨率高

波段宽度<10nm，波段数较多光谱遥感（由几个离散的波段组成）大大增多，在可见光和近红外波段可达几十到几百个。如 AVIRIS 在 0.4~214 波段范围内提供了 224 个波段。研究表明许多地物的吸收特征在吸收峰深度一半处的宽度为 20~40nm。这是传统的多光谱等遥感技术所不能分辨的（多光谱遥感波段宽度在 100~200nm 之间），而高光谱遥感甚至光谱分辨率更高的超光谱遥感却能对地物的吸收光谱特征进行很好的识别，这使得过去以定性、半定量的遥感向定量遥感发展的进程被大大加快。另外，在成像高光谱遥感中，以波长为横轴，以灰度值为纵轴建立坐标系，可以使高光谱图像中的每一个像元在各通道的灰度值都能产生一条完整、连续的光谱曲线，即所谓的"谱像合一"，它是高光谱成像技术的一大特点。

（2）数据量冗余

由于波段众多，波段窄且连续，相邻波段具有很高的相关性，使得高光数据量巨大（一次获取数据可达千兆 GB 级）、相性大，尤其在相邻的通道间，具有很大的数据冗余。

（3）光谱分辨率高

成像光谱仪采样的间隔小，一般为 10nm 左右。精细的光谱分辨率反映了地物光谱的细微特征，使得在光谱域内进行遥感定量分析和研究地物的化学分析成为可能。

（4）空间分辨率较高

相对于 MSS（80m）、TM（30m）和 SPOT/HRV 的多波段图像（30m），目前实用成像光谱仪有着较高的空间分辨率，加之其高光谱分辨率的特性，使得该种类型的传感器具有广阔的应用前景。

8.2.2 高光谱遥感数据的分类与提取

高光谱遥感数据的分类与提取主要有两种方法：第一是基于光谱空间分析方法，其基本原理是化学分析领域的光谱分析技术；第二是给予特征空间分析技术，基本思想是组成光谱曲线的各光谱波段组成的高维空间中的一个矢量，进而用空间统计分析的方法分析不同地物在特征空间中的分析规律。

（1）基于光谱空间的分析方法

高光谱遥感技术的最大特点就是：在地物的每一个像元处，可以得到一条连续的光谱

曲线。所有的光谱曲线的集合则构成了光谱空间，不同的地物对应于光谱空间中的一条光谱曲线。因此，基于光谱空间的数据分析方法是高光谱数据分析的主要技术之一，其主要思想类似于化学上常用的光谱分析技术，主要是通过对光谱曲线进行特征分析，发现不同地物的光谱曲线变化特征，从而达到识别地物的目的。

由于这种分析方法与地物的物理化学属性直接相关，因此可以方便地对分析结果进行物理解释；由于分析过程主要是针对一个像元的光谱曲线，因此，算法往往比较直观和简单。这些特点使得基于光谱空间的分析技术成为引人注目的一种技术，因而，近年来在这方面产生了许多实用的研究结果。常用的分析方法见表8-1。

表8-1 常用的光谱空间分析方法

方法	具体内容
光谱角填图法	又称光谱角度匹配法，就是根据像元矢量与已知矢量的广义夹角来区分相似度
光谱解混技术	假设某一像元的光谱是由有限几种地物的光谱曲线按某种函数关系和比例混合而成，解混的目的就是通过某种分析和计算，估计出光谱混合方式和混合像元包含的光谱成分及相应比例
光谱匹配滤波技术	匹配滤波技术选定某些感兴趣的端元光谱的情况下，把未知的光谱归为背景光谱，最大化地突出已知端元光谱而同时尽可能抑制背景光谱，这种方法提供了一种快速探测指定地物种类的技术，而不必知道一幅图像中包含的全部端元光谱
光谱特征匹配	首先把反射光谱数据的吸收特征突出出来，然后用仅保留了吸收特征的光谱与参考端元光谱逐个波段进行最小二乘匹配，并计算出相应的均方根误差（Root Mean Square RMS），消除背景影响的方法主要是包络线法

（2）基于特征空间的分类方法

遥感图像地物辨识的思想则是从统计分布规律出发，在同一幅图像上，不同地物的光谱数据呈现不同的分布状态，比如不同均值和方差，通过分析这种统计分布规律而实现地物识别的技术就是基于特征空间的分类方法。

常用的分析方法见表8-2。

表8-2 常用的特征空间分类方法

方法	具体内容
最大似然分类法	基本思想是假设各类样本数据都是高斯分布（正态分布），判别准则是所属类别的分布密度最大
基于Bayes的准则分类器	要求先验概率和条件概率密度函数已知。先验概率通常是根据各种先验知识或者假设他们相等，条件概率首先确定分布形式，然后利用样本估计其参数
最小距离判别法	一是如何定义空间距离；二是计算点到各类别的空间距离
基于模糊集理论判别分类法	相邻波段影像间存在较大相似性，它们的分类作用可以相互替代，因此只需利用其中一类参加分类即可，其他与此相似的波段可以视为冗余波段，首先对原始波段集合中的光谱波段进行模糊等价划分，然后在每个模糊等价波段组中只选择一个光谱波段

8.2.3 高光谱图像成像模拟

高光谱图像数据与成像过程密切相关，包括地表特性、大气过程、遥感器载荷参数等，成像任一过程的差异都会使得获取到的高光谱数据发生较大变化。

在获取地表特性数据的基础上，应开展大气辐射传输过程研究、遥感器辐射特性分析等高光谱成像过程分析。而遥感器的研制与运行以应用需求为导向已成为共识，为充分发挥高光谱数据的应用潜力，需开展高光谱遥感器载荷参数指标论证与分析，而在遥感器研制与投入使用前，对研制的遥感器载荷指标无法感性系统的认识，通过图像模拟分析与了解数据特性已成为共识。因此，为有针对性地开展高光谱成像过程模拟，应充分分析研究高光谱数据获取与信号辐射传输过程，开展高光谱数据成像过程分析，从而在遥感器研制过程中，根据其载荷参数特性开展全链路的图像模拟，支撑高光谱载荷参数论证与指标优化分析。

自 20 世纪 90 年代后期以来，国外在基于遥感辐射特性研究、高光谱等光学遥感模拟技术研究方面取得突破性发展，形成了多个数据模拟仿真系统，典型的有德国宇航中心的 SENSOR、德国地球科学研究中心的 EeteS、美国 ITT 公司的 Physique、美国罗彻斯特理工学院的 DIRSIG、法国 Alcatel 公司的 AS3IO 等，分别已成功应用于高光谱遥感器 APEX、待发射的高光谱遥感器 EnMap 以及 Ikonos、QuickBird、WorldView、Landsat8、SPOT 卫星以及多颗卫星的数据模拟仿真。

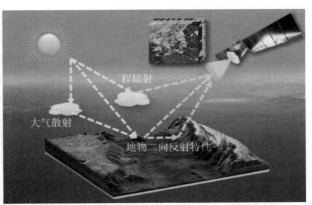

图 8-1　全链路高光谱成像过程建模

受制于航天技术封锁，使得发展图像模拟技术必须依靠我们本身，中国学者从各个角度开展了数据模拟研究。在大气辐射传输过程、遥感器辐射特性分析基础上，开展了高光谱图像全链路成像过程模拟研究(图 8-1)，提出了基于地物辐射模型、光谱通道相关性、光谱混合模型的多种地表反射率场景模拟生成方法。

8.3　高光谱遥感在森林特征信息提取中的应用

高光谱遥感已应用在森林制图、森林资源调查、森林面积测算、生物化学和物理因子估测等方面。目前所能使用的高光谱数据多为航空成像光谱仪所获，全世界已有四十多台高质量的机载成像光谱仪器。然而，由于其研究成本较高，研究结果多数是基于某种典型的植被类型，国内相关林业领域的研究少有报道。近年来，随着载有高光谱传感器的卫星的发射成功及其数据的应用，星载高光谱遥感应用技术迅速成为遥感界新的热点研究，但因可利用的星载高光谱数据较少，多数研究处于试验阶段。

从高光谱遥感数据中可能提取的森林特征信息主要包括森林生物物理和生物化学参数、森林健康状况因子等。森林调查通常采用常规的地面样地方法或图像解译等手段来完成。在过去 30 年里，大面积地应用遥感数据(如 TM、SPOT)进行了森林资源调查实践，但是，由于多光谱遥感光谱分辨率的局限性，以及所用遥感数据在空间上和时间上的不确定性，所获得的森林信息受到数据精度、完整性和详细程度的限制。高光谱遥感能提供较好的、相融的、准确的森林信息测量数据，这一点对生产高质量的林产品调查是至关重要的。高光谱数据可用于较高精度地估计一些森林生物物理参数，如森林类型、叶面积指数、郁闭度或覆盖度等。

8.3.1 森林类型的识别

高光谱遥感能够提高森林物种的分类精度，利用高光谱数据分类可以获得更准确的森林物种分布图，许多研究已充分说明这一点。森林树种之间特有的生化特性以及高光谱 AVIRIS 数据和叶片化学成分之间建立的关系鉴别出 11 种森林类型，认为应用高光谱遥感技术可将森林类型分得更细，这主要是由生化物质控制的植被反射光性质决定的，而常规宽波段遥感数据要反映这种细微的光谱差异几乎不可能。宫鹏等(1998)利用实地测得的光谱数据来识别美国加州的 6 种主要针叶树种，证明了高光谱数据具有较强的树种识别潜力，认为对高光谱数据进行简单的变换能够有效地改善识别精度，识别针叶树种最好利用波段宽为 20 nm 或更窄一点的光谱数据。Davison 等(1999)对 CASI 高光谱数据监测加拿大安大略湖森林参数的能力进行了评价，结果显示 CASI 高光谱数据具有区分主要树种的能力。Goodenough 等利用 Hyperion、ALI 和 ETM 3 种遥感数据对加拿大维多利亚地区的 5 种森林类型进行了分类，相应的分类精度分别是 92.9%、84.8%、97.5%，说明高光谱遥感数据具有更强的森林类型识别能力。陈尔学等(2007)利用 Hyperion 高光谱数据和地面观测数据，对国外发展的几种先进的高光谱统计模式识别方法进行了比较评价研究，结果显示对高光谱数据进行降维处理，并采用二阶统计量估计方法，进而应用将空间上下文信息和光谱信息相结合的分类算法，如 ECHO，可以有效提高森林类型的识别精度；然而，必须看到也有高光谱遥感不能识别的植被类型，这就需要调查者进行实地调查。

8.3.2 叶面积指数估测

过去应用遥感方法估测森林叶面积指数(LAI)的研究主要局限于一些相对较宽波段的多光谱数据。大部分研究致力于找出 LAI 与从遥感数据中提取的各种植被指数的一些简单统计关系来估计 LAI，精度不高。原因之一是宽波段遥感数据中往往混有相当比例的非植物光谱，致使各种植被指数与 LAI 的关系不紧密；而这种非植被光谱在高光谱遥感数据中采用光谱微分技术可以得到压抑，从而提高遥感数据与 LAI 的相关性。

Gong 等(1994)利用 CASI 高光谱数据对美国俄勒冈州针叶树林的 LAI 成功地进行了试验性预测。张良培等(2007)利用高光谱对生物变量进行了估计研究，认为利用对光谱信号进行一阶导数的运算能够对混合光谱中土壤光谱信号进行压缩，从而得到更能客观地反映实际的生物指数，如 LAI 等。浦瑞良等(2000)利用 CASI 数据，采用变量相关、基于植被指数的估计方法和多元回归预测方法估算森林 LAI，结果发现逐步回归不失为一种预测精度较高的方法；在单变量回归分析中，LAI 与 NDVI 之间的双曲线关系是估计 LAI 的最适方法。Gong 等(2004)利用 3 种遥感数据对阿根廷巴塔哥尼亚半干旱地区的森林植被 LAI 进行了估测，采用逐步回归方法选择与 LAI 关系密切的光谱波段，然后建立各波段与 LAI 的多元回归方程。经检验证明，AVIRIS 的 LAI 估测精度最高，其次为 Hyperion，ALI 的估测精度最低，其中中心波长为 820nm、1 040nm、1 200nm、1 250nm、1 650nm、2 100nm、2 260nm 的波段估测 LAI 最有潜力。

8.3.3 郁闭度信息提取

森林郁闭度对森林生态系统研究和森林经营管理是非常重要的。常规的森林郁闭度估测是通过野外调查和航片判读技术获得。这种方法劳动强度大、费时费力、成本高。遥感技术的推广应用，特别是高光谱遥感的出现给地区尺度以至大区域进行森林郁闭度估测提供了有力的工具。浦瑞良等(2000)对定标的 AVIRIS 图像进行光谱混合像元分解提取的森林郁闭度信息分量图比红外航片判读值高出 2%~3%，且郁闭度分布比较合理，说明从高光谱图像数据中用光谱混合模型方法提取森林郁闭度信息是可靠的。Pu 等(2004)利用小波变换的 Hyperion 图像，通过逐步回归方法选取与森林郁闭度关系紧密的变量，然后建立与郁闭度的多元回归关系，估测精度能达到 85%，可满足生产需要。Lee 等(2004)通过建立 LAI 与光谱反射之间的相关关系，估测了高郁闭森林的 LAI，认为短波红外的光谱反射可能是提高光学遥感数据估测高郁闭森林 LAI 潜力的重要因子。谭炳香等(2006)利用森林资源 3 类调查数据，比较评价了基于光谱特征选择、光谱特征提取的多元统计回归估计方法。验证结果表明：这 2 种方法都可以达到 85% 以上的郁闭度估测精度，光谱特征提取法精度略高于基于光谱特征选择法。

8.3.4 森林生化组成与森林健康状态

高光谱遥感技术的出现使从遥感数据提取生物化学参数成为可能。在区域以至全球尺度上提取生物化学信息，这对于研究和理解生态系统过程诸如光合作用，碳、氮循环以及林下凋落物分解速率，描述和模拟生态系统都是十分重要的。从高光谱遥感数据中能提取林冠生物化学组成成分，如叶绿素 a 和 b、氮元素、木质素、含水量等，这些估测的化学成分与林木体内特殊化学元素的浓度有关，也与随之测出的森林总的健康状况有关。一些研究工作显示：可以用机载传感器携带的窄波段监测森林衰落中的针叶树种的早期损害；在混合针叶林分中，用远视场窄波段光谱仪能成功地监测不可见的除草剂导致的植物的不可见胁迫损害。

由于具体的生物化学元素的消长，可能会导致测定的森林健康状况和因此而产生的收益精度不高，所以，林木受损分布图可以为可持续的森林经营管理实践提供有价值的方法和依据。例如，像 N 素这种特殊化学元素的估测可用在精准林业的实际作业中，而肥料只能用在那些 N 素缺乏的林区；对新开采矿山地周围的林区进行环境监测和评价，使用高光谱影像，通过监测一定时期内当地林木化学元素的浓度来完成。

Wessman 等(1989)指出航空成像光谱仪 AIS 的辐射数据与针阔纯林的冠层木质素、有效 N 之间存在显著相关。Johnson 等(1994)分析了在美国俄勒冈州中西地区林分的 AVIRIS 高光谱数据和相应林分冠层生化特性变化之关系，指出冠层含 N 量和木质素的变化与选择的 AVIRIS 波段数据变化存在着对应性关系，但他们也发现 AVIRIS 数据与淀粉含量没有显著关系。Matson 等(1994)使用 AVIRIS 和 CASI 数据证实冠层化学成分携有多种气候区生态系统变化过程的信息,并建议此类信息可从高光谱数据中得到估计,他们发现中心波长在 1 525~1 564nm 的一阶微分光谱数据可用来描述冠层中 N 量的变化。浦瑞良等(1997)利用 CASI 高光谱数据估计森林簇叶化学成分浓度,对于叶绿素,最佳的 R^2 值来自二阶微分光谱的三项式回归方程($R^2 = 0.944$),此方程包含的中心波长分别为 748nm、507nm、735nm;对于全 N 的最佳 R^2 值来自一阶微分光谱的三项式方程($R^2 = 0.933$),中心波长分别为 780nm、764nm、566nm;这结果表明:光谱微分技术能明显地改善森林簇叶化学成分的估算精度。Datt 等(1999)几种桉树叶片的可见—近红外反射光谱特性进行研究,较好地改善了叶绿素含量估计偏差,结果显示:波长 710nm 处的反射光谱对叶绿素含量具有最高灵敏度;在 550nm 处的反射光谱对叶绿素含量的灵敏度次之。对几个反射光谱指数的测试发现,作为一种针对较高植株叶绿素含量的遥感估计参数,比值(R850 - R710)/(R850 + R710)的效果最好;一阶导数光谱的比值 D1754/D1704 和红边位置与叶绿素含量的相关性最好;二阶反射光谱导数的比值 D2712/D2688 对于叶绿素含量同样是一个最好的参数。

8.3.5 森林灾害高光谱监测

对想要做出决策减少环境恶化和木材损失的管理者来说,森林灾害监测是迫在眉睫的事。森林灾害包括林木疾病、害虫的侵袭和火灾。高光谱遥感影像能在虫害侵袭早期监测重点受害林木,因此,应尽早抗击害虫攻击;然而,因为害虫和病原体具有生理调节能力,所以多光谱遥感图像往往缺乏监测林冠反射的细微变化的灵敏性。林冠的林下叶层阴影部分可作为环境变化影响林冠健康状况的指示剂,这是一个早期的预警,该林分环境的变化涉及诸如土壤表面 CO_2 的流失、酸化、N 的有效性和土壤含水量等。高光谱影像可以使森林分类更精确,这个精度与观测到的高光谱信息对林下叶层反射系数的影响有关。

森林火灾监测的主要问题是获得对火灾边界数据的实时更新。Jerred(2000)指出燃烧着的植被的光谱信号有大约 767nm 的细小脉冲,这是由燃烧的 K 元素引起的,可以用来监测活立木燃烧的面积。因为这种脉冲波长极短,它只能通过高光谱遥感图像来获得。林冠含水量是一个主要指标,也是林火通过林冠向外蔓延能力的决定因素。该水分含量也可用高光谱影像的近红外短波区域内水分的吸收特征来测量。

8.4 高光谱遥感技术在林火调查与评估中的应用实例

8.4.1 可燃物含水率的调查

在过去的数十年里,遥感技术被认为是一种监控和量化植物各类多样指标的有效手段。陆地生态系统的生理过程中,包含着多种生物物理和化学方面的可变因素(如碳循环和水循环),这些因素对于植物如何对环境因素作出反应、如何影响生态系统,以及如何应对气候变化等方面起到决定性的作用。植物内水分是考察植物生理条件和生态系统状态的指示性指标。它在评估森林、农田干旱状态,以及预估火灾发生风险时,是评估地物生态系统运转状态的标志性因素。比如,水分含量能够限制植物的化学反应过程(光合作用、蒸腾反应)。火灾的关键性参数——可燃率,同样取决于植物水分含量。遥感技术领域用来描述植物水分含量的主要指标是:可燃物含水率、等效水厚度。等效水厚度是指叶片单位面积上的含水量。遥感领域有时也将等效水厚度表达为植物液态水含量。

可燃物含水率是指可燃物含水量(湿重减去干重)占湿重或者干重的比率。可燃物含水率与野火有着密不可分的联系,在遥感领域,通常也被称作叶片水含量或者叶片水重量。在本文的研究中,等效水厚度和可燃物含水率,分别作为基于面积和基于质量两个不同的水分指标,进行独立的分析。植物的蒸腾作用,呼吸作用,气体交换过程(比如二氧化碳和水),包括光合作用这样的化学反应过程(如固态碳),都可以被界定为在很小的一个面积单位进行的。另外,基于质量的参数对于碳成分的流转以及叶片长势也尤其重要。

在过去的数十年里,研究人员尝试了大量的方法,利用遥感数据对这类多样的参数进行测算。这类研究几乎都集中在可见光、近红外($0.3 \sim 1.0\ \mu m$)、短红外($1.0 \sim 2.5\ \mu m$)、以及中红外($2.5 \sim 6\ \mu m$)的范围内。对于等效水厚度、可燃物含水率的测量阻力重重。Verbesselt 等(2003)认为很难对等效水厚度进行有效的测量,因为对叶片面积的测量很难实现。同时,Jacquemoud and Baret(1990)证实,因为很难对植物的干重进行测量,所以很难实现对可燃物含水率进行有效的计算。虽然等效水厚度和可燃物含水率都能有效说明植物的含水量,但是在使用遥感数据时,借助于经验模型和自然规律,等效水厚度似乎更易测量。事实表明,等效水厚度和光谱反射率的联系更加紧密。并且,在运用近红外和短红外数据进行计算时,它比可燃物含水率更加准确。对比发现,很难在可燃物含水率和光谱反射率之间找到一定的联系规律。可燃物含水率与近红外、短红外的光谱反射率的关联性,在过去的很多研究中,都大相径庭。在 Jacqucmoud and Baret 的研究中,引入了热红外高光谱的应用,为准确计算可燃物含水率,尤其是在建立森林防火模型等方面的研究开发了全新的、更可靠的可能性。

在过去的数十年里,很少研究涉及热红外高光谱反射率数据在植物冠层(多样化植物种类)等效水厚度、可燃物含水率的应用。有少量的研究试图运用热红外高光谱数据去建立高光谱段的反射率与叶片层面的植物含水量之间的联系。Ullah 等(2014)借助于中红外高光谱和热红外高光谱数据的窄通道波段,研究发现中红外光谱用于测算叶片含水量时表现得非常灵敏。他们还发现,最佳的热红外高光谱波段窄通道集中在 $11.31\ \mu m$ 和 $11.46\ \mu m$。另外,在热红外条件下的植物的表现特性,人们知之甚少。与此同时,为了让热红外数据更加适用于遥感分析,势必要提高它的空间穿透性。近红外至短红外范围内的遥感数据不适用于描述植物的结构性及化学性特征的。例如,在近红外和短红外波段内,植物吸收光之后产生的光谱特征指标,是不能用来关联一种特定波段和一种特定的化学成分的。因为,叶片内的化学成分对近红外和短红外光谱有重复吸收的特点。并且,在近红外和短红外区域,不同植物所反射的波谱形状十分近似且难以辨别。因为在这类波长较短的波谱段,植物本身某种成分的真实反射结果会被诸如其他更高浓度的化学成分,水等因素掩盖。

最近一些对比研究发现,叶片水分含量是影响热红外高光谱反射的最重要的参数(Buitrago et al.,2017)。另外,光谱的反射特性(尤其是在新鲜的叶片上)和叶片表皮结构与厚度,包括水分含量有着密不可分的关系(Buitrago et al.,2016)。

8.4.2 森林可燃物空间形态评估

高光谱影像可用于林火管理人员对可燃物处理工作进行评估,这是一项极其耗费劳动力的过程。火灾中最令人感兴趣,且知之甚少的方面之一是火灾后剩余的活植物和死木的比例。需要通过精确估计每种燃料组分的空间分布,才能完成火灾行为预测和碳评估工作。同时,通过林火易发区高光谱数据提供的信息评估,合理调整当前可燃物的经营状况,可以实现更有效的火灾风险评估。目前,越来越多的机载(例如CASI,HyMap)和星载(例如Hyperion)仪器用于研究和管理,高光谱遥感是一种有效地评估区域级森林可燃物状况的可行方法。

森林的特征决定了可燃物的空间分布和严重火灾的可能性,包括郁闭度,可燃物湿度,水平和垂直生物量分布,活、死植物材料的比率以及裸露地面的分布。这些特征的空间模式是火势评估和火灾行为建模的基本信息,许多特征与绿色植物、死亡植物空间和裸土的分布有关。数十年来,森林经营者和研究人员一直在森林可燃物调查和火灾风险评估中使用机载和卫星图像,并且已经在广泛的地区显示出它们的优势。传统的森林调查对于地面验证和局部尺度研究仍然很重要,但是这对劳动力密集型且难以在大面积上准确推断的情况非常重要。

在过去的十年中,由于气候变化与次生林的逐渐成熟,导致美国西部各州野火发生的频次和强度增加,其中许多火灾发生在荒地/城市界面,因此造成了严重的财产损失并威胁到人类的生命安全。同时,大规模的森林火灾也强烈影响植被结构、森林生产力、生态系统碳储量,增加土壤侵蚀的机会和外来物种入侵。因此,研究准确的方法来评估可燃物特性和预测异质景观中发生火灾的可能性就显得非常重要。

在区域到全球范围内,遥感研究可燃物和火灾研究的重点是获取可燃物水分,估计总生物量或负荷量,以及测绘火灾分布和频率。激光雷达数据已被广泛用于分析垂直森林结构和估算可燃物变量,如冠层容积密度、树高和树干基面积。成像光谱学或高光谱遥感已被证明可用于亚像素级别对这些火灾相关植被属性的光谱和空间判别。给定足够的空间分辨率和传感器性能,高光谱数据提供了 $400 \sim 2\,500\,nm$ 区域内各种可燃物的详细反射信息,并且显示出比多光谱数据集高得多的准确度。在干旱和半干旱地区,高光谱数据提供了绿色植被、非光合植被、裸土以及冠层结构的详细表面信息。然而,这些信息在森林地区非常有限,在可燃物分析方面甚至更为有限。

8.4.3 森林树冠可燃物属性评估

森林火灾是一种重要的生态扰动机制,它大面积地改变了森林景观并危及人类生命和财产安全。长期的干旱和林区人类活动的增加是引发森林火灾高发的两大主要因素。然而,由于长期的防火抑制,含有大量可燃物的茂密的森林是森林防火管理的重点。因此,减少可燃物成为决策者关注的主要问题。在美国,已经提出了森林可燃物管理计划,以降低高敏感地区的森林火灾风险。这些计划增加了对森林可燃物状况和燃烧区域空间分布信息的需求,以确定可燃物处理的优先领域。

然而,理想的信息水平通常很难从现场勘察中获得,或者分辨率过于粗糙而无法使用。因此，森林经营者越来越需要高分辨率遥感技术来进行可燃物处理规划。

近年来，高光谱遥感已被用于评估各种森林生态系统中的树冠属性并绘制燃烧严重程度。传统的卫星和机载遥感影像已用于描述这些森林火灾属性的空间模式。在全球和区域尺度上，使用遥感的可燃物/火灾研究集中于获取可燃物水分，估算总生物质/可燃物负荷量以及火灾分布和频率等方面。在子像素水平上，高光谱也被用于在光谱和空间上区分这些与火相关的植被属性；这些技术集中在将各种植被指数与森林可燃物特性相关联，分离光合作用和非光合作用材料，估计冠层生物化学。

机载可见光和红外成像光谱仪(AVIRIS)在400～2 500nm区域的高光谱分辨率(224波段)允许开发对许多生物物理特性敏感的指标。叶色素吸收多种可见光波长(400～700nm)的光子，而水和其他植物成分，如纤维素、木质素和氮，所有这些成分都受冠层类型(包括物种)、密度和结构的影响，吸收强度在短波红外区域(900～2 500nm)中改变。尽管大多数方法都是在干旱和半干旱地区的稀疏植被上进行的，但是已经设计了许多方法来评估植被覆盖度或使用高光谱图像分析的物种组成。例如，Asner等人(1998)利用成像光谱法研究了稀树草原冠层结构的异质性，以及Roberts等人(2003)比较了空气和航天高光谱数据在评估可燃物水分和生物量方面的作用，同时各种研究也试图用光谱分析来检测植物色素和光合物质。

Hyperion传感器在30m的空间分辨率下收集了从0.357mm到2.576mm范围内的242个光谱通道，10nm带宽与AVIRIS类似，尽管在许多情况下它具有相对较低的信噪比，并因此导致较低的准确性，Hyperion已经在各种应用中作为AVIRIS的有价值的潜在空间替代品进行过测试。用于评估森林可燃物属性的光谱分析技术虽然适用于AVIRIS数据，但可以应用于Hyperion或此卫星技术的更高版本。在美国蒙大拿州和新墨西哥州落基山脉的前沿区域，决定火灾行为的关键特征之一是黄松与道格拉斯冷杉的分布和优势。在全球灭火时代之前，常见的地表火杀死许多幼苗和树苗，并有助于保持较低的树木密度。但是，一旦火势能够进入冠部，除非上层林冠密度低，否则通常会发生火行为改变。尽管黄松较低的分枝会常常枯死("梯子可燃物")，但道格拉斯冷杉在地面附近也具有叶子和枝条(树冠基部高度)，产生足够的梯子可燃物以显著改变火灾行为。因此，道格拉斯冷杉的存在和密度作为火灾行为的预测指标是非常有用的。到目前为止，在景观尺度上还没有开发出遥感技术来充分分离针叶树物种，如黄松和花旗松。

8.5 高光谱遥感技术的应用前景展望

高光谱遥感探测的重要贡献主要在于森林信息准确性的提高，体现在两方面，一方面是森林调查精度的提高；另一方面是单位面积森林生物量、土壤表面碳含量、造林、再造林及林木采伐能直接通过遥感数据来估测。可能的原因归纳为3点：

① 高光谱遥感往往可以更为准确地估测森林生长参数，而这些生长参数往往就是对森林进行分类的基础。

② 高光谱遥感资料包含了大量的连续窄波段数据，可获得传统多光谱遥感难以获得

的植被或光谱特征参数,如植被生化参数、归一化技术获得的水分、木质素和纤维素等光谱吸收特征(深度、面积、宽度等)、红边位置参数等。因此,利用高光谱遥感资料进行森林信息提取时,有着更多的光谱与森林特征参数可供使用。

③ 与传统多光谱遥感相比,高光谱数据通过一定的技术处理,能够降低大气等因子对地物光谱信息的干扰,从而提高信息质量。

高光谱已被证明是可用于火灾相关森林属性评估的光谱技术。主要用于估算森林的冠层覆盖率、可燃物含水量估算、可燃物识别、可燃物属性,以及区域火灾烧伤严重程度评估等方面。当从光谱分析得到的这些可燃物属性的地图与火灾行为建模相结合时,可以针对详细的可燃物分布结构改进大规模火灾风险评估。因此,充分挖掘高光谱遥感潜力,将其优势运用到区域,甚至于全球大尺度植被的动态监测,仍然是一项艰巨的任务。例如,在数据分析处理方面,对大气纠正、信息提取技术,都要求发展新算法和完善已有的算法,并向构成标准化应用处理算法软件包方向努力,特别是发展和完善针对高光谱海量数据和丰富光谱信息特点设计的算法和软件,以提高高光谱数据处理效率及分析、研究、应用水平;在应用方面,向定量化、模型化和精细化地物成分和结构的方向发展。总之,不论存在什么样的问题,都应该重视高光谱遥感技术的发展。

思考题

(一)基本概念
1. 多光谱　　　　2. 高光谱　　　　3. 超光谱
4. 高光谱分辨率遥感　　5. AVIRIS

(二)问答题
1. 简述高光谱遥感数据的特点。
2. 简述高光谱遥感数据的分类与提取的两种方法。
3. 常用的基于光谱空间的分析方法主要包括哪些?
4. 常用的基于特征空间的分类方法主要包括哪些?
5. 高光谱图像数据在成像过程中与哪些因素相关?
6. 高光谱遥感在森林特征信息提取中主要应用在哪些方面?
7. 高光谱遥感技术在林火调查与评估中主要应用在哪些方面?
8. 高光谱遥感技术在林火调查与评估中应用前景如何?

第 9 章

虚拟现实技术在林火调查与评估中的应用

　　林火是一个综合了森林生态学、气候学、地理学和火等复杂系统的庞大系统。林火害性的一面，动辄危及人类的生命和财产安全，其发展过程往往不以人的意志为转移。对于一般研究人员而言，在林火现场开展研究的机会少之又少，相关研究数据主要来源于灾后调查和简化的点火试验等途径。也就是说，一般情况下，对林火的调查与评估往往具有高危、高成本、不可逆和不可及等问题。

　　自 1946 年第一台电子计算机问世至今，计算机的运算能力和应用范围得到了极大的发展，得益于此，虚拟现实技术的发明和运用成为现实。虚拟现实技术是指在计算机中用一个虚拟系统实现对另外一个真实系统的模拟或者仿真，用于对真实系统开展相关研究。随着虚拟现实技术的不断发展和应用，其高效性和可靠性在实践中得到验证，现已成为继理论分析和科学实验之后人类探索客观世界规律的第三大手段。

　　虚拟现实技术基于计算机实现对真实系统的运行仿真或数值仿真，运行过程可控，可反复调试、运行，既可以解决真实系统宏观和微观不可见的问题，又可以解决真实系统带来的相关危害性。另外得益于计算机运算能力的不断提升和计算成本的降低，运用虚拟仿真技术开展相关研究的成本也在大幅下降。运用虚拟现实技术可以有效解决林火调查与评估过程中高危、高成本、不可逆和不可及等问题。本章将介绍虚拟现实基本原理、在林火调查与评估中的应用，参照虚拟现实在城市消防中的成熟应用展望未来虚拟现实在林火调查与评估中的应用前景。

9.1　虚拟现实

9.1.1　虚拟现实与虚拟现实技术

　　虚拟现实译自英文 virtual reality(VR) 一词，virtual 意为虚假，reality 意为真实，组合起来就是虚拟现实,也就是通过各种技术虚拟出的事物和环境,让人感觉如同置身于真实世界中一样。

虚与实作为一个古老的哲学话题,一直就在"我们是处于真实的客观世界中"还是"只处于自己的感知世界中"的问题上争论不休。以视觉为例,我们眼中的世界实质上是视网膜上的影像。过去,视网膜上的影像都是真实世界的反映,客观的真实世界同主观的感知世界相一致。而虚拟现实的出现导致了二重性,虚拟的景物对人的感官来说是实实在在存在的,但它又的的确确是虚构的东西,而且按照虚拟世界中刻意设计的事物行事,往往又会得出现实世界中的正确结果。这种从虚到实的变化就是虚拟现实的逻辑起点,同时也奠定了人们运用虚拟现实通过主观感知认识客观世界的基础。

如果说虚拟现实是一个哲学概念,虚拟现实技术就是虚拟现实的技术体现,是指模拟或者仿真既有系统过程中所使用计算机技术的总称。虚拟现实技术原为美国军方研发的一项计算机技术,它综合利用三维图形技术、多媒体技术、仿真技术、传感技术等多种高科技发展成果,利用计算机生成一个集三维视觉、触觉等多感官体验的虚拟世界,从而使处于虚拟世界中的人产生身临其境的感觉。在这个虚拟世界中,参与者可以直接观察环境及物体的变化,并能通过与其中的物体的实时交互启发思维,全方位地获取事物的各种空间信息和逻辑信息,产生与真实世界相同的感觉。

虚拟现实技术能够在高危或极端的环境、不可及或不可逆的操作、高成本、高消耗、大型或综合训练等情况下,提供可靠、安全和经济的实验项目。

9.1.2 虚拟现实系统基本构成

典型的虚拟现实系统主要由计算设备、应用软件系统、输入输出设备、用户和数据库等组成,如图 9-1 所示。

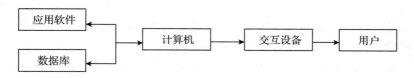

图 9-1 虚拟现实系统

(1) 计算机

在虚拟现实系统中,用户通过交互设备与计算机中的虚拟物体互动,计算机负责虚拟世界的生成和人机交互的实现,是虚拟现实系统的核心组成部分。在不同级别的虚拟现实系统中,由于虚拟世界和交互设备复杂程度各不相同,所需要计算机的计算能力也不相同,虚拟现实系统中的计算机也不局限于传统的个人主机,上至分布式计算机系统,下至智能手机,均可实现相应复杂程度虚拟现实系统。例如,波音 777 飞机的虚拟制造,300 万个零件的设计工作是在一个由数百台工作站组成的虚拟现实系统中进行的。一般而言,虚拟现实系统按照其复杂程度由高到低,其计算设备依次可选用分布式计算系统、图形工作站、个人电脑、移动计算设备(平板电脑、智能手机)。

(2) 交互设备

在虚拟现实系统中,为实现计算设备与用户的交互,需采用多种形式的输入输出设备，用以识别用户形式多样的输入信息，实时生成相应的信息并反馈给用户。以基于的 PC 虚拟现实系统交互为例，用户可通过键盘、鼠标、麦克风等输入设备向计算机输入信息，计算机接收到相关信息后通过显示器、扬声器等输出设备向用户反馈视觉信息和声音信息。经典虚拟现实系统常见的交互设备主要有：头戴式显示器、空间定位设备、耳机、麦克风、摄像头、数据手套、力反馈装置等。

（3）应用软件

虚拟现实系统中的应用软件的功能包括：用户位置信息、输入信息的识别与处理，虚拟世界中物体的几何模型、物理模型、行为模型的建立，图形和声音信息的实时生成及反馈，虚拟世界与数据库的通信管理等几部分。

（4）数据库

虚拟现实系统中的数据库可用于存储虚拟世界中所有物体的各种信息、系统预设情景、用户交互操作日志等信息，并且能够为在此基础上开展的相关分析研究工作提供数据支撑。

如图 9-2 所示的基于头戴式显示器的 HTC VIVE 虚拟现实系统，该系统由图形工作站、头戴式显示器、操控手柄 2 支和定位器 2 个组成，其中头戴式显示器集成耳机和定位追踪点，操控手柄包含多个按钮、定位追踪点以及震动反馈装置，两个定位器在覆盖范围内可实现头戴式显示器和操控手柄的追踪。该系统首先由图形工作站中的应用软件和数据库生成一个虚拟世界，由头戴式显示器输出相应画面和声音至用户，用户依据自身经验和认知能力在虚拟世界中移动和操控物体，图形工作站通过定位器实时采集和

图 9-2　HTC VIVE 虚拟现实系统

追踪用户位置信息，并根据用户的操控实时更新，当用户与虚拟世界中的物体碰撞时，图形工作站力反馈机制通过操控手柄震动告知用户（图 9-3）。

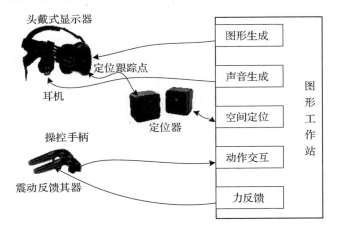

图 9-3　HTC VIVE 虚拟现实系统原理图

9.1.3 虚拟现实技术的特征

虚拟现实技术有 3 个主要特征：沉浸性、交互性和想象性，使参与者能沉浸于虚拟世界之中，通过视、听、触觉等信息通道感受到开发者所设计的虚拟环境，并于其中的虚拟物体进行交互。

(1) 沉浸性

沉浸性(immersion)是指用户感受到被虚拟世界所包围，如同完全置身于其中。虚拟现实技术最主要的技术特征是让用户觉得自己是计算机系统所创建的虚拟世界中的一部分，使用户由观察者变成参与者，沉浸其中并参与虚拟世界的活动。理想的虚拟世界应该达到使用户难以分辨真假的程度，甚至超越真实。

沉浸性来源于对虚拟世界的多感知性，除了常见的视觉感知外，还有听觉感知、触觉感知、运动感知、味觉感知、嗅觉感知等。理论上来说，虚拟现实系统应该具备人在现实世界中具有的所有感知功能，但鉴于目前技术的局限性，在现在的虚拟现实系统的研究与应用中，只有视觉沉浸、听觉沉浸相对比较成熟，触觉沉浸技术只在某些特殊的领域中有相对简单的应用。

视觉沉浸建立在虚拟现实系统向用户提供受用户控制的虚拟世界直观的三维立体视图。在虚拟现实系统中，视觉沉浸性是十分重要的。较理想的视觉沉浸环境是在洞穴式显示设备和头戴式显示设备，用户可获得完全沉浸于虚拟世界的感觉。

听觉沉浸来源于用户感觉到三维空间中的虚拟声音，使听者感觉到声音可以来自一个围绕双耳的球形空间的任何位置。在虚拟现实系统中，声音是除视觉以外的一个重要感觉通道，如果在虚拟现实系统中加入与视觉同步的声音效果作为补充，在很大程度上可提高虚拟现实系统的沉浸效果。

触觉沉浸来源于用户在虚拟世界中体验到的抓、握、阻力等操作的感觉。从技术角度看，用户在虚拟世界中不能达到与真实世界完全相同的触觉，除非技术发展到能够同人脑直接进行交流。目前触觉沉浸的应用主要体现在力反馈方面。例如，使用充气式手套，在虚拟世界中推门时，门被打开的同时，手也感觉到来自门的阻力，而这个阻力来自充气手套在手与门接触位置充气时产生的压力。

(2) 交互性

交互性(interactivity)强调实时与自然交互，是指借助虚拟现实系统中交互设备，使用户能够与虚拟世界中的物体实时互动，产生同在真实世界中一样的感觉。例如，用户可以抓取虚拟中的物体，手有触摸感，也可以感觉到物体的重量，并且场景中被抓的物体也能立刻随手的运动而移动。自然交互与传统的交互方式有较大的区别：在传统交互依赖于键盘和鼠标进行一维、二维的交互；而在虚拟现实系统中，用户的自然动作即可与系统进行交互，用户甚至可以意识不到计算机的存在。

(3) 想象性

想象性(imagination)指虚拟环境是开发者发挥自身的创造性设计出来的，可以用来实现一定的目标。所以说虚拟现实技术不仅仅是一种新的媒体或者新的人机交互方式，同时它还是开发者为解决工程、医学、军事等方面的问题而设计出来的应用软件。虚拟现实技术的应用，为人类认识世界提供了一种全新的方法和手段：可以使人类跨越时间与空间，去经历和体验世界上早已发生或尚未发生的事件；可以使人类突破生理上的限制，进入宏观或微观世界进行研究和探索；也可以模拟因条件限制等原因而难以实现的事情。

现在，虚拟现实技术在许多领域中起着十分重要的作用，如核试验、新型武器设计、医疗手术模拟与训练、自然灾害预报等，如果采用传统方式去解决，必然要花费大量的人力、物力及漫长的时间，有些还是无法进行的，有些甚至会牺牲人员的生命。而虚拟现实技术的出现，为解决和处理这些问题提供了新的方法及思路，人们借助虚拟现实技术，沉浸在多维信息空间中，依靠自己的感知和认知能力全方位地获取知识，发挥主观能动性，寻求答案，找到新的解决问题的方法和手段。

9.1.4 虚拟现实系统分类

进入 21 世纪以来，随着计算机技术、网络技术等新技术的高速发展及应用，虚拟现实技术发展迅速。虚拟现实技术也不再仅指高档工作站、头盔式显示器等设备所采用的技术，而是强调一切与其有关的自然交互以及逼真体验技术与方法。虚拟现实技术的目的在于达到真实的体验和更加自然的交互，因此，能达到上述要求的系统均可称为虚拟现实系统，其内涵已经大大扩展，应用形式也越来越多样化，使用者需根据待虚拟环境的复杂程度和软硬件成本选择合适的虚拟现实系统。

实际应用中，可根据沉浸程度高低和系统运行方式不同，将虚拟现实系统划分为沉浸式、桌面式和分布式三种虚拟现实系统。其中桌面式虚拟现实系统因其技术非常简单，投入的成本也不高，在实际应用中较广泛。

（1）沉浸式虚拟现实系统

沉浸式虚拟现实系统以高度沉浸感和高度实时性见长，提供完全沉浸式体验，使用户有一种完全置身于虚拟世界之中的感觉。它通常采用头盔式显示器、洞穴式立体显示等设备，把参与者的视觉、听觉和其他感觉封闭起来，并提供一个新的、虚拟的感觉空间，利用空间位置跟踪定位设备、数据手套、其他输入设备、声音设备等使得参与者产生一种完全投入并沉浸于其中的感觉，是一种较理想的虚拟现实系统。

（2）桌面式虚拟现实系统

也称窗口虚拟现实，它指利用个人计算机或图形工作站等设备，采用立体图形、自然交互等技术，产生三维立体空间的交互场景，利用计算机的屏幕作为观察虚拟世界的一个窗口，通过鼠标、键盘等输入设备实现与虚拟世界的交互。用户虽然坐在显示器前，却可以通过计算机屏幕观察 360°范围内的虚拟世界。

桌面式虚拟现实对硬件要求极低，虽然缺少完全沉浸感，是目前应用比较普遍的虚拟现实系统。作为开发者和应用者来说，从成本等角度考虑，采用桌面式虚拟现实技术往往被认为是从事虚拟现实研究工作的必经阶段。

（3）分布式虚拟现实系统

分布式虚拟现实系统是虚拟现实技术和网络技术发展和结合的产物，是将地理上分布的多个用户或多个虚拟世界通过网络连接在一起，使每个用户同时加入一个虚拟空间里，共同体验虚拟经历，以达到协同工作的目的和共享信息系统。虚拟现实系统分布式运行一方面可以充分利用分布式计算机系统提供的强大计算能力;另一方面可以适应本身具有分布特性应用的需求,如多人通过网络进行游戏和虚拟战争模拟等。

分布式虚拟现实系统根据其中应用软件的运行方式可分为应用集中式结构和应用复制式结构2种。

应用集中式结构是指在中心服务器上运行一个共享应用系统,该系统可以是会议代理或对话管理进程,中心服务器对多个参加者的输入和输出操作进行管理,允许多个参加者信息共享。图9-4所示在虚拟世界中开展的虚拟研讨会就是典型的应用集中的分布式虚拟现实系统,来自世界各地的学习者和研究人员统一登录到Second Life服务器中,以虚拟人物的形式前往虚拟环境中指定地点,使用提前上传的可见的麦克风进行发言、交流和互动。这种结构的优点是结构简单,同步操作易于实现。但是由于所有活动均通过中心服务器协调,输入和输出需对其他所有的工作站广播,所以对整个系统对网络通信带宽十分敏感,高度依赖于中心服务器,中心服务器运算能力以及网络带宽往往会成为整个系统的瓶颈。

图9-4　Second Life 虚拟研讨会

应用复制式结构是指每个参加者进程都有一份共享的应用系统,获取中心服务器数据后在本地机进行相关运算并产生必要的输出。复制式结构的优点是,每个参加者只与中心服务器进行局部性交互,仅在必要时将自身状态广播到其他用户,所需网络带宽较小,交互式响应效果好。其缺点是比集中式结构复杂,在维护共享应用系统中的多个备份的信息或状态一致性方面比较困难,需要有控制机制来保证每个用户得到相同的输入事件序列,以实现共享应用系统中所有备份的同步,并且用户接收到的输出应具有一致性。

9.1.5　增强现实系统

增强现实(augmented reality,AR)技术是一种将真实世界信息和虚拟世界信息"无缝"集成的新技术,借助计算机视觉技术和人机交互技术把计算机生成的虚拟信息融合到用户所处的真实环境中,真实的环境和虚拟的物体实时地叠加到同一个画面或空间中,被用户感官所感知,从而达到超越现实的感官体验。增强现实技术是虚拟现实技术的延伸,其目的是拉近虚拟环境与真实环境的距离,使前者看起来更加真实。在某些场景下,增强现实也被视为虚拟现实的一种。

1994年，Paul Milgram通过"现实—虚拟连续性"（Reality-Virtuality Continuum，如图9-5所示）描述了现实、增强现实和虚拟现实之间连续变化的关系，认为增强现实是真实环境和虚拟环境的混合体，通过叠加虚拟场景和真实场景来获得更加真实的沉浸体验。

图9-5 现实—虚拟连续性

虚拟现实系统强调沉浸感，虚拟世界与真实世界完全隔离，用户感觉不到真实世界的存在；而增强现实系统既允许用户看到真实世界，同时也能看到叠加在真实世界上的虚拟对象，把真实环境和虚拟环境结合起来，既减少了构成复杂场景的开销，又可对实际物体进行操作，真正达到了虚实结合的境界。在增强式虚拟现实系统中，现实世界和虚拟世界在三维空间中整合，真实世界和虚拟世界融为一体，具有实时人机交互功能，虚拟对象可以提供用户无法凭借其自身感觉器官直接感知的深层信息，用户可以利用虚拟对象所提供的信息来加强对现实世界的认知。

一个完整的增强现实系统是由一组紧密联结、实时工作的硬件部件与相关的软件系统协同实现的，常用的有以下三种组成形式。

① 基于传统图形显示器的增强现实系统　摄像机摄取的真实世界图像输入到计算机中，与计算机图形系统产生的虚拟景象合成，并输出到计算机显示器，用户从屏幕上看到最终的增强场景（图9-6）。这种系统结构简单，较易实现，但沉浸感不强，一般应用于简单的演示场景。

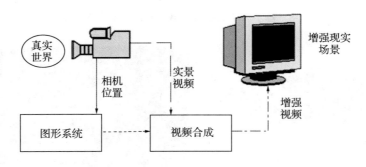

图9-6 基于显示器的增强现实系统

② 基于视频合成的头盔式增强现实系统　头盔式显示器（head-mounted displays，HMD）被广泛应用于虚拟现实系统中，用以增强用户的视觉沉浸感。增强现实技术的研究也采用了类似的显示技术。摄像机摄取的真实世界图像输入到计算机中，与计算机图形系统产生的虚拟景象合成，并输出到头盔内置显示器，如图9-7所示。该系统较之基于传统图形显示器的增强现实的优势在于系统沉浸感得到加强。

③ 基于光学透视的头盔式增强现实系统（图9-8）　光学透视头盔式与视频合成头盔式的区别在于，系统不需要摄像机，计算机图形系统产生的虚拟镜像无需进行合并处理，直接显示在头盔内置的半透式显示器中，与真实世界图像自然叠加，系统相对简单，运行效

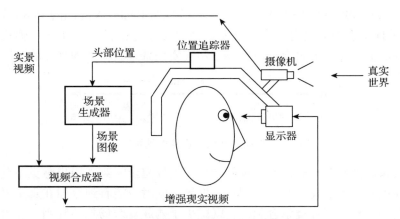

图 9-7　基于视频合成的头盔式增强现实系统

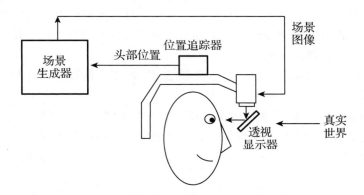

图 9-8　基于光学透视显示器的头盔式增强现实系统

图 9-9　HoloLens 及其使用效果

率相对较高。目前市场上成熟产品代表为微软公司模拟飞行员头盔实现的 HoloLens 头戴显示器，如图 9-9 所示。基于透视的头盔式增强现实系统典型实例就是医生做手术时，可戴上透视的头盔式显示器，这样既可看到做手术现场的真实情况，也可以看到手术中所需的各种资料。

9.2 基于虚拟现实的林火蔓延动态模拟

林火蔓延是一个多相、多组分可燃物在各种气象条件和地形影响下燃烧和运动的极其复杂的现象，至今还没有一种模型能完全模拟林火行为的每个方面。自从 1946 年 W. R. Fons 首先提出林火蔓延的数学模型以来，世界上出现了许多防火模型，其中以 Rothermel 模型最成熟，运用最广泛。

以往国内对于森林火灾的研究，基本上利用经验公式和经典模型。而经验公式只是对传统的一些采集数据进行数学拟合，或用线性拟合，或用指数拟合等。传统的林火模拟通常只选用一种林火模型，用一个简单的椭圆预测林火蔓延时火场各个位置的情况（图 9-10），与现实中火灾蔓延状况相差甚远，而且以往的林火蔓延是基于二维可视化表达，表达信息有限。

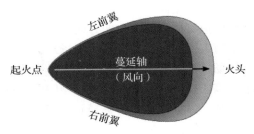

图 9-10 传统二维林火蔓延模型

目前，计算机模拟表达火势蔓延模型成为林火研究的一个方向，在虚拟现实系统中采用现今运用最广泛的 Rothermel 模型，利用 Huygen 原理，以改进的粒子系统方法三维模拟在不同的风速、坡度下林火在火场不同位置的扩散行为。采用该方法模拟林火扩散行为，不仅能实时显示受灾面积、火势蔓延的方向、火势大小，且能给人以真实感。利用计算机模拟火势蔓延模型在国外运用比较广泛，美国、加拿大等国家在 20 世纪 70 年代就开始利用计算机系统研究森林火灾。最常用的方法是将模拟场景分成规则的网格，离散地模拟计算火势增长过程，并利用三维真实感图形表达实时受灾面积、火势蔓延的方向、火势大小，而且能给人真实的感觉和可视化。

如美国农业部森林服务中心研究人员设计了一个称为 BEHAVE 的林火蔓延动态程序，运用燃烧率、湿度、风速和地形来预测火势蔓延速度、大火的路线、强度，甚至火焰的高度，通过输入燃料和环境数据，就可以输出地面火蔓延速率和火线强度，由此而获得的先进信息价值在美国林区得到充分体现。又如，在加州的山峡地区的荒野地带发生火灾，被认为威胁着一个野生动物保护区和一个居民区，而通过林火蔓延程序分析认为，大火将会在荒野中自行熄灭而没有实施扑救。事实正如电脑所预测的那样，大火自行熄灭，没有产生危险，节省了 75 万美元的灭火费用。

加拿大林务局北部林业中心研制出一种可以计算林火进展和蔓延速度的火势增长计算器，该计算器与计算尺相仿。利用可燃物干燥程度和风速等资料，林火管理人员就可以用这种计算器准确地估算出火烧形状、火蔓延距离和火势大小等。这样，林火管理人员就可确定参加灭火的人数和需要设备的数量。

9.3 基于虚拟现实的灭火救援训练

火灾已是当今社会最频发、危害较大的灾害,极易造成严重的人员伤亡和财产损失。日渐增大的火灾危险性和灭火救援难度对消防员灭火救援能力的要求也越来越高。从现代火灾和灭火救援的发展趋势来看,减小火灾危害、提高消防指战员灭火救援能力的最有效方式就是加强消防部队的专业化训练,提高灭火救援训练的针对性和有效性。基于实战模拟的训练对提高消防部队的战训水平发挥着极其重要的作用,消防训练改革的方向也必将向以模拟实战训练为主的方向发展。但是,基地化实战训练存在诸多局限:一是需要消耗大量的人力和物力,需要大型场地保障,训练准备周期长;二是复杂建筑空间的多样性和燃烧场景的真实性难以实现,实际训练过程中费用昂贵难以多次重复训练,逼真危险场景中训练或操作存在的危险性控制问题都难以解决。

基于虚拟现实的仿真模拟训练模式作为新的手段和方式,与传统计算机模拟技术相比,模拟场景更加逼真,参与性更强,在军事、工业等多个领域得到广泛关注,为消防灭火救援训练提供了一种崭新的思路,其耗材少、可重复、无危险等优点较好地解决了传统实战训练中高成本和高危险的问题。

所谓基于虚拟现实的虚拟训练是指在计算机中生成逼近真实场景的体验和操作进行仿真训练,是实际训练过程在计算机上的映射。虚拟现实灭火救援训练系统是利用虚拟现实技术生成的适于消防指战员体验火场环境、开展专业技能训练的虚拟场景,它可以是某一现实世界训练基地或特殊场所的真实再现,也可以是虚拟构想的火灾环境。参训消防指战员以虚拟火灾环境为依托,沉浸其中,感受火灾并进行专业的灭火救援训练。相关软件系统架构如图 9-11 所示。

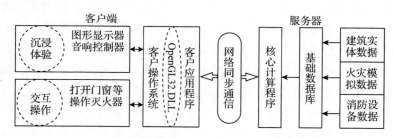

图 9-11 灭火救援虚拟现实训练系统软件架构

虚拟灭火救援训练系统的实现除建立虚拟火灾场景外,还需要完成灭火救援训练的功能,即实现灭火救援训练人员与建筑和火灾场景的交互,使三维火灾场景和训练者之间相互作用相互影响。具体内容包括火灾场景内的漫游、开关门窗、添加或移除消防器材、拾取灭火设备、使用灭火器进行灭火等操作,以及生成训练视频记录等。

(1) 火灾场景内漫游

作为虚拟灭火训练系统的一个基本功能,可以让训练者在虚拟系统中确定自己的位置,并对建筑及火灾情况进行观察,达到熟悉火场环境和侦查火情的目的。

(2) 虚拟火灾场景设置

虚拟场景的设置主要是实现训练场景的初始化，提前计算出可能的火灾发展与蔓延过程，设置虚拟火场可执行的交互操作等。例如，设定消防设备和可燃物的可移动性、可操作性，以满足参训人员的交互操作需求。

(3) 灭火救援训练操作

主要包括选取灭火设备并操作灭火。参训人员根据火场情况判断采取的灭火救援方法，以使用消火栓灭火为例，参训人员需要首先选取附近的消火栓箱，拾取水枪和水带并连接供水管线，调整水枪的位置和姿势并进行灭火操作。

(4) 生成训练过程视频记录

从参训者或第三者的视角对参训人员在整个训练过程中的所有行为进行记录并生成一个视频文件，作为实验报告保存下来，方便管理人员评阅和考核。对于固定场景的灭火训练项目，可将训练结果与预案进行对比，实现训练效果的考核。

9.4 基于虚拟现实和计算流体力学的火灾模拟

林火由于流体力学、传热和燃烧等过程都有参与而变得极其复杂，在相关学科发展成熟之前，和一般的火灾分析应用一样，林火分析往往基于小规模的点火试验或经验估计。由于流体力学、传热和燃烧过程本身的复杂性，实验分析具有很大的局限性，许多情况下，实验是非常昂贵和耗时的，甚至是根本不可能实现的。在这种情况下，经验估算的适用性和可靠性也非常有限。

随着虚拟现实技术和计算流体力学的不断发展，通过计算机在虚拟环境中实现全面、动态模拟火的行为成为可能，并且被越来越广泛地应用于火灾研究及消防安全的工程设计，同时也为林火模拟提供了新的研究方法。通过计算流体力学实现火灾模拟，防火性能分析和优化在虚拟环境中进行，可以针对不同的火灾场景，进行非常有效和经济的火灾分析，从而采用科学的性能化消防安全设计。目前，基于计算流体力学的火灾虚拟仿真在城市消防中应用比较成熟，随着计算流体力学计算方式的发展和计算机计算能力的不断提升，计算流体力学开始被应用于林火虚拟仿真。

9.4.1 流体力学与计算流体力学

流体力学，力学的一个分支，主要研究在各种力的作用下，流体本身的静止状态和运动状态以及流体和固体界壁间有相对运动时的相互作用和流动规律。和其他学科一样，流体力学是通过理论分析和实验研究两种手段发展起来的，分为理论流体力学和实验流体力学两大分支。理论分析是用数学方法求出问题的定量结果，但能用这种方法求出结果的问题毕竟是少数，计算流体力学正是为弥补分析方法的不足而发展起来的。

计算流体力学(computational fluid dynamics，CFD)，是 21 世纪流体力学领域的重要技术之一，使用数值方法在计算机中对流体力学的控制方程进行求解，从而可预测流场的流动。

早在20世纪初,工程领域就已提出用数值方法来解流体力学问题的思想。但是由于问题本身的复杂性和当时计算工具的落后,这一思想并未引起人们重视。自从40年代中期电子计算机问世以来,用电子计算机进行数值模拟和计算才成为现实。1963年,美国的F·H·哈洛和J·E·弗罗姆用当时的IBM7090计算机,成功地解决了二维长方形柱体的绕流问题并给出尾流涡旋的形成和演变过程,受到普遍重视。1965年,哈洛和弗罗姆发表"流体动力学的计算机实验"一文,对计算机在流体力学中的巨大作用作了引人注目的介绍。因此,人们把20世纪60年代中期看成计算流体力学兴起的标志。计算流体力学形成一门独立的学科,有属于它的基本理论、基本方法、基本逻辑和它独特的应用范围,不但为流体力学研究提供了一种手段,而且带动了应用数学的发展和促进了计算机的发展,成为研究流体运动规律、解决很多工程实际问题的三大手段(理论、实验、计算)之一。

计算流体力学的历史虽然不长,但已广泛深入到流体力学的各个领域,相应地也形成了各种不同的数值解法,迅速发展成为现代流体力学与应用数学的重要基础,深深渗透到现代科学的许多相关学科和工程应用之中。

计算流体力学以计算机模拟手段为基础,对涉及流体流动、传热及相关现象,如化学反应等的系统进行分析,在几何模型和网格生成、数值算法、湍流模型、流态显示等方面均取得重大进展。其强大的模拟能力,覆盖了广大的工程和非工程领域,在火的模拟方面有着广阔的应用前景。

9.4.2 基于计算流体力学的火灾模拟仿真工具

9.4.2.1 FDS

FDS(fire dynamics simulator),即火灾动力学模拟工具,由美国国家标准技术局(NIST)开发,是计算流体力学的一种模型,模拟火灾中能量驱动的烟气流动和热传递过程等流体流动。

该软件把设定空间分成多个小的三维矩形控制体或计算单元,计算每个单元内气体密度、速度、温度、压力和组分浓度用质量守恒、动量守恒和能量守恒的偏微分方程来近似有限差分,通过对同一网格使用有限体积技术来计算热辐射、流体流动中存在湍流现象,追踪预测火灾气体的产生和移动,并结合家具、墙壁、地板和顶棚的材料特性来计算火灾的增长和蔓延。FDS处理湍流流动有两种方法,即大涡模拟(LES)方法和直接数值模拟(DNS)方法。模拟求解后可获得相关测量点处温度、一氧化碳浓度、二氧化碳浓度、氧气浓度、能见度等一系列数据。

该模型的一部分应用在烟气控制和水喷淋及探测器启动的研究;另一部分用在民用建筑或工业火灾的重现工作。随着软件技术的发展,模型算法进一步完善,FDS提供了一种研究火灾动力和燃烧基础的工具,同时开始用于解决实际的火灾问题。其模型中包括两大部分。第一部分是求解微分方程的主程序,它所需要的火灾场景的参数,需要用户创建的文本文件提供;第二部分为Smokeview,是一种动态场景显示程序,人们可用它直观地查看计算结果,如图9-12所示。2009年初发布了FDS5.3,植入了芬兰VVT的EVACATION,FDS源程序不断更新、不断完善,较新的版本可进行火灾过程和疏散过程的联合模拟。当前,FDS的使用已经开始超出火灾研究实验室的范围,进入了工程建设领域,可以

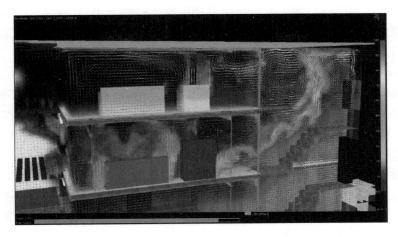

图 9-12　基于 FDS 的火灾模拟仿真

作为建筑性能化设计的辅助工具之一。

9.4.2.2　热工程计算流体力学仿真软件 Simtec

(1) Simtec 软件概述

Simtec(simulation of thermal engineering complex) 是一款拥有尖端领先仿真模拟技术的同时具有燃烧、火灾与爆炸模拟功能的 CFD 模拟软件，是一个经过验证用于热工工程复杂模拟的全面计算流体动力学软件包。"瑞典 Lund University 科技园 Simtec Soft 集团公司"董事长鄢正华教授，是中国科学技术大学火灾科学国家重点实验室范维澄院士指导的第一位博士生。自 1990 年以来，一直从事燃烧与火灾的 CFD(computational fluid dynamics，计算流体力学)计算机模拟工作。在燃烧与火灾的 CFD 模拟方面的研究工作处于国际前列。除常规学术研究工作外，鄢博士经过二十多年的潜心研究，开发了一系列面向湍流燃烧和火灾模拟的高级物理模型，并完全独立自主研发了具有自主知识产权的大型高级热工程、热安全及能源系统分析设计软件 Simtec，并以该软件命名成立了 Simtec Soft 集团公司。

Simtec 具有很广泛的应用领域。它可用于热安全工程、HVAC(暖气、通风和空调)、能源工程、环境工程、化学工程等相关行业，包括建筑、交通运输(隧道、地铁及船舶等)、化工生产、石油、采矿、军事、航空和航天、核能，以及环境保护等。用于对这些领域中与流体流动、传热、燃烧与爆炸相关的过程的三维 CFD 仿真模拟。在热安全领域，通过三维 CFD 仿真，可以更加准确地预测热安全事故后果，评估热安全有关措施的有效性，可以用于热安全设计和应对。在其他领域，通过三维 CFD 仿真，可以更加准确地评估系统和设备的相关性能，分析各种因素对系统和设备性能的影响，以对系统和设备进行科学优化设计。

(2) Simtec 的功能及其先进技术

① 高级模型，以提高模拟的可靠性　Simtec 基于先进的模型和强大的数值求解算法。先进的模型构成了可靠的仿真结果的基础，强大的数值求解算法使模拟更快，节省项目时间和成本。

Simtec 采用先进的模型来对现实世界过程进行虚拟模拟，从而提高了模拟的可靠性。

可靠的技术已经在科学研究和工业应用中得到很好的验证和确认。在学术研究中，Simtec 甚至曾非常准确地预测了一个非常不寻常的火灾现象。这个预测被火灾教授和专家认为是错误的，但后来却在火灾实验中得到完全证实和重现。

② 高效计算，以减少模拟时间　为了在不影响模拟的可靠性的前提下，减少模拟时间，Simtec 拥有先进的数值技术以及完全自动的并行计算功能。这样可以快速模拟，并带来非常高的模拟灵活性和方便。Simtec 客户对此评论道："这确实令人印象深刻！""在短短的 20min 计算就得到真的很好的结果，这是令人印象深刻！""对这么大几何工况进行模拟，Simtec 是令人吃惊的快速高效。令人印象深刻！"

③ 使用便捷的图形用户界面　为了方便使用，Simtec 也提供了集成的 GUI（图形用户界面，图 9-13）。从图形用户界面，您可以轻松地执行所有必要的功能，其中包括前处理、计算、计算控制，同时计算可视化和后处理等。Simtec 的图形用户界面还支持不同的语言，包括中文，并可以随时更改。

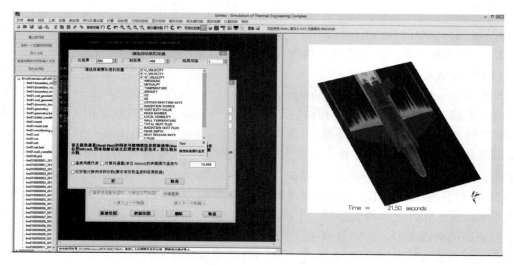

图 9-13　Simtec 的图形用户界面

④ 强大的前处理器，以方便建模　为了减少几何建模时间，Simtec 提供了一个非常强大的三维几何导入功能。您可以使用许多 Auto CAD 软件创建几何模型，然后轻松将其直接导入到 Simtec。

"Simtec 的导入功能确实好！在 1min 内，我成功地导入一个庞大而复杂的建筑。这是令人印象深刻！而更重要的是，导入的几何形状看起来非常好。"_ Simtec 客户这样评价。

"我试用了几何导入功能，它看起来真的很不错！非常快。"_ Simtec 客户这样评价。

对于网格划分，Simtec 提供自动网格。同时，Simtec 还提供了前处理器，让你修改任何地方的网格。由于采用了先进的数值技术，Simtec 对网格尺寸变化基本上没有要求和限制。

⑤ 强大的后处理器，以最好地显示客户所需的仿真结果　模拟计算之后，您可以使用 Simtec 非常强大的后处理器来生成图表绘图的数据和进行结果可视化，包括标量绘图、向量绘图和三维渲染等。强大的后处理器可以轻松方便地提取和显示想要的结果数据，创建

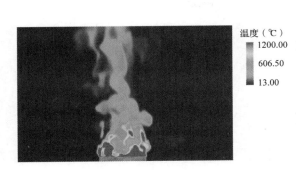

图 9-14 Simtec 实现的蒸发油池
火灾火焰动态模拟

图 9-15 Simtec 实现的建筑物火灾
火焰动态模拟

各种高质量的可视化和动画，如图 9-14、图 9-15 所示为模拟使用。

9.4.2.3 基于计算流体力学的林火模拟

美国国家标准技术局开发的 FDS 软件较多应用于建筑消防模拟，为满足野地和城市火灾模拟，美国林务局在此基础上开发了野地火灾动态模拟器（wildland-urban fire dynamics simulator，WFDS）。WFDS 是 NIST 结构火灾动力学模拟器（FDS）的延伸，使用计算流体动力学方法来求解浮力流动、传热、燃烧和植物燃料热降解的控制方程，用于植被燃烧过程的模拟。

WFDS 对地表可燃物燃烧的模拟计算主要采用基于单元可燃物模型和可燃物边界模型的两种方式，其中基于可燃物边界模型的尚处于早期验证阶段。在基于单元可燃物模型的模拟计算中，为了简单起见，植被被假定为均匀分布在由明确定义的几何形状（矩形、圆锥形、圆柱形等）代表的树冠中。例如，在模拟计算过程中一棵松树的树干、树冠和松针分别可以使用长方体、圆锥体和圆柱体来表示。如图 9-16 ~ 图 9-18 所示。

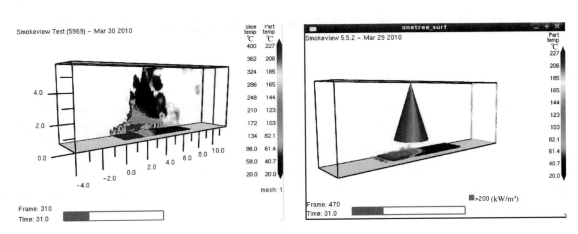

图 9-16 单株树木燃烧模拟计算

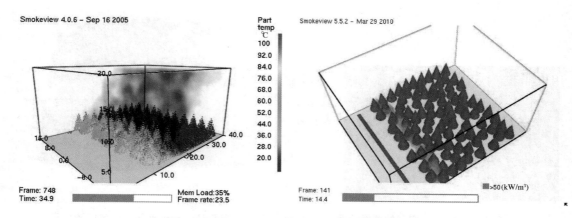

图 9-17　平坦地形上多株树木之间燃烧蔓延计算

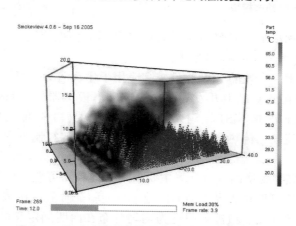

图 9-18　固定火线燃烧的烟气下风向传输模拟计算

9.5　其他基于虚拟现实技术的林火调查与评估应用

9.5.1　基于虚拟现实的防火灭火决策支持

　　Wybo(1998)报道了已在示范区成功运行的一个通用型防火与灭火决策支持系统 FMIS。FMIS 具有天气监测、火险定级、灭火方案建议、林火识别、林火蔓延模拟等功能，并注重方案、知识和过程的自动形成。Keramitsoglou et al.（2004）针对某一特定地区开发了一个跨学科综合的林火风险管理决策支持系统以满足大规模火灾事件对各种动态信息的需求。该系统还包括近实时的卫星监测和林火预测模块等辅助模块，并通过交互式通信将卫星遥感、地理信息系统、数据库技术集成起来。

9.5.2　基于虚拟现实的林火实景再现

　　对林地可燃物的燃烧过程的观察是林火调查与评估相关工作的直接数据和经验来源，

对森林防火和事故调查以及安全培训具有重要意义。在实际情况下，除极少数身处森林计划火烧和森林火灾扑救现场人员外，其他相关研究人员和学习者几乎无法直接观察林火蔓延过程。全景摄像机和 VR 眼镜的问世和应用使得林火的全景记录和实景再现成为可能，用户可以通过不同以往的角度，360°全方位身临其境地观察林火发展过程。

林火全景再现过程可分为 VR 全景相机拍摄全景视频、VR 视频编辑软件缝合编辑、全景视频导入 VR 设备播放。录制全景视频可根据对视频质量的要求选用由多个普通相机组合而成的全景相机、定制级全景相机和专业级全景相机（图 9-19），这些全景相机由多个普通摄像机组合而成，可同步录制视频。图 9-20 为 Kolor Autopano Video 全景编辑软件，可以实现对由 6 个 GoPro 组成的全景相机拍摄的视频进行同步和缝合编辑，图 9-21 为 VR 眼镜全景视频播放示意。

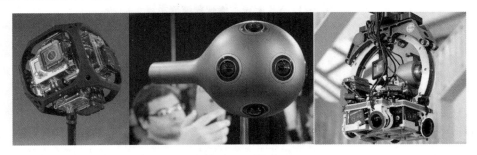

图 9-19　不同规格的全景相机

图 9-20　全景视频缝合编辑软件

图 9-21　VR 眼镜全景视频播放示意

思考题

（一）基本概念

1. 虚拟现实技术　　2. 沉浸性虚拟现实　　3. 交互性虚拟现实
4. 想象性虚拟现实　5. 沉浸式虚拟现实系统　6. 桌面式虚拟现实系统
7. 分布式虚拟现实系统　8. 增强现实　　9. 基于虚拟现实的虚拟训练
10. CFD　　11. FDS　　12. Simtec
13. WFDS

（二）问答题

1. 简述虚拟现实系统基本构成。
2. 简述虚拟现实技术的特征。
3. 分布式虚拟现实系统根据应用软件的运行方式可分为哪两种？各自的特点是什么？
4. 简述增强现实系统的三种组成形式与特点。
5. 简述目前比较有代表性的基于虚拟现实的林火蔓延动态模拟系统及其特点。
6. 简述基于虚拟现实的虚拟训练的内容或步骤。
7. 简述 Simtec 的功能及其先进技术。
8. 简述 WFDS 是如何实现对地表可燃物燃烧过程模拟的。
9. 简述基于虚拟现实的林火实景再现是如何实现的。

参考文献

Claudio H C, Cheng Y, Fuentes D A, et al. 2006. Monitoring drought effects on vegetation water content and fluxes in chaparral with the 970 nm water band index[J]. Remote Sens. Environ, 103, 304 – 311.

Datt B. 1999. Visible/near infrared reflectance and chlorophyll content in Eucalyputs leaves[J]. Int Remote Sensing, 20(14):2741 – 2759.

Davison D, Achal S, Mah S, et al. 1999. Determination of tree species and tree stem densities in Northern Ontario forest using Airborne CASI data[C]. Proc of Fourth International Airborne Remote Sensing Conference and Exhibition, Ottario, Canada, 2: 187 – 196.

Gong P, Greg B, Pu R. 2004. Retrieval of surface reflectance and estimation of forest Leaf Area Index(LAI) Using Hyperion, ALI, and AVIRIS[EB/OL].

Grierson I T, Lewis M M, Lacar F M. 2001. Use of hyperspectral imagery for mapping grape varieties in the Barossa Valley, South Australia, Geoscience and remote sensing symposium (IGARSS01)-IEEE 2001 International, vol. 6 2875 – 2877.

Jacquemoud S, Baret F. 1990. PROSPECT: a model of leaf optical properties spectra[J]. Remote Sens. Environ, 34, 75 – 91.

Johnson L F, Hlavaka C A, Peterson D L, et al. 1994. Multivariate analysis of AVIRIS data for canopy biochemical estimation along the Oregon transect[J]. Remote Sen Environ, 47: 216 – 230.

Lee K S, Park Y I, Kim S H. 2004. Remote sensing estimation of forest LAI in lose canopy situation[C]. Turkey: Proceedings of the XXth ISPRS Congress, Istanbul, 400 – 404.

Matson P A, Johnson L, Billow C, et al. 1994. Seasonal changes in canopy chemistry across the Oregon transect: pattern sand spectral measurement with remote sensing[J]. Ecol Appl, 4(2) : 280 – 298.

NIST. Fire Dynamics Simulator Users Guide, Sixth Edition [EB/OL]. https://www.nist.gov/publications/fire-dynamics-simulator-users-guide-sixth-edition, 2013-11-4/2018-2-13.

Pu Ruiliang, Peng Gong. 2004. Wave let transform applied to EO-1 hyperspectral data for forest LAI and crown closure mapping[J]. Remote Sensing of Environment, 91: 212 – 224.

Simtec. Simtec Eavporating Oil Pool Fire Simulation[EB/OL]. http://www.simtecsoft.com/index.php/home/78-

simtec-simulation-example/89-simtec-eavporating-oil-pool-fire-simulation，2010-11-8/2018-2-27.

Tilling A K. 2006. Remote sensing to detect nitrogen and water stress in wheat[J]. Regional Institute Ltd，104（1 –3）：77–85.

Tong Q X，Xue Y Q and Zhang L F. 2014. Progress in hyperspectral remote sensing science and technology in China over the past three decades[J]. IEEE Journal of Selected Topics in Applied Earth Observations and Remote Sensing，7(1)：70–91.

Ullah S，Skidmore A K，Naeem M，et al. 2012. An accurate retrieval of leaf water content from mid to thermal infrared spectra using continuous wavelet analysis[J]. Sci. Total Environ，437，145–152.

Ullah S，Skidmore A K，Ramoelo A，et al. 2014. Retrieval of leaf water content spanning the visible to thermal infrared spectra[J]. ISPRS J. Photogramm. Remote Sens，93，56–64.

United Nations. 2009. Terminology on Disaster Risk Reduction[C]. Switzerland Geneva：UNISDR（United Nations International Strategy for Disaster Redution）.

US Forest Service. 2018. Fire and Environmental Research Applications Team[EB/OL]. https：//www. fs. fed. us/pnw/fera/wfds/index. shtml，2018-3-1.

US Forest Service. 2010. Fire and Environmental Research Applications Team[EB/OL]. https：//www. fs. fed. us/pnw/fera/wfds/index. shtml，2010-11-8/2018-3-1.

US Forest Service. 2010. User Guide to WFDS[EB/OL]. https：//www. fs. fed. us/pnw/fera/wfds/wfds_user_guide. pdf，2010-4-21/2018-1-30.

Verbesselt J，Somers B，Lhermitte S，et al. 2007. Monitoring herbaceous fuel moisture content with SPOT VEGETATION time-series for fire risk prediction in savanna ecosystems[J]. Remote Sens. Environ，108，357–368.

Weber M G，Taylor S W. 1992. The application of prescribed burning in Canadian forest management[J]. The Forestry Chronicle，68(31)：21–32.

Wessman C A，Aber J D，Peterson D L. 1989. An evaluation of imaging spectrometry forest imaging forest canopy chemistry[J]. Int J Remote Sens，10：1293–1316.

Zhang B，Liu Y，Zhang W J，et al. 2014. Analysis of the proportion of surface reflected radiance in mid-infrared absorption bands[J]. IEEE Journal of Selected Topics in Applied Earth Observations and Remote Sensing，7(6)：2639–2646.

陈尔学，李增元，谭炳香，等. 2007. 高光谱数据森林类型统计模式识别方法比较评价[J]. 林业科学，43(1)：84–89.

陈磊，姚伟召，郭全魁，等. 2016. 效能评估理论、方法及应用[M]. 北京：北京邮电大学出版社.

陈善林，徐国祥. 1990. 因素分析的理论和方法[M]. 北京：中国统计出版社.

陈世军. 2008. 技术评估理论与方法[M]. 北京：中国农业出版社.

邸雪颖，杨光，夏郁芳，等. 2013. LY/T 2085—2013 森林火灾损失评估技术规范[S]. 北京：中国标准出版社.

高庆华，马宗晋，张业成，等. 2007. 自然灾害评估[M]. 北京：气象出版社.

宫鹏，浦瑞良，郁彬. 1998. 不同季相针叶树种高光谱数据识别分析[J]. 遥感学报，2(3)：211–213.

顾广杰，张坤鹏，刘志超，等. 2017. 浅谈无人机倾斜摄影测量技术标准[J]. 测绘通报（增刊）：210–213.

郭伟. 2015. 一款用于森林防火的小型无人机设计[D]. 南京：南京航空航天大学.

胡小强. 2009. 虚拟现实技术基础与应用[M]. 北京：北京邮电大学出版社.

金森，蒋岳新，孙萍，等. 2016. LY/T 2665—2016 森林火险因子采集站建设及采集技术规范[S]. 北京：中国标准出版社.

梁玉斌,崔铁军. 2017. 倾斜摄影测量的研究进展[J]. 天津师范大学学报(自然科学版),37(5)：1-6.

毛学刚. 2008. 森林灭火仿真系统的设计与实现[D]. 哈尔滨：东北林业大学.

米锋,李吉跃,张大红. 2007. 森林资源损失计量研究[M]. 北京：中国环境科学出版社.

浦瑞良,宫鹏. 2000. 高光谱遥感及其应用[M]. 北京：高等教育出版社.

浦瑞良,宫鹏. 1997. 森林生物化学与CASI高光谱分辨率遥感数据的相关分析[J]. 遥感学报,1(2)：115-123.

谭炳香,李增元,陈尔学,等. 2006. Hyperion高光谱数据的森林郁闭度定量估测研究[J]. 北京林业大学学报,28(3)：95-101.

田方. 2017. 倾斜摄影测量技术简述[EB/OL]. http：//kns. cnki. net/kcms/detail/10. 1156. F. 20171229. 1206. 182. html,2017-12-29.

田晓瑞,文东新,舒立福,等. 2016. LY/T 2795—2017 森林防火指挥调度系统技术要求[S]. 北京：中国标准出版社.

童庆禧,王晋年,张兵,等. 2009. 立足国内开拓创新走向世界——中国科学院遥感应用研究所高光谱遥感发展30年回顾[J]. 遥感学报,13(S1)：21-33.

王立夫,王新岩,蒋岳新,等. 2017. LY/T 2579—2016 森林火险监测站技术规范[S]. 北京：中国标准出版社.

王秋华,舒立福,何诚,等. 2017. 无人机在森林消防中的应用探讨[J]. 林业机械与木工设备,45(3)：4-8.

肖功武,姚庆学,王刚,等. 2006. LY/T 1679—2006 森林火灾扑救技术规程[S]. 北京：中国标准出版社.

翟洪波,刘德晶,韩彦君,等. 2008. LY/T 1063—2008 全国森林火险区划等级[S]. 北京：中国标准出版社.

张良培,郑兰芬,童庆禧. 1997. 利用高光谱对生物变量进行估计[J]. 遥感学报,1(2)：111-114.

张明,张霞,赵冬,等. 2012. 一种用于线性光谱解混算法验证的模拟数据生成方法[J]. 遥感技术与应用,27(5)：680-685.

张思玉,陈戈萍,王立夫,等. 2016. LY/T 2616—2016 生物防火林带经营管护技术规程[S]. 北京：中国标准出版社.

张思玉,方彦,郑怀兵,等. 2009. LY/T 1846—2009 森林火灾成因和森林资源损失调查方法[S]. 北京：中国标准出版社.

张思玉,张惠莲. 2006. 森林火灾预防[M]. 北京：中国林业出版社.

张思玉. 2006. 林火调查与统计[M]. 北京：中国林业出版社.

张思玉. 2007. 论林火的三属性[J]. 科技信息,232(20)：15-16.

张思玉. 2013. 区域森林火灾危害程度评价指标构建[J]. 防灾科技学院学报,15(4)：1-6.

张思玉. 2016. 《国家森林火灾应急预案》解读[M]. 北京：中国林业出版社.

张云明,陈蕾. 2010. 基于虚拟现实技术的灭火救援训练系统[J]. 消防科学与技术,29(11)：996-998.

章国材. 2014. 自然灾害风险评估与区划原理和方法[M]. 北京：气象出版社.

郑功成. 1998. 灾害经济学[M]. 长沙：湖南人民出版社.